LIVRE D'OR

DE

L'ÉCOLE MONGE

ET DU

LYCÉE CARNOT

1914-1918

LIVRE D'OR

DE

L'ECOLE MONGE ET DU LYCÉE CARNOT

1914-1918

1.

LIVRE D'OR

DE

L'ÉCOLE MONGE

ET DU

LYCÉE CARNOT

1914-1918

LIVRE D'OR DE L'ÉCOLE MONGE ET DU LYCÉE CARNOT

Le COMITÉ COMMÉMORATIF DU LYCÉE CARNOT (Ancienne ÉCOLE MONGE), pour rendre hommage aux Elèves, Anciens Elèves et Fonctionnaires de l'ÉCOLE MONGE et du LYCÉE CARNOT morts pour la France, a organisé tout d'abord des cérémonies religieuses.

Ces dernières ont été célébrées le Jeudi 6 Novembre 1920 à l'Eglise SAINT-FRANÇOIS-DE-SALES, le Jeudi 13 Novembre 1920 au Temple des BATIGNOLLES, et le Jeudi 20 Novembre 1920 à la Synagogue des TOURNELLES ; MM. l'Abbé DUPLESSY, le Pasteur Ch. VERNES et le Grand-Rabbin RAPHAËL-LÉVY ont, en des termes très élevés, exalté le sacrifice de ceux qui sont tombés pour le pays.

Puis a eu lieu, au Lycée CARNOT, le Dimanche 12 Juin 1921, l'inauguration du beau monument dû au ciseau du sculpteur François COGNÉ ; à cette occasion, des discours profondément émouvants ont été prononcés par MM. CANIVINQ, Proviseur du Lycée Carnot, L. PLATET, Président de l'Association Amicale des Anciens Elèves de l'Ecole Monge, le

Dr E. JOLTRAIN, Président de l'Association Amicale des Anciens Elèves du Lycée Carnot, et le Général GUILLAUMAT, Membre du Conseil Supérieur de la Guerre, qui présidait la réunion. Le matin du même jour, une délégation avait déposé pieusement une couronne à l'Arc de Triomphe, sur la tombe du "Soldat Inconnu", et Lucien MARQUEZ, Secrétaire général de l'Association Amicale des Anciens Elèves du Lycée Carnot, avait, en une brève allocution, salué la dépouille mortelle du combattant anonyme.

Pour parachever la tâche qu'il s'était proposée, le COMITÉ publie aujourd'hui ce LIVRE D'OR, rappel pour les jeunes générations des héroïsmes de leurs aînés, qui contient, dans la première partie, des notices relatives aux glorieux disparus, et, dans la seconde, des renseignements concernant les citations, décorations, distinctions, promotions, dont les valeureux survivants ont été l'objet.

Malgré toute la publicité donnée aux travaux du « Comité Commémoratif », certains renseignements ne lui sont jamais parvenus, si bien que quelques noms ne sont suivis que d'indications succinctes, d'autres même figurent sans aucun commentaire. Le Comité regrette de n'avoir pu être à même de présenter un ouvrage plus complet, et s'excuse des erreurs matérielles ou des omissions involontaires qui auront pu, en dépit de tous ses soins, se glisser dans le « Livre d'Or ».

MORTS

POUR LA FRANCE

AARON Robert, brigadier au 8ᵉ régiment de chasseurs à cheval, tombé au champ d'honneur, le 17 avril 1917, à l'âge de 20 ans.

Médaille militaire :

« Jeune brigadier plein d'entrain, d'énergie et de courage, toujours
« volontaire pour les missions dangereuses. A été très grièvement
« blessé, le 17 avril, en s'élançant à la première vague d'assaut comme
« coureur d'artillerie. »

ABEILLE Pierre, secrétaire général de Meurthe-et-Moselle au moment de la mobilisation, parti volontairement aux armées le 23 septembre 1914, sergent au 42ᵉ régiment d'infanterie.

« Bien qu'occupant une fonction administrative qui le dispensait
« d'aller au front, a demandé à venir en première ligne, s'est fait
« remarquer par son énergie, son courage et son entrain, a gagné rapi-
« dement les galons de caporal et de sous-officier, a été tué dans la
« tranchée alors qu'il donnait à sa troupe l'exemple de la crânerie. »

Mort pour la France le 12 novembre 1914, a obtenu la médaille militaire à titre posthume.

On lui avait décerné la médaille de sauvetage de 1ʳᵉ classe après les inondations de 1910, où, dans l'arrondissement de Dôle, il opéra plusieurs sauvetages au péril de sa vie.

*Extrait d'une lettre à sa femme, au moment où il venait de partir volon-
tairement pour le front :*

« ...A nous les privilégiés, les gardiens de la tradition, les transmetteurs
« de l'Idéal, d'exposer nos vies et de faire joyeusement le don de nous-
« mêmes pour le maintien, le prolongement, l'exaltation de toute cette
« beauté, de toute cette fierté que nous sommes les premiers à sentir, dont
« nous sommes les premiers à jouir.
« Et demain nous aurons l'orgueil de rendre à nos fils le prestige de leur
« race, et de faire tressaillir de reconnaissance nos pères dans leurs
« tombeaux... »

Pierre ABEILLE était une nature d'élite, doux et intrépide, ayant autant de finesse que de force, autant de sensibilité que de puissance au travail ; tous ses chefs, tant civils que militaires, ont vanté son ardent patriotisme.

ABOUCAYA ROBERT, cité le 29 août 1914, tué le 14 septembre 1914, à Sillery, d'éclats d'obus à la tête et au cœur.

Nommé chevalier de la Légion d'honneur à titre posthume :

« ABOUCAYA (David-Robert), sous-lieutenant au 136ᵉ régiment
« d'infanterie. Jeune officier ayant montré le plus bel entrain
« aux premières affaires de la campagne. S'est signalé au combat de
« Falisolle en maintenant sous un feu meurtrier d'infanterie et
« d'artillerie sa section engagée à petite distance de l'ennemi, para-
« lysant ainsi pendant plusieurs heures l'effort de l'infanterie alle-
« mande. Frappé mortellement à la tête de sa section, le 14 septembre
« 1914, dans les marais de Sillery. »

Extraits d'une lettre de son capitaine :

« Il était en tête, là où, depuis le début, il avait eu à cœur de se tenir
« toujours...
« Comme chef, j'ai bien plus encore le regret d'avoir perdu un officier
« ardent et courageux, sur lequel je savais pouvoir compter...
« Les soldats qui restent de sa section parleront de lui avec le regret
« du chef qu'ils aimaient pour sa bonté et son entrain. »

ADAM ETIENNE.

Ordre de la division :

« S'est toujours montré courageux et dévoué ; a patrouillé en avant
« de nos colonnes, dans la Basse-Forêt de Coucy, le 26 mars 1917. »

Médaille militaire :

« Eclaireur monté d'un grand sang-froid et ne connaissant pas le
« danger. Le 10 août 1918 a été blessé grièvement au cours d'une
« reconnaissance effectuée la nuit, dans un bois occupé par l'ennemi.
« Mort des suites de ses blessures. »

AGABRIEL FERDINAND, élève à l'Ecole Normale Supérieure, sous-lieutenant au 103ᵉ de ligne, blessé à Gellenoncourt (Grand-Couronné de Nancy), le 7 septembre 1914, revenu au front. Tué le 17 février 1915, au Bois de Bolante (Argonne).

Citation (16 février 1915) :

« AGABRIEL s'est mis vaillamment à la tête de sa section pour la por-
« ter sur un terrain sur lequel on pouvait redouter une contre-attaque. A
« été tué au moment où il arrivait à la tête de sa section particulièrement
« en butte au tir de l'infanterie ennemie. »

Nommé chevalier de la Légion d'honneur à titre posthume :

« Officier énergique et brave. Glorieusement tué à la Haute-Chevau-
« chée (Argonne), le 17 février 1915, en entraînant sa section à
« l'assaut des retranchements ennemis. »

ALÉPÉE PIERRE, âgé de 22 ans, soldat au 131ᵉ régiment d'infanterie, tué à l'ennemi, le 22 août 1914, à Cussigny, près de Longwy.

ALOUIS GEORGES, ingénieur, capitaine au 49ᵉ régiment d'artillerie, a succombé à une grippe infectieuse à Fontainebleau, à l'âge
de 28 ans.

Ordre du corps d'armée (12 novembre 1914) :

« Pour le courage et l'habileté avec lesquels il assure la liaison entre
« l'artillerie et les troupes de première ligne, en vue de battre les tran-
« chées ennemies en accompagnant sans cesse les éléments de tête. »

Ordre du régiment (12 mai 1915) :

« A donné à tous l'exemple du calme et du sang-froid, maintenant la
« batterie sous un feu violent de gros calibre. »

Ordre du corps d'armée (20 mai 1918) :

« Officier d'un courage et d'une activité remarquables, toujours prêt
« à se porter aux postes les plus dangereux. Le 4 mai 1916, au cours
« d'un bombardement d'obus suffocants, s'est dépensé sans compter
« pour secourir les hommes d'une batterie voisine ensevelis dans une
« sape jusqu'à ce que, à demi asphyxié, il dut en être lui-même retiré. »

Ordre du corps d'armée :

« Officier d'une rare énergie et d'une haute valeur morale. Au front
« depuis le début de la guerre, n'a cessé en toutes circonstances de
« donner l'exemple d'un dévouement sans limites. En particulier le

« 4 avril 1918, lors d'une attaque allemande particulièrement violente,
« a puissamment contribué par son sang-froid et son énergique atti-
« tude à briser les assauts de l'ennemi. Malgré les feux des mitrail-
« leuses, a arrêté l'infanterie ennemie à quelques centaines de mètres de
« ses pièces. »

AMET André, enseigne de vaisseau. Elève au Lycée Carnot
de 1904 jusqu'à son baccalauréat qu'il passe avec mention en 1910.

Fils, petit-fils, petit-neveu de marins, il sentit s'affirmer en lui la
vocation du métier de la mer, vers lequel il était attiré par le sentiment du devoir et du sacrifice. Admis à l'Ecole Navale en 1912,
après deux années de préparation au Lycée St-Louis, il terminait
son instruction maritime à la déclaration de la guerre. Embarqué
dès les premiers jours d'août 1914 sur le croiseur « *Léon-Gambetta* », il prit part comme aspirant de marine d'abord, puis comme
enseigne de vaisseau, à la dure croisière de ce bâtiment en
Méditerranée.

Lors du torpillage du « *Léon-Gambetta* » en Adriatique, le
27 avril 1915, après avoir tenté de lutter en nageant pendant plusieurs heures, il dut se laisser couler d'épuisement dans la mer, dont
il disait à propos de la perte du « *Pluviôse* » en juin 1910 :

« Quelle plus belle tombe peut-on avoir ? Que de braves gens,
que de héros elle a reçus ! »

Ordre de l'armée navale (10 juillet 1915) :

« Pendant l'engloutissement du « *Léon Gambetta* » a éclairé les
« échelles intérieures avec des lampes de poche ou des allumettes per-
« mettant à l'équipage de monter sur le pont et de se sauver. A
« travaillé ensuite à mettre les embarcations à la mer, a contribué par
« ses paroles à maintenir l'ordre sur le pont ; a été jeté à la mer par
« le chavirement du navire et y a trouvé la mort. »

*Nommé chevalier de la Légion d'honneur à titre posthume, le
4 juin 1919.*

ANDRIN Robert, classe 1917, voulut, mais sans succès, s'engager dès 1915. Incorporé en janvier 1916 à l'âge de 18 ans 6 mois
comme canonnier conducteur au 103e d'artillerie lourde, parti pour
Verdun comme volontaire dès octobre 1916. Rentré avec les pieds

gelés en février 1917. Reparti pour l'Aisne en avril 1917. Evacué, part pour l'armée d'Orient en janvier 1918, prend part à l'attaque franco-serbe du 15 septembre, revient épuisé, recueilli par une ambulance italienne, mort à Gumendjé le 9 octobre 1918.

ANTOINE-MAY MAURICE, sous-lieutenant au 5e régiment de dragons. Avec quinze cavaliers a chargé contre un détachement ennemi pour se porter au secours d'un peloton en danger. Accablé par le nombre, a été tué, le 29 août 1914, près de St-Quentin, en se défendant jusqu'au dernier souffle plutôt que de se rendre.

Nommé chevalier de la Légion d'honneur à titre posthume :

« Vaillant officier, parti au secours d'une reconnaissance aux prises
« avec l'ennemi ; a attaqué vaillamment les forces ennemies, très
« supérieures en nombre. Tombé glorieusement au cours de cet
« engagement. »

ARDANT PIERRE, tombé le 25 septembre 1915, à Aube-rive-sur-Suippe.

Ordre de l'armée :

« Maréchal des logis au 44e régiment d'artillerie accompagnant
« l'officier de liaison avec l'infanterie au cours d'une attaque, a conti-
« nué bravement son chemin vers les tranchées, lorsque le lieutenant
« et son camarade eurent été mis hors de combat ; est arrivé près des
« réserves ennemies, où il est tombé glorieusement, frappé d'une balle
« au front. Avait, depuis le début de la campagne, fait preuve des
« plus brillantes qualités militaires. »

ARNAUD GEORGES, caporal au 328e régiment d'infanterie, engagé de la classe 1916, tué le 18 octobre 1915. Dans ses dernières volontés il exprimait le désir, s'il succombait, que sa mort fût annon-cée, « avec son dernier hommage et son dernier souvenir aux maî-tres et aux jeunes camarades de son lycée. »

ARNAUD WILLIAM, engagé au 62e d'artillerie le 5 janvier 1916, nommé brigadier, entré à Fontainebleau en juillet 1917, sorti dans un très bon rang comme aspirant, s'engage dans l'aviation ; nommé sous-lieutenant la veille de sa mort, le 16 mai 1918.

Ordre de la 11ᵉ armée :

« Engagé volontaire à 17 ans, passé sur sa demande dans l'aviation,
« y a montré toutes les qualités du soldat : intelligence, entrain, énergie
« et courage. Chargé de la protection d'un camarade, a soutenu, pour
« le dégager, le combat contre trois avions de chasse ennemis et est
« tombé mortellement atteint. »

Le capitaine commandant l'escadrille écrit :

« A l'âge où l'on n'est encore qu'un enfant, lui était déjà un soldat,
« un beau soldat. Il nous laisse l'exemple de sa juvénile ardeur, unie à un
« sentiment exalté de son devoir. Sa gaieté et son allant ne nous avaient
« pas cependant caché le fond grave et sérieux de sa conscience. Nous
« perdons en lui toute notre joie et notre plus bel espoir. »

AUZENAT Georges, engagé volontaire de la classe 1917, caporal au 32ᵉ bataillon de chasseurs à pied, tué à l'attaque de Bezonvaux le 15 décembre 1916.

Ordre du bataillon :

« Très bon chasseur, agent de liaison, a assuré très courageusement
« son service dans les moments les plus difficiles. »

Ordre de la brigade :

« A pris part aux combats du 24 au 28 octobre 1916 et s'y est par-
« ticulièrement distingué par sa bravoure et son mépris du danger. »

Ordre du corps d'armée :

« Caporal d'un réel mérite, a été blessé grièvement en donnant à ses
« chasseurs un superbe exemple de courage dans les combats du
« 10 décembre 1916. »

AYRAL Bernard-Louis-Henry-Léon, capitaine d'artillerie, aviateur, commandant la section F. 208, mort glorieusement à la prise de Bouchavesnes (Somme), le 12 septembre 1916, à l'âge de 27 ans.

Ordre du 9ᵉ corps d'armée :

« Observateur en aéroplane du 9ᵉ C. A., a fourni au commandement
« de précieux renseignements sur l'ennemi et, en particulier, sur

« l'emplacement des batteries ; a réglé de nombreux tirs d'artillerie et
« s'est employé à lancer des bombes sur les rassemblements ennemis. »

Ordre de la 8ᵉ armée :

« Remplit depuis le début de la campagne avec un courage et un
« sang-froid remarquables les fonctions d'observateur en avion,
« exécutant avec succès des reconnaissances sans se soucier de l'état de
« l'atmosphère ni du feu de l'ennemi. Rend journellement de très
« grands services à l'artillerie pour le réglage de son tir et fournit
« sur les positions de l'ennemi des documents d'une précision
« absolue. »

Nommé chevalier de la Légion d'honneur :

« Observateur de premier ordre, a rendu les plus grands services
« depuis le début de la campagne. A volé presque chaque jour, souvent
« dans des circonstances difficiles et même périlleuses. A puissam-
« ment contribué par les renseignements ou les photographies qu'il rap-
« portait, à la détermination des positions de l'ennemi. A effectué un
« un très grand nombre de réglages efficaces. »

Ordre de la 2ᵉ division d'infanterie :

« Observateur, au cours des attaques, à bord de l'avion d'infanterie
« de la 11ᵉ D. I., a assuré la mission avec une intelligence, une initiative
« et un mépris absolu du danger, n'hésitant pas à voler à 300 mètres
« au-dessus des lignes ennemies pour mieux se rendre compte de leurs
« emplacements. A renseigné le commandement de façon exacte et avec
« un réel sens de tactique, contribuant ainsi au succès de la division. »

Ordre de la 6ᵉ armée :

« Officier d'élite, joignant à une intelligence remarquable, des qua-
« lités d'audace et de bravoure hors de pair. A rendu des services
« exceptionnels comme observateur d'infanterie, témoignant d'un
« entrain et d'une énergie remarquables depuis le début des opérations
« de la Somme. A trouvé une mort glorieuse au cours de l'attaque du
« 12 septembre 1916, alors qu'il survolait, à moins de 400 mètres, les
« lignes ennemies, avec un mépris absolu du danger. »

*Décoration de l'Aigle Blanc de Serbie, accordée par le Président de
la République Française, au nom de S. A. R. le Prince Régent de
Serbie, en récompense de sa brillante conduite au feu et des services
qu'il a rendus (Ordre général).*

BACHARACH Marcel, né le 7 novembre 1897, sous-lieutenant

d'artillerie de campagne (25ᵉ régiment d'artillerie), mort le 26 juillet 1918 à la suite de ses blessures (amputé du bras droit).

Ordre de la 10ᵉ armée :

« Jeune sous-lieutenant très courageux, ayant toujours fait preuve « des plus belles qualités de bravoure et de sentiment élevé du devoir, « grièvement blessé, le 23 juillet 1918, à la tête de sa section. »

Chevalier de la Légion d'honneur.

BAIR René, ingénieur des Arts et Manufactures, lieutenant au 208ᵉ R. A. C., tué au nord de Mareuil-La-Motte (Oise), à l'âge de 27 ans, le 14 août 1918.

Ordre du corps d'armée :

« Officier doué des plus belles qualités militaires et d'une haute « valeur morale. Evacué des Dardanelles pour cause de maladie, a « demandé à reprendre du service bien qu'incomplètement guéri. Le « 14 août 1918, sa batterie étant soumise à un bombardement violent, « a donné à ses hommes le plus bel exemple de calme et d'intrépidité. « A été tué à son poste par un obus ennemi. »

Nommé chevalier de la Légion d'honneur à titre posthume.

Extrait d'une lettre de son capitaine :

« J'avais une très grande sympathie pour lui et une grande admiration « pour son courage et la manière dont il accepta ses nouvelles respon- « sabilités lors de son arrivée à la batterie. Je dois dire en hommage à « sa mémoire que tous les hommes de la batterie l'adoraient et que sa « mort nous plongea dans la consternation. »

BAYARD Daniel, né le 6 août 1889, sous-lieutenant de réserve au 10ᵉ régiment de hussards, a pris part à la bataille de Charleroi, puis aux combats de la Sambre, de l'Oise, de l'Aisne et de la Marne.

Citation (25 juin 1915) :

« Chargé de reconnaître un village, y a pénétré très crânement « malgré l'ouverture d'un feu en lisière. »

Passe dans l'aviation, le 11 juin 1915, comme observateur.

Ordre de la 5e armée :

« Sous-lieutenant observateur, s'est signalé dès son arrivée à l'esca-
« drille par son dévouement, son adresse, son mépris absolu du danger.
« Le 9 août a attaqué, à 1.200 mètres d'altitude, un ballon captif alle-
« mand dans une zone particulièrement dangereuse, et est venu atterrir
« dans nos lignes avec un moteur endommagé, un appareil criblé
« d'éclats d'obus. »

Le 13 octobre 1915, il descendait un appareil allemand à
Bucy-le-Long. Obtient son brevet de pilote le 14 mai 1916.

Ordre de la 5e division d'infanterie :

« A grandement contribué à la préparation de l'attaque du fort de
« Douaumont, en prenant de nombreuses photographies, souvent à
« très basses altitudes et au prix de nombreux combats aériens. »

Ordre du 1er groupe d'aviation :

« Les sous-lieutenants BAYARD et ...., ont pris part à une recon-
« naissance photographique lointaine dans un secteur particulièrement
« dangereux et, grâce à leur esprit d'offensive, ont assuré le succès
« de la mission malgré les attaques des avions ennemis. »

Blessé deux fois à l'atterrissage, les 8 et 19 juillet 1916, incomplètement guéri le 24, mais ne voulant pas perdre une belle matinée
propice à l'observation, il arrache le bandeau de sa tête et, malgré
le conseil de ses camarades de s'en tenir au relevé de nos tranchées,
il prend son essor au-dessus des lignes allemandes. Survolé et
mitraillé par un Fokker, à 2 kilomètres de nos lignes, l'appareil,
privé de direction (le pilote étant atteint par une balle), piqua en
arrière des lignes ennemies, à Binarville, et l'observateur BAYARD
fut tué à l'atterrissage.

Ordre de la 4e armée :

« Depuis 15 mois, observateur, s'est fait apprécier par son dévoue-
« ment, son mépris absolu du danger. S'est particulièrement distingué
« à la bataille de Verdun, en allant à faible altitude à l'intérieur des
« lignes ennemies prendre des photographies. A livré de nombreux
« combats au cours desquels son avion a été souvent criblé de balles,
« a trouvé une mort glorieuse dans un combat aérien le 24 juil-
« let 1916. »

Daniel BAYARD était pénétré d'un haut sentiment du devoir ; ses brillantes qualités naturelles l'ont fait regretter et apprécier de ses chefs, de ses camarades et de ses nombreux amis.

BELEYS ALCIDE.

BELLOU ANDRÉ, soldat au 19ᵉ escadron du train des équipages, mort à l'hôpital de Nangis, où, malade, il avait été évacué malgré lui.

BELLOU PAUL, sergent au 306ᵉ régiment d'infanterie, agent de liaison, tué par un éclat d'obus, près de Berry-au-Bac, le 19 septembre 1914.

BELTZER JEAN, né le 27 septembre 1894, étudiant en droit, caporal au 365ᵉ régiment d'infanterie.

Ordre du régiment :

« Gradé très brave, qui s'est très bien conduit aux affaires de juil-
« let 1917 au Mont-Haut. A été blessé le 20 juillet 1918 en accomplis-
« sant courageusement son devoir. »

Décédé à l'âge de 24 ans, le 21 février 1919, à St-Martin-les-Bou-
logne (Pas-de-Calais).

BENOIST MARC, sous-lieutenant au 129ᵉ régiment d'infanterie, décoré de la croix de guerre, 3 citations, nommé chevalier de la Légion d'honneur (décoration posthume). Rejoint au Hâvre le 2 août 1914 comme caporal. Prend part aux batailles de Charleroi, de Guise, de la Marne, nommé sergent le 16 septembre, blessé grièvement à Courcy, le 17 septembre. Evacué, rejoint son régiment, comme adjudant, sur la Somme, passe à Verdun en 1916. Son bataillon, le 2ᵉ du 129ᵉ, reprend le fort de Douaumont le 22 mai 1916. BENOIST obtient sa première citation. Nommé sous-lieutenant fin juin 1916, passe l'hiver 1916-1917 aux Eparges et à la tranchée de Calonne, l'été de 1917 dans le secteur de Verdun-Bezon-
vaux, gagne sa deuxième citation, passe l'hiver 1917-1918 en

Lorraine (Sécheprey, Flirey, Bois-le-Prêtre), passe devant Compiègne avec sa division qui a repris deux fois la ferme des Loges. Blessé grièvement, abandonné sur le terrain, dit à ses hommes : « Laissez-moi, je vais peut-être mourir ; allez, faites votre devoir. »

Ordre de la 69e division :

« Chef de section d'élite. Le 11 juin 1918, la position qu'occupait sa
« section étant rendue difficile a répondu à ses hommes hésitants :
« Nous devons nous faire tuer ici et ne pas céder. » Est tombé mor-
« tellement blessé. »

Extrait d'une lettre de son lieutenant et ami :

« ...J'ai vu certaines des lettres que lui écrivaient certains de ses Poi-
« lus blessés ; il me les montrait, ému de la reconnaissance de ces braves
« gens, mais dans sa modestie il ne se rendait pas compte que si elles
« dénotaient de nobles sentiments chez ceux qui les écrivaient, elles
« étaient encore plus à l'honneur de celui qui inspirait ces sentiments et
« constituaient la plus belle récompense d'un chef, la plus magnifique
« citation qu'il soit possible d'obtenir... »

Son capitaine écrit :

« Pour cette bataille, le régiment vient d'avoir la fourragère, votre fils
« l'a gagnée plus qu'aucun autre, vous pouvez en être fier..... »

BERNARD CHARLES, colonel d'artillerie breveté, commandant l'artillerie de la 14e division d'infanterie, chef d'état-major du 7e corps d'armée, commandant le 47e régiment d'artillerie. Quatre citations à l'ordre de l'armée. Officier de la Légion d'honneur.

Ordre de la 10e armée (10 juillet 1917) :

« Officier supérieur de la plus grande valeur, qui a toujours témoigné
« en toutes circonstances d'une hauteur et d'une clarté de vues
« exceptionnelles. Tombé glorieusement au cours d'une reconnaissance
« en vue de la préparation d'un tir ordonné. »

Un de ses camarades de l'Ecole Monge écrit :

« Charles Bernard fut un véritable chef, il a trouvé la mort en se ren-
« dant au milieu de ses hommes, en première ligne. Tel est le résumé des
« quatre citations méritées par notre camarade. Entré brillamment à
« l'Ecole Polytechnique, il fut admis en 1900 à l'Ecole de guerre ; la
« grande carrière lui était désormais ouverte. Au début de la guerre,
« sous-chef, puis chef de l'état-major du 7e corps d'armée, bientôt placé
« à la tête du 47e régiment d'artillerie, il prit part aux luttes héroïques

« de Verdun en 1916. Promu colonel, il reçut la lourde tâche de comman-
« der une artillerie divisionnaire. Le colonel BERNARD était de ceux
« que la guerre a trouvés prêts à remplir leur tâche ; son labeur assidu
« l'avait admirablement préparé à jouer un grand rôle dans la terrible
« mêlée. Il avait conscience de son devoir d'officier, aucune des hautes
« fonctions qu'il a occupées dans les états-majors, ou à la direction d'un
« grand service, ne l'a jamais éloigné des hommes de troupe ; il tenait à
« partager leurs risques, et donnait chaque jour un bel exemple de sang-
« froid, de courage et de bonne humeur. Ce sont des chefs de sa mentalité
« qui ont su et pu maintenir pendant quatre années le moral des armées. »

BERNARD JEAN-ANDRÉ, né à Paris le 19 décembre 1892. Etu-
diant en droit, caporal au 149e régiment de ligne. Tué le 25 août
1914, à La Chapelle (Meurthe-et-Moselle).

Médaille militaire :

« Très bon gradé, brave et dévoué, tombé mortellement frappé le
« 25 août 1914. »

BERNHEIM JEAN, sergent au 246e régiment d'infanterie.

« Sous-officier très brave et très courageux, a été tué en se décou-
« vrant pour soutenir, par le feu de sa demi-section, une attaque
« menée par un régiment voisin. »

BERNHEIM LUC, engagé volontaire de la classe 1916, aspirant
au 46e régiment d'infanterie, tué à Vauquois le 12 mai 1916.

Ordre du régiment :

« Sous-officier plein d'entrain, actif, énergique, ayant le plus grand
« mépris du danger. Tué au moment où il se précipitait pour sauver
« les hommes ensevelis par le bombardement. »

BERTELIN MARCEL, né le 16 novembre 1877. Ancien élève de
St-Cyr. Officier au 5e hussards, il passa en 1913 capitaine commandant au 18e chasseurs ; parti de Lunéville pour la campagne de
Lorraine, il fut envoyé le 1er septembre 1914 avec son régiment
pour soutenir les troupes engagées dans la bataille de la Marne.
Blessé et épuisé il mourut des suites de ses blessures le 14 décembre 1914.

Cité avec ses lieutenants à l'ordre de la division :

« Faisant partie d'un escadron de poursuite au combat de Chéry
« (11 septembre 1914), conduisirent brillamment leurs cavaliers dans les
« traces de la cavalerie allemande, jusqu'au moment où ils se heurtè-
« rent aux lignes de l'infanterie adverse. Le lieutenant Rossel tomba
« mortellement blessé, le lieutenant Ritleng, en se jetant à son secours,
« tomba lui-même, donnant le plus bel exemple de camaraderie et de bra-
« voure, pendant que le capitaine BERTELIN, en reformant son escadron,
« fut grièvement blessé. Officiers qui s'étaient déjà distingués dans
« plusieurs reconnaissances de la période de couverture et dans les
« combats de Lorraine. »

Chevalier de la Légion d'honneur à titre posthume :

« Capitaine commandant du plus grand mérite, blessé au cours d'une
« charge, à Bazoches, le 11 septembre 1914, a donné à sa troupe le
« plus bel exemple de courage et de dévouement en conservant le
« commandement jusqu'à la fin du combat. Mort pour la France le
« 14 décembre 1914. »

Lettre de son ancien lieutenant :

« Toutes les vertus qu'il possédait l'ont fait adorer de ses hommes...
« Notre capitaine nous a donné l'exemple de la plus sainte des morts
pour la France. »

BESNARD ROBERT, réformé au cours de sa deuxième année de
service militaire et en dépit de son état de santé, s'était engagé aux
premiers jours de la mobilisation au 35ᵉ régiment d'infanterie, à
Belfort ; a pris part en septembre 1914 aux combats de Vic-sur-
Aisne, Autrèche, Chaulny, où il tomba mortellement blessé d'un
éclat d'obus au ventre, le 20 septembre 1914 ; fait prisonnier avec
toute l'ambulance, il succomba quelques jours après, âgé de 33 ans.
Robert BESNARD, fils du Maître Albert BESNARD, était lui-même
merveilleusement doué pour la peinture ; il travaillait avec entrain
et bonheur, et la réussite, le succès s'annonçaient brillamment.

Sa dernière lettre disait :

« Nous suivons les Boches. Si j'en reviens, j'aurai vu des choses gran-
« dioses et un peu terribles... »

BIART LUCIEN, né le 28 janvier 1882, soldat au 279ᵉ régiment
d'infanterie (20ᵉ corps). Tué le 25 août 1914, à Courbesseaux, à la
défense du Grand-Couronné de Nancy.

BIÉLER Philippe-Alfred, né le 10 mars 1898, sujet suisse, engagé volontaire dans l'infanterie canadienne en février 1916 ; service au front dans le « Princess Patricia's Canadian Light Infantry », puis dans la n° 7 « Canadian Machine-Gun Company ». Mort des fièvres de tranchées dans un hôpital de l'avant à Aubigny (Pas-de-Calais), le 1ᵉʳ octobre 1917.

BIRONNEAU Gérard, soldat au 206ᵉ régiment d'infanterie, tué le 7 octobre 1918, au combat de la Suippes, près Betheniville (Marne), par un éclat d'obus à la poitrine.

BLANQUET DE FULDE Robert, né le 16 octobre 1897, sous-lieutenant au 49ᵉ régiment d'artillerie, décédé le 13 février 1919 à Metz, âgé de 21 ans.

Ordre de la division (juin 1917) :

« Volontaire pour toutes les missions difficiles et périlleuses, « notamment dans la nuit du 23 mai, entre deux attaques, est parvenu, « grâce à son énergie, à réorganiser dans la tranchée de première ligne « un système de liaison optique, se dépensant sans compter jusqu'à ce « qu'il ait pu obtenir un rendement efficace. »

Ordre de la division (avril 1918) :

« Jeune officier remarquable par son sang-froid et son intrépidité. « A assuré dans des circonstances particulièrement critiques la liaison « entre l'infanterie et l'artillerie, renseignant sans cesse son chef de « corps par tous les moyens et de la façon la plus intelligente. S'était « déjà signalé dans le service de liaison, en particulier lors des atta- « ques de la Malmaison. »

Extrait d'une lettre d'un de ses chefs :

« ...Malgré sa jeunesse, c'était un officier sérieux, consciencieux, qui a « fait preuve, en maintes circonstances difficiles, des plus belles qualités « militaires. »

Extrait de l'allocution prononcée sur sa tombe :

« ...Il s'est acquis rapidement l'estime de ses chefs, l'affection de ses « camarades par son entrain, par son activité, sa brillante attitude au feu...»

DE BLOTTEFIÈRE DE VOYENNES Jacques, né le 6 mai

1897, engagé volontaire au 132ᵉ régiment d'infanterie. Tombé aux Eparges. Mort de ses blessures, le 23 janvier 1915, à l'hôpital de Neufchâteau, à l'âge de 17 ans 1/2.

Croix de Guerre. Médaille militaire.

DE BLOTTEFIÈRE DE VOYENNES Marcel, né le 23 janvier 1892, diplômé de l'Ecole des Sciences politiques, sorti de St-Cyr (promotion de Montmirail), lieutenant au 154ᵉ régiment d'infanterie. Tué le 22 août 1914 à la bataille de Doncourt-Fillières (Meurthe-et-Moselle).

Ordre de l'armée :

« A la tête de sa section, s'est avancé dans les lignes ennemies ; pris
« par un feu croisé d'artillerie et un feu d'infanterie, est tombé avec
« toute sa section. »

Ordre du 32ᵉ corps (4ᵉ armée) :

« Le 22 août 1914, s'est élancé à l'attaque avec un superbe mépris
« du danger, a été frappé au moment où, malgré des pertes sérieuses,
« il avait amené sa section au contact immédiat de l'ennemi devant
« Fillières. »

Chevalier de la Légion d'honneur, à titre posthume.

Extrait d'une lettre de son père :

« Fidèle au serment héroïque de sa promotion, mon brave fils est mort
« avec ses gants blancs de Saint-Cyrien et dort sous la terre lointaine
« avec 52 de ses hommes. Ma douleur est encore éclairée par les rayons
« de la gloire de mes deux fils. »

BLUM René, sergent au 101ᵉ régiment d'infanterie.

« Sous-officier d'un grand courage. A fait preuve, pendant les jour-
« nées des 1ᵉʳ, 2, 3, 4 juin des plus grandes qualités militaires. A été
« glorieusement tué à la tête de sa section après avoir repoussé plu-
« sieurs attaques ennemies, très violentes. »

BLUTEL Albert, sous-lieutenant d'infanterie coloniale. Tué à l'ennemi, le 25 août 1914, dans le blockhaus allemand de Kousserie (Afrique Equatoriale).

« Frappé mortellement le 25 août 1914, devant le front de sa sec-
« tion, qu'il avait entraînée sous un feu violent jusqu'à 150 mètres de
« la position ennemie. »

Chevalier de la Légion d'honneur, à titre posthume.

BLUTEL Auguste, Officier du Nicham, médecin aide-major,
mort de maladie contractée en soignant des malades.

BOLLFRAS Louis, ingénieur des Arts et Manufactures, lieutenant d'artillerie. Blessé à la cuisse par un éclat d'obus, le
12 septembre, au combat de Chelles, a continué à diriger sa batterie.
« Est mort en brave en faisant tout son devoir », écrit son commandant qui appréciait hautement *sa belle nature, son caractère
élevé et chevaleresque.*

Ordre du 4ᵉ corps d'armée :

« Le 12 septembre, atteint de deux éclats d'obus dans la région lom-
« baire et à la jambe, a continué à assurer le commandement de sa sec-
« tion. Tué le 26 septembre à Champierre (Somme). »

Chevalier de la Légion d'honneur à titre posthume.

BOTTE Louis-Paul, professeur de dessin graphique au Lycée
Carnot, né à Paris, le 10 février 1885, ancien élève et lauréat de
l'Ecole des Beaux-Arts, successivement professeur au Collège de
Longwy, au Lycée d'Orléans, aux Ecoles Turgot et Arago, puis
aux Collèges Chaptal et Rollin et au Lycée Carnot. Envoyé spécial
de l'*Illustration* au Mexique, il revint précipitamment en France à
la déclaration de guerre, pour contracter un engagement volontaire
en octobre 1914. Nommé adjudant au 39ᵉ régiment d'infanterie, il
était proposé pour le grade de sous-lieutenant au moment où il succombait, le 2 octobre 1915, à Neuville-St-Vaast, après avoir mérité
d'être cité à l'ordre du jour :

« A très bravement entraîné sa section à l'assaut d'une tranchée
« ennemie ; a été tué après l'avoir dépassée. »

Avant d'aller au Mexique, Botte avait été chargé, en 1911, d'une
mission archéologique au Maroc. Il fut le premier civil entré dans

Marrakech avec la colonne Mangin, dont le chef, qui l'avait apprécié, a écrit :

« J'aimais beaucoup Louis BOTTE, et sa mort m'a causé un vrai chagrin.
« J'avais été heureux de le prendre comme engagé volontaire dans ma
« division. Il s'était hardiment comporté à l'attaque du village de Neuville-
« Saint-Vaast, du 1er au 9 juin. Puis, lors de l'offensive de septembre, le
« premier jour de l'attaque, sa section, entraînée par son exemple, enleva
« d'assaut la tranchée allemande en face de lui. Il tomba peu après mor-
« tellement atteint en plein succès. »

Esprit curieux, plein de courage, d'initiative et d'entrain, BOTTE appartenait à la race des vaillants explorateurs dont la France s'honore. Outre les notes écrites pour l'*Illustration*, BOTTE avait fait paraître un ouvrage : « *Au cœur du Maroc* », qui atteste que, chez lui, l'artiste se doublait d'un écrivain.

BOURGOGNON ANDRÉ, soldat au 31e régiment d'infanterie, tué à l'âge de 20 ans à Bouchavesnes, le 13 octobre 1916.

BOUSQUET PAUL-LOUIS, né le 20 juillet 1878. Ancien élève de l'Ecole spéciale militaire, avait fait les campagnes de Chine, de Siam, du Tonkin, des Antilles. Passé en 1911 dans l'aviation, capitaine en 1912, il tomba au champ d'honneur à Cappel (Lorraine), le 6 septembre 1915, dans un combat aérien, après avoir accompli un bombardement sur Sarrebrück.

Chevalier de la Légion d'Honneur et titulaire de la Médaille de Chine avant 1914.

Ordre du groupe d'aviation :

« Commandant l'escadrille V. B. 105, donne à son escadrille le plus
« bel exemple d'audace et d'opiniâtreté, en particulier attaque trois
« aviatiks, le 23 mars 1915, prend part au bombardement de la gare
« maritime de Bruges le 31 mars, et la nuit suivante revient bombarder
« le même objectif. »

Ordre de l'armée :

« Pilote commandant l'escadrille V. B. 105 ; pilote de tout premier
« ordre, a accompli de nombreux bombardements dans des conditions
« difficiles ; s'est proposé pour exécuter des bombardements de nuit à
« grandes distances de nos lignes et les a réussis. A disparu au cours
« d'un raid. »

Le lieutenant allemand qui abattit l'avion, fait prisonnier par la suite, écrit :

« Le capitaine Bousquet est tombé en héros, en un glorieux combat « aérien. »

BOUYGUE Georges, né le 18 juin 1885, commis de 2ᵉ classe des services civils en Indo-Chine. Parti comme sous-lieutenant au 21ᵉ colonial, tombé le 26 septembre 1914, devant Ville-sur-Tourbe, frappé d'une balle au front en entraînant ses hommes au cri de « En avant ».

BOYAU Maurice, aviateur, officier de la Légion d'honneur, médaille militaire, très nombreuses citations.

BRAOUÉZEC Jean, engagé volontaire, brigadier au 252ᵉ d'artillerie de campagne.

Ordre de l'artillerie divisionnaire (19 mai 1917) :

« Jeune brigadier remplissant depuis plusieurs mois les fonctions de « brigadier de tir. S'est acquitté de ses fonctions dans le sens du plus « grand effort, se proposant comme volontaire dans les missions péril- « leuses, notamment dans la journée du 24 avril 1917, où, sous un vio- « lent bombardement, il a réussi à éteindre un dépôt de munitions « incendié par l'ennemi. »

Ordre de la division (19 septembre 1917) :

« Brigadier de tir admirable d'entrain et de courage. S'est dépensé « sans compter dans les journées précédant le 8 septembre 1917 pour « transmettre des ordres, guider des ravitaillements dans un terrain « battu en permanence par le feu de l'ennemi. »

Médaille militaire (12 novembre 1917) :

« Gradé modèle de courage et de sang-froid. Toujours volontaire « pour les missions périlleuses, montre en toutes circonstances un « véritable mépris du danger. A été blessé grièvement à son poste de « combat le 30 octobre 1917. Cité deux fois à l'ordre. »

BREITNER Guy-Albert, né le 27 août 1883, fondé de pou- voirs de la Banque Française et Italienne pour l'Amérique du Sud.

Soldat au 26ᵉ régiment d'infanterie, tué à l'ennemi à Langemarck (Belgique), le 29 novembre 1914, tandis qu'il se portait en avant pour creuser une nouvelle tranchée.

Médaille militaire :
« Soldat courageux, qui a fait vaillamment son devoir dès les pre-
« miers combats de la campagne. Tombé glorieusement pour la France
« le 29 novembre 1914, en Belgique. »

BRIÈRE CHARLES, instituteur à Chichey, soldat au 276ᵉ régiment d'infanterie. Tué à Villeray (Seine-et-Marne).

BRUNEAU HENRY, né le 3 juin 1894, étudiant en droit, élève de l'Ecole des Sciences politiques, soldat au 4ᵉ bataillon de chasseurs à pied, blessé d'un éclat d'obus, à Brienlen près d'Ypres, le 25 avril 1915. Mort au poste de secours à l'âge de 20 ans.

BRUNEL DE PÉRARD JACQUES, né le 16 août 1893, brigadier de liaison. Frappé mortellement le 27 septembre 1914, à St-Thierry, près de Reims, d'un éclat d'obus à la tête, en portant les ordres de l'état-major à l'avant-garde.

Ordre du 43ᵉ régiment d'artillerie (8 mai 1915) :
« Gradé plein d'enthousiasme et de vaillance, tué en accomplissant
« bravement ses fonctions d'agent de liaison le 26 septembre 1914. »

Jacques BRUNEL DE PÉRARD avait devant lui un brillant avenir littéraire ; l'Académie Française lui avait décerné un prix Montyon en 1915.

Extrait de son carnet de route, à la première rencontre avec le feu :
« Ça barde, dans toute l'expression du terme, c'est réellement très chic...
« La journée m'a éclairé sur mon sang-froid ; je crois bien pouvoir
« compter sur moi... »

DE BRUNEL DE SERBONNES HENRI, docteur en médecine, ancien interne des hôpitaux. Mobilisé comme médecin aide-major de 2ᵉ classe, rejoint son corps à Amiens et fait partie immédiatement d'une ambulance du 3ᵉ corps, qui suit les armées jusqu'à

Chimay, et revient se fixer à Fismes après la bataille de la Marne. Est plus tard envoyé à Fère-en-Tardenois. Promu médecin aide-major de 1re classe en 1915. Attaché ultérieurement au laboratoire de Tours, est ensuite nommé chef de laboratoire à Saumur. Mort accidentellement, en service commandé, le 5 décembre 1918.

Henri DE BRUNEL DE SERBONNES joignait à ses brillantes qualités professionnelles une culture étendue et variée, s'intéressant heureusement aux questions littéraires et artistiques. Camarade serviable et dévoué, il fut pour ses intimes l'ami le plus sûr et le meilleur, et ils conservent pieusement le souvenir de son affectueuse bonté.

CABOT JEAN, caporal au 60e régiment d'infanterie.

Médaille militaire :

« A été tué le 25 septembre 1915, à Jonchery, près Suippes (Marne),
« en s'élançant courageusement et sous un feu des plus violents, à
« l'assaut d'une tranchée allemande, qui résistait, depuis le matin, à
« nos attaques répétées. »

CALSAC LUCIEN, mort en captivité à Champion (Belgique), dans sa 20e année, le 13 mars 1918.

CAMBEFORT PHILIPPE, inspecteur des finances, lieutenant-observateur à l'escadrille 36, chevalier de la Légion d'honneur, tué à l'ennemi en combat aérien, le 10 août 1918, à Saulchoy-les-Davenescourt (Somme), à l'âge de 31 ans.

Ordre de la 29e division (12 février 1917) :
« Pour obtenir des renseignements demandés par le commandement,
« a poursuivi et mené à bien une reconnaissance photographique, sous
« un feu extrêmement violent, qui a atteint son avion de quarante
« éclats d'obus, le mettant hors de service. »

Ordre du régiment (3 septembre 1917) :
« Observateur remarquable, ayant assuré de nombreuses missions,
« malgré le tir très précis de l'ennemi, qui a souvent atteint son appa-
« reil. Le 12 août, attaqué au cours d'une reconnaissance photographi-
« que très éloignée par deux avions de chasse autrichiens, les a mis

« hors de combat et a terminé sa reconnaissance, fournissant de pré-
« cieux renseignements au commandement. »

Ordre de l'armée (13 janvier 1918) :

« Observateur remarquable, donnant toujours l'exemple du plus
« beau courage et du dévouement. N'a cessé de se distinguer à l'esca-
« drille où il a eu souvent son appareil gravement endommagé par le
« tir ennemi. A, en particulier, effectué, à très basse altitude, plusieurs
« reconnaissances et une liaison d'infanterie très périlleuse, fournissant
« de précieux documents au commandement les 26 et 30 décem-
« bre 1917. »

Ordre de l'armée (13 août 1918) :

« Observateur hors ligne, ayant une haute conscience de son devoir,
« qu'il a toujours accompli avec une énergie, un calme et un mépris du
« danger au-dessus de tout éloge, se dépensant sans compter pour
« mener à bien toutes les missions qui lui sont confiées. Le 2 juillet 1918,
« au cours d'une mission photographique, a livré combat à deux
« avions de chasse ennemis. Son pilote ayant été mortellement blessé
« dès les premières balles, ayant eu, lui-même, ses vêtements traversés
« en plusieurs endroits, a réussi à saisir les commandes et à redresser
« l'avion qui, livré à lui-même, était déjà descendu de plus de deux
« mille mètres en une chute vertigineuse et désordonnée, et a ramené
« au terrain le corps de son camarade de combat, faisant preuve en
« cette circonstance tragique, d'une maîtrise de soi et d'un sang-froid
« sans pareils. »

Ordre de l'armée (16 septembre 1918) :

« Observateur de 1ᵉʳ ordre, à l'escadrille depuis plus d'un an et
« demi, a toujours accompli avec un entrain et une énergie inlassables
« les missions les plus délicates et les plus périlleuses, en faisant
« l'admiration de tous ses camarades. Le 10 août 1918, au cours d'une
« mission d'infanterie, atteint par le tir ennemi, est tombé glorieuse-
« ment au champ d'honneur. »

Médaille de la Valeur militaire italienne (21 février 1918) :

« Observateur en aéroplane, a donné des preuves de son intelligence
« et de son audace pendant plusieurs vols effectués sur les lignes enne-
« mies. Pendant d'importantes actions offensives, volant bas au-dessus
« des lignes, rapportait d'utiles informations et prenait d'excellentes
« photographies des positions de l'adversaire. Le......., attaqué par deux
« avions ennemis, les repoussait brillamment, en les forçant à se retirer,
« puis continuait, inébranlable, la mission qui lui avait été confiée.
« Le......., pendant la marche en avant de l'infanterie, descendant bas

« au-dessus des positions ennemies, rapportait des renseignements pré-
« cieux sur le mouvement de retraite de l'ennemi. »

Extrait de l'allocution prononcée aux obsèques du lieutenant CAMBE-
FORT, *par le commandant de l'escadrille :*

« ...Il avait fait l'admiration de tous ses camarades par son entrain et
« son courage. Il avait une haute conscience de son devoir, qu'il a tou-
« jours accompli avec un calme et un mépris du danger au-dessus de tout
« éloge. Toujours volontaire pour accomplir les missions les plus périlleu-
« ses et les plus délicates ; il réussissait partout. Il était pour nous un
« frère, il était l'âme de l'escadrille. Nous le regretterons toujours. »

CANAL JEAN-PAUL-MAURICE, né le 14 juillet 1888. Après avoir
fait toutes ses études, de 6 ans à 20 ans, au Lycée Carnot, Jean
CANAL, très doué sous tous les rapports, et qui, d'autre part, avait
reçu une instruction musicale des plus complètes, avait été admis
avec le n° 9 à l'Ecole Nationale des Ponts et Chaussées, et en était
sorti avec le titre d'ingénieur diplômé. Ayant repris du service
dans l'armée active, il fut mobilisé comme sous-lieutenant au
7ᵉ régiment du génie. Le 20 septembre 1914, il fut porté comme disparu au combat de Malancourt (Marne).

Ordre du corps d'armée :

« Le sous-lieutenant CANAL, dont la brillante conduite a été signalée
« par le général commandant la 3ᵉ division, s'affirme une fois de
« plus comme officier de valeur sur lequel on peut compter en toute
« circonstance. »

Ordre de la 2ᵉ armée :

« Le sous-lieutenant CANAL, qui a pris, le 20 août, dans la forêt de
« Kœnig, l'initiative de charger à la baïonnette une troupe d'Allemands
« supérieure en nombre, a tué de sa main un officier allemand et est
« resté, pendant la retraite de sa compagnie, très en arrière, pour
« panser les blessés. »

Nommé chevalier de la Légion d'honneur à titre posthume :

« Officier d'une haute valeur morale, qui s'était signalé, dès les
« premiers combats de la campagne, comme un magnifique soldat.
« Glorieusement tombé, le 20 septembre 1914, à la tête d'un détache-
« ment chargé d'une mission particulièrement périlleuse. »

Son colonel déclarait regretter, ainsi que tous les officiers du corps

d'armée, « la disparition de ce vaillant officier, qui s'était fait rapide-
« ment une réputation de bravoure à toute épreuve et qui avait parfaite-
« ment réussi dans plusieurs missions très difficiles. »

CARON Paul, Capitaine d'infanterie.

CASTEX Jacques, canonnier au 1er régiment d'artillerie de montagne. A péri le 19 juillet 1917, dans le torpillage de l' « *Eloby* », transport anglais, en Méditerranée, alors qu'il se rendait à Salonique. Cité à l'ordre de l'armée, le 1er octobre 1917.

CATULLE-MENDÈS Primice, brigadier au 103e régiment d'artillerie lourde. Engagé à 18 ans, comme infirmier, passe au service armé en décembre 1914, prend part aux offensives de la Somme et de Champagne. Blessé deux fois sans gravité, il est tué, le 23 avril 1917, d'un éclat d'obus au cœur, à Prosnes (Marne).

Sa mère, en faisant part de sa mort, écrit :

« Son courage égalait son intelligence, son sang-froid et sa bonté. Que
« la France, sacrée par de tels sacrifices, soit digne de la jeunesse tombée
« pour elle ! C'est tout l'espoir et toute la volonté des survivantes. »

CAVAILLÉ Paul, caporal au 123e régiment d'infanterie, décoré de la croix de guerre. Mort à la prise du plateau de Vauclerc, le 5 mai 1917.

CHABBERT René, mort des suites de maladie contractée au front.

CHARLES-ROUX Charles-Wulfram-Marie-Louis, né à Marseille, le 10 décembre 1875, chef d'escadron de cavalerie, déta-ché au 140e d'infanterie dont il prend le commandement comme lieutenant-colonel, tué le 25 octobre 1918 à Ferrières, près La Fère (Aisne), en conduisant l'attaque du 11e régiment de marche de tirailleurs algériens.

Médaille coloniale, médaille de Madagascar, médaille du Maroc.

Ordre de la division (6 avril 1917) :

« Chef d'escadron, adjoint au chef de corps. Officier supérieur de
« haute valeur, gardant son calme et son sang-froid dans les circons-
« tances les plus périlleuses. A fait plusieurs reconnaissances sous un
« bombardement intense pour vérifier les points délicats de la ligne. »

Ordre de l'armée (9 novembre 1917) :

« Officier supérieur d'un courage magnifique et d'un rare mérite. S'est
« prodigué sans compter pendant toute la journée du 23 octobre, suivant
« les vagues d'assaut, parcourant sans cesse nos lignes, galvanisant
« tous les cœurs par son exemple, sans souci du danger. »

Ordre de l'armée (25 septembre 1918) :

« Soldat superbe, chef aimé, vient de se distinguer à son habitude
« pendant les opérations du 19 au 29 août 1918, serrant l'ennemi, le
« bousculant, le poursuivant âprement. A été gravement contusionné par
« un obus le 29 août 1918. »

Officier de la Légion d'honneur :

« Magnifique chef de corps, soldat sans peur et sans reproche. Le
« 25 octobre 1918, a été grièvement blessé au moment où, au milieu de
« sa troupe et sous le bombardement de l'ennemi, il donnait ses der-
« niers ordres pour une attaque qui réussissait victorieusement peu
« après. A fait preuve d'une élévation de sentiments qui restera gravée
« dans l'esprit de tous ceux qui l'ont connu. Deux blessures antérieu-
« rieures. Trois citations. »

*Sous son commandement, le 140ᵉ régiment d'infanterie obtint la
fourragère aux couleurs de la croix de guerre par les deux citations
suivantes :*

« Jeune régiment indigène formé à l'image de son chef, le lieu-
« tenant-colonel ROUX, dont il partage la confiance, l'ardeur et la vail-
« lance communicatives. Les 16 et 17 octobre 1918, sous le commande-
« dement provisoire du chef d'escadron Beugnot, et après une lutte
« dont l'opiniâtreté ne se démentit pas un seul instant, est parvenu à
« arracher à l'ennemi, dans des conditions qui eussent fait hésiter les
« plus braves, le passage de la Serre. Par cette manœuvre hardie,
« exécutée sous de violents feux de mitrailleuses et d'artillerie, a
« contraint le régiment ennemi à la retraite et décidé, sur un front
« garni de défenses et protégé par 1.000 et 1.500 mètres d'inonda-
« tions, de l'offensive de toute la division dont il fait partie. A ensuite
« pris la tête de la poursuite et talonné l'adversaire jusqu'à 10 kilo-
« mètres en lui faisant des prisonniers (8 novembre 1918). »

« Régiment magnifique, bien que de formation récente. Sous le
« commandement de son chef, aussi modeste qu'héroïque, le lieutenant-
« colonel Roux, a attaqué sans répit les 20, 21 et 22 juillet 1918,
« devant Tigny et le bois d'Hartennes, toujours avec le même entrain,
« le même esprit de sacrifice et de dévouement, malgré des pertes très
« lourdes, malgré la désorganisation de ses cadres, faisant des prison-
« niers, prenant des mitrailleuses et se cramponnant au terrain
« conquis. » (Décision du maréchal de France, commandant en chef,
« du 17 décembre 1918).

CHASSIN Georges, soldat mitrailleur au 73ᵉ régiment d'infanterie, tué le 10 mai 1917, alors qu'il se rendait aux premières lignes,
aux Chambrettes, dans la région de Verdun (Côte du Poivre).

Ordre de la brigade :

« Jeune soldat de la classe 1916, plein d'entrain, toujours volontaire
« pour les missions délicates ; le 15 décembre 1916, a affirmé, une
« fois de plus, sa réputation d'excellent soldat. »

CHAUSSENDE Louis, capitaine au 76ᵉ régiment d'infanterie,
décédé des suites d'un accident cardiaque contracté au front, le
22 août 1914, en opérant le repli de son unité à Longwy.

CHÉRONNET Georges, né en 1888, sous-lieutenant de réserve
au 49ᵉ régiment d'artillerie. Tué le 8 septembre 1914, et enterré
dans le cimetière d'Allemant, non loin de Sézanne, point extrême de
l'invasion allemande.

Extraits d'une lettre de son capitaine :

« Depuis le début de la campagne, il commandait l'échelon de sa bat-
« terie, tâche souvent ingrate et toujours délicate. Il y fit preuve de beau-
« coup d'énergie et du plus grand dévouement. Je le vois encore, le 30
« août, le soir de la bataille de Bertencourt, venir le sourire aux lèvres et
« la joie dans le cœur, m'annoncer qu'il me ramenait son échelon au
« complet ; c'est qu'il avait eu du mérite, car il avait dû, sous un feu d'ar-
« tillerie des plus violents, sortir d'un marais un chariot de batterie des
« plus lourdement chargés...
« Vous pouvez être certaine, Madame, que pendant les quelques heures
« qu'il a passées dans le commandement de sa batterie, il a fait preuve de
« la plus grande énergie, de la plus noble crânerie. »

Nommé chevalier de la Légion d'honneur à titre posthume :

« Officier énergique, commandait le groupe d'échelons dans les pre-
« miers jours de la campagne. Nommé sous-lieutenant dans une bat-
« terie de tir, a été tué à son poste de combat le jour même où il pre-
« nait ses nouvelles fonctions, le 8 septembre 1914. »

CHÉROT René, caporal au 51ᵉ régiment d'infanterie. Tué le
22 août 1914, à Villiers-la-Loue, près de Virton.

Médaille militaire :

« Brave gradé, au front depuis le début de la campagne, s'est fait
« remarquer par sa courageuse attitude au feu dès les premiers
« combats, tombé glorieusement pour la France le 22 août 1914. »

CHEVALIER Paul, né en novembre 1887, artiste dramatique,
caporal au 360ᵉ régiment d'infanterie, prend part à la défense du
Grand-Couronné de Nancy ; évacué pour maladie, rejoint son régi-
ment avant d'être guéri, assiste aux combats de Notre-Dame de
Lorette, Carency, Neuville-St-Vaast, Souchez, et est tué à
Ablain-St-Nazaire (Pas-de-Calais), le 5 juin 1915, à l'âge de 27 ans.

CHOISNET Maxime, né le 14 mai 1884, à Paris, versé sur sa
demande au 69ᵉ bataillon de chasseurs à pied. Sérieusement blessé
à la Marne ; à peine guéri, rejoint son bataillon dans l'Artois ;
nommé sous-lieutenant, prend part à l'offensive de Champagne, puis
à la défense de Verdun ; le 21 mai 1916, aux carrières d'Haudremont, désigné pour prendre le commandement d'une compagnie dont
tous les officiers ont été mis hors de combat successivement, trouve
la mort à son poste d'honneur.

Ordre de la 112ᵉ brigade :

« Chef de section très énergique ; blessé à Marcilly, le 8 septem-
« bre 1914, a rejoint le front à peine guéri. De la plus grande activité,
« a travaillé de sa personne, pour donner l'exemple, à la pose de
« chevaux de frise en avant de tranchées très rapprochées de
« l'ennemi. »

Ordre de la 5ᵉ division :

« Officier d'une rare énergie et du plus grand courage, a pris le
« commandement, le 8 octobre 1915 (après disparition presque totale de la
« section), d'autres éléments pour conserver la tranchée allemande,
« donnant à tous l'exemple du courage. »

Ordre de la 11ᵉ armée :

« Officier d'une froide bravoure. Le 21 mai 1916, ayant reçu l'ordre,
« dans un moment difficile, d'aller prendre le commandement d'une
« compagnie, dont tous les officiers avaient été blessés, s'est acquitté
« de cette tâche avec beaucoup de sang-froid. A été tué dans l'accom-
« plissement de sa mission. »

Nommé chevalier de la Légion d'honneur à titre posthume :

« Officier énergique, dévoué, a trouvé une mort glorieuse le 27
« mai 1916, en se portant à l'attaque des carrières d'Haudremont
« (Verdun). Une citation antérieure. »

Extraits de lettres de ses chefs :

« ...Il est tombé en brave, dans la tranchée conquise. Tout le monde ici
« le regrette et le pleure. C'était un être charmant, plein de délicatesse et
« d'une belle et froide bravoure... »
« ...Sa mort a été la plus belle que puisse rêver un soldat, un officier. Il
« est tombé en pleine bravoure, en plein combat, un jour de victoire... »
« ...Pendant près de 16 mois, je l'avais eu sous mes ordres et j'avais su
« apprécier ses hautes qualités militaires : énergie, entrain, bravoure rai-
« sonnée, ascendant sur ses hommes pour lesquels il était un exemple... »
« ...Cette vie commune de tous les instants nous avait rendus vraiment
« frères d'armes et nous avait fait apprécier le bon et loyal camarade
« qu'il était ; ausssi sa perte a-t-elle été pour nous la plus douloureuse de
« toute la campagne... »

CLAVEAU Eugène, soldat au 21ᵉ régiment d'infanterie coloniale, disparu au combat de Neufchâteau, le 22 août 1914.

CLAVEAU Henri, professeur de musique.

« Brancardier au 236ᵉ régiment d'infanterie, a été blessé une pre-
« mière fois au Labyrinthe et, à peine guéri, à rejoint le régiment sur
« sa demande ; a toujours montré le plus grand dévouement dans le
« service de brancardier ; est mort enseveli par un obus à son poste, le
« 17 janvier 1916. »

Extraits d'une lettre de son médecin-chef :

« Sa figure si loyale et si franche m'avait séduit, et je ne m'étais pas
« trompé. Il s'était si simplement adapté à sa nouvelle vie. Il était adoré de
« ses camarades et jamais je n'ai eu un ordre à lui donner quand il s'agis-
« sait d'aller chercher un blessé. Il accomplissait sa mission en artiste
« qu'il était, c'est-à-dire avec un idéal, et nous l'aimions tous... »

« ...On ne saura jamais ce qu'est la vie du brancardier qui accomplit
« journellement sa mission qui se traduit par des actions d'héroïsme que
« personne ne connaît. Et moi, qui ai vécu intimement avec eux, je les
« admire et les vénère, parce qu'ils forcent le respect. Claveau était de
« ceux-là. Il est mort simplement, comme il aurait pu le souhaiter, car sa
« modestie était connue, et il avait horreur de ceux qui faisaient parade
« de leur courage... »

CLÉMENT Georges, né le 11 août 1880, avocat à la Cour
d'appel, lieutenant de réserve au 30e dragons, mort pour la France
le 27 octobre 1914, à Ypres.

Ordre du régiment :

« .....le lieutenant Clément....., qui sont restés pour relever le
« maréchal des logis chef du 2e escadron et l'ont chargé sur une char-
« rette, sous une grêle de balles. »

Ordre du régiment :

« Mortellement blessé dans la tranchée de Noordschoote, ne songeait
« qu'à empêcher les chefs et les camarades qui l'emportaient loin de la
« ligne de feu, de s'exposer pour lui venir en aide. Décédé quelques
« heures après, il avait été proposé pour la croix de chevalier de la
« Légion d'honneur. »

« Le régiment (lit-on dans cette proposition) perd en lui un excellent
« officier qui, par sa douceur, la fermeté de son caractère et son admira-
« ble bravoure, restera comme un exemple dans la mémoire de tous. »

Et la proposition pour la Légion d'honneur ajoute :

« Nature d'élite, inspirant à tous le respect et l'affection et qui, sous le feu,
« donnait l'exemple du sang-froid et de la mesure. Mortellement blessé
« dans la tranchée de Noordschoote le 26 octobre, en cherchant person-
« nellement à améliorer la sécurité des hommes, il n'avait d'autres préoc-
« cupations, malgré ses souffrances, que d'empêcher ceux qui cherchaient
« à le soustraire au feu de l'ennemi de s'exposer pour lui. »

Cité à l'ordre de la division le 4 décembre 1914.

COCU André, maréchal des logis au 31° dragons. Envoyé en reconnaissance, signale une colonne d'artillerie ennemie en retraite, qui, grâce à ses renseignements, peut être prise sous le feu des batteries volantes de la division, continue à reconnaître plusieurs localités évacuées, s'avance seul à la lisière des bois de Franonville ; grièvement blessé, ramené la nuit à l'ambulance de Bayon, où il succombait deux jours plus tard.

Ordre de l'armée :

« Envoyé en reconnaissance le 25 août 1914, n'a pas craint de
« s'approcher très près d'un bataillon ennemi dont il a signalé la pré-
« sence. A été tiré presque à bout portant et mortellement atteint ; a
« exprimé jusqu'aux derniers moments de sa vie, de beaux sentiments
« d'abnégation et de patriotisme. »

Extrait de la seule lettre de lui qui soit parvenue à sa famille :

« Je n'oublierai pas que je suis né en terre lorraine, que j'ai des
« frères captifs à la délivrance de qui je dois contribuer jusqu'à la der-
« nière goutte de mon sang ; je n'y faillirai pas... »

CŒDÈS Paul, classe 1914, ajourné ; a fait des gaz asphyxiants pendant deux ans à l'Ecole de Chimie de la rue Michelet, a préparé sa licence après être sorti premier de cette Ecole ; parti en 1916, entré à St-Maixent et sorti aspirant en mai 1917, nommé sous-lieutenant au 102° régiment d'infanterie ; tué à Venteuil près d'Epernay, dans la nuit du 18 au 19 juillet 1918, dans l'heureuse offensive de l'Armée Gouraud.

Ordre de la division :

« Jeune officier très brave et courageux, payant toujours de sa per-
« sonne. A commandé avec un sang-froid remarquable sa section de
« mitrailleuses lors de l'attaque du 18 juillet. Mort pour la France le
« 19 juillet 1918. »

Nommé chevalier de la Légion d'honneur à titre posthume.

COLLIARD Henri, tué comme commandant à Ypres.

COMBARIEU Jean, enlevé à 20 ans, le 23 juillet 1917.

COMBEMALE Frédéric.

COMBEROUSSE Paul-Joannès, né à Montluçon (Allier), le 27 mars 1893. Elève au Lycée Carnot de 1903 à 1909. Entré à l'Ecole Navale le 1ᵉʳ octobre 1912. Sorti aspirant de marine le 1ᵉʳ août 1914 et embarqué d'abord sur le cuirassé d'escadre « France », puis sur le cuirassé « Bouvet ». A fait sur ce dernier navire, la campagne d'action navale aux Dardanelles, lorsque l'escadre franco-anglaise entreprit, par une série d'attaques, en février et mars 1915, le forcement des détroits. Il était alors enseigne de vaisseau. Est mort à son poste, le 18 mars 1915, lorsque le « Bouvet », après avoir éteint les feux des forts de la côte sud, fut atteint par une mine dérivante et sombra en 55 secondes, en engloutissant plus de 600 hommes d'équipages.

Nommé chevalier de la Légion d'honneur :

« A assuré pendant tout le combat du 18 mars 1915 le service des
« transmissions au poste central dans d'excellentes conditions, malgré
« les continuels changements d'objectif au transport du tir d'un bord
« à l'autre sans cessation de feu. Est mort à son poste lorsque le bateau
« a chaviré. »

Extrait d'une lettre d'un officier du « Bouvet » :

« .....Sa jeunesse, sa gaîté, son entrain, son caractère si franc et si
« droit avaient valu à COMBEROUSSE les amitiés de tous, dans notre carré...
« J'eus bientôt pour lui estime et sympathie, car j'avais reconnu que ses
« qualités aimables ne faisaient que parer d'autres qualités plus fortes et
« qui font l'officier. Amour de son métier, foi en l'avenir, désir de bien
« faire lui donnaient la facilité dans le commandement et de l'action sur
« les hommes, lui promettant une belle et utile carrière.... »

CORDOËN Jean, sous-lieutenant au 26ᵉ bataillon de chasseurs à pied. Blessé grièvement le 6 septembre 1914, à St-André, près de Souilly, en combattant à la tête de sa section. Décédé le 26 mars 1915 des suites de ses blessures.

Ordre de l'armée :

« A fait preuve de beaucoup d'énergie, le 22 août, en chargeant à
« la tête de sa section sur la lisière d'un bois d'où il a chassé les
« Allemands. A montré constamment beaucoup de sang-froid et de
« courage ; le 6 septembre a été blessé très grièvement. »

Nommé chevalier de la Légion d'honneur à titre posthume :

« Officier plein de courage et d'entrain. Est tombé mortellement
« frappé, le 6 septembre 1914, en entraînant sa section à l'attaque des
« positions ennemies. A été cité. »

CORMOULS-HOULÈS Pierre, sous-lieutenant au 359ᵉ régiment d'infanterie. Parti aux premiers jours de la mobilisation dans
une ambulance de la 66ᵉ division de réserve, a pris part au combat
de Zillisheim en août 1914, et a été promu officier d'administration
de 3ᵉ classe du service de santé le 1ᵉʳ septembre 1914. Détaché à
une ambulance alpine en juillet-août 1915, a pris part aux
combats du Lingekopf et a été blessé au bras droit le 27 juillet. A
continué son service ; proposé pour la Légion d'honneur.

Ordre de l'armée (3 septembre 1915) :

« A fait preuve d'un héroïsme simple et vraiment admirable en se
« portant en terrain découvert avec deux brancardiers en avant des
« tranchées pour y relever des blessés, sous le couvert de la conven-
« tion de Genève ; a été blessé en se repliant sous le feu de l'ennemi, a
« ramené néanmoins un blessé et le corps d'un officier. »

A pris part aux combats de Champagne en octobre 1915. Après
trois demandes successives a été autorisé à passer dans l'infanterie.
Encore stagiaire a pris part à des combats autour de Thiaumont, et
a été tué le 17 juin au moment où il s'apprêtait à conduire sa
compagnie à l'assaut.
Il était âgé de 26 ans.

Ordre du corps d'armée (25 juillet 1916) :

« Le 15 juin 1916 a vigoureusement entraîné sa section dans une
« contre-attaque et l'a maintenue sous un feu très violent dans une
« tranchée reconquise. »

Son commandant écrivait :

« On citait sa bravoure au bataillon. »

Et un de ses camarades s'exprime ainsi, en apprenant sa mort :

« Je ne sais pas comment il est mort, mais je sais certainement une
« chose, c'est qu'il est mort avec une âme héroïque. C'était un si beau
« soldat et si simple. Il rêvait d'être soldat combattant, et, après sa blessure, il
« le rêvait plus encore. Il l'a été et il est tombé pour avoir voulu l'être

« et après avoir tout fait pour pouvoir l'être. Il est impossible de mieux
« vivre pour la France et de mieux mourir pour elle qu'il n'a vécu et
« qu'il n'est mort. »

COURIOT André, ancien élève de l'Ecole Centrale, lieutenant
au 7ᵉ régiment d'artillerie. Commandant de batterie en première
ligne depuis 1915, mort accidentellement le 16 août 1918.

Ordre du corps d'armée :

« Le 4 août 1917, sous un bombardement ininterrompu de plusieurs
« heures, par son énergie, la précision de ses ordres et son activité, a
« obtenu de sa batterie la réalisation complète des missions diverses
« qui lui étaient confiées. »

Extraits de lettres de ses chefs à son père :

« Votre cher fils emporte toute mon estime, toute l'affection que je lui
« avais vouée, à cause de sa droiture, de sa haute idée du devoir et de sa
« vaillance : et tous ceux qui l'ont connu lui rendent le même témoignage. »
« Je m'autorise des cinq mois pendant lesquels il a été sous mes ordres,
« pour vous assurer que tous ceux qui l'ont connu, chefs, camarades et
« canonniers, conservent de lui le souvenir pur d'un homme loyal et
« franc, d'un patriotisme ardent et d'une crâne bravoure. »
« Le lieutenant André Couriot avait servi sous mes ordres pendant six
« mois ; j'avais pu apprécier ses qualités d'intelligence et de cœur ; c'était
« un officier d'un courage et d'un dévouement au-dessus de tout éloge,
« un technicien remarquable ; sa mort est une grande perte pour notre
« artillerie ».

COURRET Jean-Charles, du 39ᵉ régiment d'infanterie. Tué à
la Targette, le 26 mai 1915.

COURTOIS-SUFFIT Jacques, né en 1894, aspirant au 19ᵉ
bataillon de chasseurs à pied.

Ordre du corps d'armée :

« Hardi et entreprenant a, dans la nuit du 26 au 27 février 1916,
« conduit une patrouille jusqu'à une tranchée ennemie et rapporté des
« renseignements importants. S'est conduit bravement pendant le
« combat du lendemain, faisant face à l'ennemi, un revolver dans
« chaque main, et répétant : « Ils ne m'auront pas. » Disparu à la
« ferme de Navarin, le 27 février 1916. »

COURTOT André, élève de l'Ecole Centrale, sous-lieutenant au 2ᵉ régiment d'artillerie lourde.

Ordre de la 2ᵉ armée :

« D'un zèle et d'une bravoure dignes de tous éloges, s'est prodigué
« depuis son arrivée à la batterie, notamment dans les attaques du
« 26 septembre à fin octobre, dans des circonstances les plus péril-
« leuses, comme officier observateur, donnant à tous le plus bel exem-
« ple. Blessé mortellement au cours d'un violent bombardement à la
« batterie, le 9 octobre 1915. Sa mort héroïque a été pour tous
« un noble exemple de devoir et de sacrifice. »

Nommé chevalier de la Légion d'honneur à titre posthume :

« Très brillant officier plein de bravoure et de dévouement. Mort
« glorieusement pour la France le 23 octobre 1915, des suites de bles-
« sures reçues à l'ennemi. »

COUSIN Emile-Félix, ingénieur des Arts et Manufactures, capitaine au 34ᵉ régiment d'infanterie coloniale.

Ordre du corps d'armée :

« Le 26 novembre 1915, au cours d'un fort bombardement et d'une
« attaque de l'ennemi avec émission de gaz asphyxiants, a montré un
« remarquable sang-froid ; subissant un commencement d'intoxica-
« tion, est resté à son poste jusqu'à la dernière minute. Est mort le
« surlendemain. »

CROCE-SPINELLI René, sergent pilote-aviateur, tué le 21 août 1917, devant Verdun. Trois citations.

CUSINBERCHE Adrien, né le 8 juin 1898, canonnier au 113ᵉ régiment d'artillerie lourde, mort pour la France, à l'âge de 20 ans, dans une attaque à Latilly (Aisne), le 24 juillet 1918.

DARNAUD Louis, maréchal des logis au 1ᵉʳ dragons, où il s'était engagé en 1916 ; décédé le 16 septembre au cours d'une permission.

DAVOUX Georges, sergent-major au 76ᵉ d'infanterie. Blessé en Argonne, le 20 décembre 1914. Décédé des suites de ses blessures, à Vichy, le 27 janvier 1915.

DEBARLE Eugène, classe 1895, brigadier au 6ᵉ régiment d'artillerie à pied, blessé mortellement le 10 décembre 1914, mort à l'hôpital de Pont-à-Mousson, le 13 décembre.

Ordre de l'armée :

« Ayant été mortellement blessé d'un éclat d'obus à la poitrine, au
« cours du combat dans le bois Le Prêtre, a répondu à son lieutenant
« qui lui prodiguait des paroles d'encouragement : « Cela ne fait
« rien si on a fait du bon travail. »

DELAGE Jean, né le 25 mars 1896, engagé volontaire, promu sous-lieutenant au 81ᵉ régiment d'artillerie lourde, le 1ᵉʳ août 1916.

Ordre de la brigade :

« Très jeune officier qui, dès son arrivée au front, en janvier der-
« nier, a été employé comme observateur dans les tranchées de pre-
« mière ligne où il a montré beaucoup de courage et d'enthousiasme.
« A, depuis, en maintes circonstances, particulièrement dans la nuit du
« 11 au 12 août, affirmé de sérieuses qualités de commandement, de
« courage et d'instruction technique. »

Blessé devant Verdun, le 2 janvier 1917.

Nommé chevalier de la Légion d'honneur :

« Officier de grand mérite, se faisant constamment remarquer par son
« énergie et sa bravoure. Déjà cité à l'ordre, très grièvement blessé,
« le 2 janvier 1917, à son poste de combat. »

Décédé des suites de ses blessures, dans sa 21ᵉ année, à l'hôpital de Vadelaincourt.

Jean DELAGE était une nature d'élite : au régiment, il fut un bon soldat, et révéla les qualités d'un chef. Il était adoré de ses hommes et particulièrement estimé de ses camarades et de ses chefs. C'était un jeune officier d'une haute valeur morale, qui, jusqu'au bout, montra un grand courage et une rare délicatesse de sentiments.

DEMONCHY Georges, élève de l'école des Beaux-Arts, sergent au 134ᵉ régiment d'infanterie. Tué le 6 octobre 1914, dans la forêt d'Apremont.

Médaille militaire à titre posthume :

« Sous-officier brave, dévoué et consciencieux. Tué le 6 octobre 1914 « en forêt d'Apremont en faisant vaillamment son devoir. »

DENEUX Philippe, classe 1917, soldat au 47ᵉ régiment d'infanterie, tué par des éclats d'obus, au Bois des Caurières, sur le front de Verdun, le 14 avril 1918.

DENIS Henri, né le 27 octobre 1872. Tué le 3 octobre 1915. Sans attendre l'appel de sa classe, s'est engagé en octobre 1914 ; d'abord au 74ᵉ régiment d'infanterie, puis aspirant au 39ᵉ, est tombé glorieusement au bois de la Folie, près de Neuville-St-Vaast (Combats de la Somme, octobre 1915).

Ordre de la 10ᵉ armée (24 octobre 1915) :

« Sous-officier remarquable, est entré le premier dans une tranchée « allemande, l'a organisée et défendue toute la nuit. A été tué le lendemain dans une lutte à la grenade, exhortant ses hommes de la « voix et du geste. »

DÉPINCÉ Marcel, né le 1ᵉʳ juin 1893, avocat à la Cour d'appel. Soldat au 129ᵉ régiment d'infanterie, fut classé, à la suite d'un accident d'entraînement, dans le service auxiliaire en octobre 1914 ; fut envoyé sur sa demande à l'armée du nord comme automobiliste. Fut mortellement blessé par une bombe d'avion ennemi le 30 décembre 1914, à Dunkerque, alors qu'il se portait au secours des victimes des premières bombes éclatées ; il expirait la nuit suivante dans sa 22ᵉ année.

DEPUICHAULT René, né le 13 juin 1885, sergent au 69ᵉ régiment d'infanterie. Brillant élève du Lycée Carnot (1896-1903), sorti major de l'Ecole des Hautes Etudes Commerciales, docteur en droit, économiste distingué, parlant parfaitement onze langues, attaché au secrétariat de la Banque de Paris et des Pays-Bas, était en mission au Brésil à la déclaration de guerre.

Il rejoint son régiment en Artois, prend part aux sanglants combats de Monchy, est un des héros de la campagne de l'Yser, pendant laquelle il rend les plus grands services à son régiment grâce à son courage et à sa parfaite connaissance du flamand. Bon et charitable autant que brave, il est adoré de ses hommes qui lui sont dévoués jusqu'au sacrifice. Il fait volontairement les reconnaissances les plus dangereuses et l'une d'elles fait échouer une attaque allemande. Il prend part aux combats de l'Artois, de Neuville-St-Vaast, du Labyrinthe et est tué à Beauséjour, à l'âge de 30 ans.

Médaille militaire :

« Exemple de courage et d'énergie, a été tué le 6 septembre 1915 en
« contrôlant la vigilance des guetteurs à moins de 40 mètres de l'enne-
« mi. Se sentant blessé à mort, a dit : « Ne me plaignez pas, je n'ai
« fait que mon devoir. »

DERANGEON Georges-Louis-Joseph, interprète au Comité interallié du Conseil Supérieur de la guerre, mort à l'hôpital de Versailles.

Extrait du discours prononcé par son lieutenant :

« Nous avons tous été frappés de stupeur en apprenant la fatale nouvelle :
« nous avions tant apprécié les qualités de cœur et la valeur morale de
« notre bon camarade que sa mort brutale et soudaine nous a plongés dans
« la consternation. »

DERODE Lucien, ancien élève de l'Ecole Polytechnique, lieutenant au 8ᵉ régiment du génie, mortellement frappé à Cormicy, près de Reims, le 18 septembre 1914. Aimé de ses hommes qui ont voulu lui rendre les derniers honneurs sous les feux de l'ennemi, et estimé de ses chefs qui ont rendu hommage à sa fermeté d'âme et à son dévouement, attestant qu'il avait jusqu'au dernier moment rempli son devoir d'officier et de Français.

DEROUGEMONT Robert-Jean, secrétaire de la direction de

la Compagnie de navigation « *Les Chargeurs Réunis* », capitaine au 83ᵉ régiment d'artillerie lourde, décédé le 26 avril 1919 des
suites de la grippe contractée alors qu'il était encore en service,
affecté à une base américaine à Gien.

Affecté à la mobilisation au 3ᵉ régiment d'artillerie à pied à
Brest, comme sous-lieutenant de réserve, nommé lieutenant en septembre 1914. Parti, sur sa demande, le 15 janvier 1915, dans une
batterie d'un groupe à pied du 6ᵉ régiment d'artillerie, dans le
camp retranché de Toul. Muté en mai 1915, et désigné pour servir
au fort de Frouard au commandement d'un poste de 95 mm.
contre avions. Détaché, sur sa demande, comme officier observateur
à la 21ᵉ compagnie de sapeurs-aérostiers, du mois d'août 1915 à fin
septembre 1915, d'où il est rappelé par le lieutenant-colonel
commandant l'artillerie de la place de Toul, et affecté à une batterie de réserve d'armée (6ᵉ R. A. P.). Passé au 108ᵉ lourd, lieutenant
à la 10ᵉ batterie du 108ᵉ R. A. L. (Woëvre, Bois des Paroches,
Rupt, devant St-Mihiel, Forêt d'Apremont, etc...), passé le 18 mai
1916 à l'état-major du 5ᵉ groupe du 108ᵉ, comme adjoint au chef
d'escadron. A participé à toute la bataille de la Somme, de juin à
décembre 1916 (Herbécourt, Combles, etc.). De janvier à mars
1917, dans la région de Lassigny. Affecté sur sa demande au
83ᵉ R. A. L., adjoint au chef d'escadron. Retraite allemande de
mars 1917 (Région de Noyon). D'avril à septembre 1917, bataille
de Champagne, commandant la 14ᵉ batterie du 83ᵉ R. A. L.

Ordre du 1ᵉʳ corps d'armée :

« Officier d'une activité hors ligne et d'un jugement très sûr. A
« rendu dans les fonctions d'adjoint au commandant d'un groupe-
« ment important d'artillerie lourde, des services inappréciables. A
« assuré, pendant plusieurs semaines, les liaisons du groupement avec
« les échelons supérieurs et les artilleries divisionnaires, par des itiné-
« raires constamment battus par l'artillerie ennemie. »

Ordre du régiment :

« Excellent officier. A pris le commandement de sa batterie dans
« des conditions particulièrement difficiles, le capitaine ayant été tué.
« A su immédiatement par son exemple relever le moral de ses hom-
« mes et a obtenu sur des positions périlleuses les meilleurs résultats,
« principalement pendant les attaques des 14 et 15 juillet 1917. »

Robert-Jean DEROUGEMONT laisse à tous ceux qui l'ont connu le souvenir d'un loyal et bon ami, et les regrets les plus vifs ; les hommes des différentes batteries où il a passé l'aimaient et l'appréciaient pour sa droiture et son esprit imbu de justice et de conciliation.

DESJARDIN JACQUES, soldat au 289e régiment d'infanterie, tué à la bataille de Crouy, le 12 janvier 1915.

DESNOS HENRI, né le 22 mai 1894. Après avoir fait la majeure partie de ses études au Lycée Carnot, notamment pour la préparation à l'Ecole Polytechnique, Henri DESNOS, faisant partie de la classe 1914, a été appelé sous les drapeaux le 3 septembre 1914 et incorporé au 39e d'artillerie, envoyé au camp d'Avord, par suite de l'occupation par les Allemands du camp de Mailly. Au 39e d'artillerie, nommé E. O. R. au commencement de novembre, brigadier, puis maréchal des logis, et aspirant le 1er mars 1915. Comme aspirant, a été incorporé à la 9e batterie du 36e d'artillerie et a fait campagne dans la Somme, dans la région de Lassigny, faisant fonction de chef de section, du 3 mai au 8 novembre 1915. Pendant cette période, a été détaché pendant deux mois comme observateur à la saucisse. Rappelé, avec tous les aspirants de la classe 14, à l'Ecole d'Artillerie de Fontainebleau, en est sorti le 28 janvier 1916, avec le grade de sous-lieutenant, et s'étant fait inscrire comme observateur en avion.

Après une période au camp d'instruction de Dalréas, a fait un stage d'un mois au C. D. E. du camp d'aviation du Plessis-Belleville. Le 12 avril 1916, a été désigné comme observateur pour l'escadrille M. F. 59, opérant dans les Vosges.

En juillet 1916, a été demandé par le colonel commandant l'artillerie de la 46e division comme observateur de cette division, avec laquelle, après une période de manœuvres dans la Meuse, il est parti sur le front de la Somme, le 30 juillet 1916.

Observant toujours pour la 46e division, il a été successivement attaché aux escadrilles C. 53, F. 24, F. 41, F. 204. A pris part à la préparation de toutes les grandes attaques de cette période, Maurepas, Bouchavesne, Le Forest, Le Priez,... Parti volontairement pour une mission périlleuse, le 24 septembre, est tombé dans les lignes ennemies au cours d'un combat aérien, à Nurlu, près de Péronne.

Ordre de l'armée :

« Sous-lieutenant à l'escadrille F. 204 ; jeune observateur d'un calme
« et d'un sang-froid remarquables. A montré, dans un secteur d'atta-
« que, un réel esprit de sacrifice en effectuant de nombreuses recon-
« naissances à faible altitude et des réglages de tir à longue portée,
« sans souci du feu de l'infanterie et de l'artillerie ennemies. Le
« 14 septembre 1916, est allé chercher au péril de sa vie, les corps de
« deux de ses camarades tombés près des premières lignes. Volon-
« taire pour une mission périlleuse, a disparu le 24 septembre, au cours
« de l'exécution de cette mission. »

Ordre de la division :

« Observateur en avion à l'état-major d'une artillerie divisionnaire,
« a donné en maintes circonstances les preuves du plus grand cou-
« rage en survolant à une faible hauteur les lignes ennemies. Mort
« glorieusement au cours d'une reconnaissance aérienne, le 24 septem-
« bre 1916. »

Nommé chevalier de la Légion d'honneur à titre posthume.

Un de ses officiers écrit :

« Dès la première heure, il m'était apparu bon, crâne et bien français.
« Son patriotisme, toujours insatisfait, l'avait entraîné à ce qu'il croyait
« mieux. Il lui semblait que le danger n'était nulle part où sa conception
« du devoir l'appelait. Il est mort en brave ! »

DESVEAUX François, sous-lieutenant au 106ᵉ bataillon de chasseurs à pied, tombé à la bataille du Kemmel (Belgique), le 20 mai 1918, à l'âge de 22 ans.

Ordre de l'armée :

« Jeune officier, ardent à la bataille, sachant inspirer à ses chasseurs
« sa foi patriotique et son noble enthousiasme. Le 20 mai 1918, la
« première vague d'assaut étant arrêtée momentanément, s'est porté en
« avant pour reconnaître la mitrailleuse ennemie qui gênait la progres-
« sion et la réduire au silence. Est tombé mortellement frappé. »

Nommé chevalier de la Légion d'honneur à titre posthume.

Extrait d'une lettre de son chef de corps :

« Il repose au milieu de ses chasseurs, qu'il aimait tant... Sa mort a
« arraché des larmes à tous les chasseurs de sa section et a causé une
« peine profonde à tous les officiers et chasseurs du bataillon. Je l'avais
« en grande affection à cause de sa vaillance, de son caractère droit, de
« sa gaîté et de toutes ses qualités morales... Nous conserverons tous le
« souvenir du sous-lieutenant DESVEAUX, dont le nom sera au bataillon un
« symbole d'honneur, de devoir et de vaillance. »

Extrait d'une de ses lettres :

« Quand on se promène dans la campagne, où tout est parsemé de
« petites croix de branchages, surmontées ici d'un képi, là d'un casque, là
« d'un soulier d'officier, on comprend comment on doit aimer cette terre si
« chèrement défendue et arrosée partout du sang de ceux qui sont morts
« pour Elle. »

DEVERDUN PAUL, caporal au 39ᵉ régiment d'infanterie.
Tombé mortellement blessé au combat d'Escardes, près d'Esternay
(Marne), le 6 septembre 1914.

DILLINGHAM JEAN. Il s'était engagé à 19 ans, en septembre
1913, au 54ᵉ régiment d'infanterie à Compiègne et lorsque la guerre
s'est déclarée, il était caporal et avait été reçu aux examens
d'élève-officier. Le 6 septembre 1914, il a été blessé au bras droit à
Bauzie (Meuse), fait sergent sur-le-champ, évacué à Vichy, puis
ramené à son dépôt, à Laval, où il a été nommé aspirant et a passé
au 124ᵉ régiment d'infanterie, puis, au mois d'avril 1915, a été
nommé sous-lieutenant au 3 *bis* de zouaves, qu'il a rejoint dans les
tranchées de Nieuport ; là, il a fait toute la campagne d'été et
d'hiver 1915 et, au printemps de 1916, ayant été malade de la
diphtérie, après un congé d'un mois, il a rejoint son dépôt à
Sathonay, où il avait le nᵒ 45 pour retourner au front. La vie de
caserne ne lui convenant pas, il a écrit à son colonel deux lettres
le priant instamment de le faire revenir. Sur son insistance, il a été
rappelé et a rejoint le 3 *bis* au Mort-Homme, Cote 304, où, le 18
mai 1916, il est tombé foudroyé par un obus à la tête de sa section.
A été inhumé dans un petit cimetière d'officiers à Jubécourt.

Ordre du corps d'armée :

« Le 18 mai 1916, a été grièvement blessé en entraînant sa section

« dans une énergique contre-attaque à la baïonnette, faisant preuve
« d'une belle crânerie, sous un feu violent d'artillerie et d'infanterie. »

DOINEL Louis, mort des suites de ses blessures, à Lan-
drescourt, près Verdun, le 26 mai 1916.

DOLÉRIS Jacques, soldat au 150ᵉ régiment d'infanterie. Mort à
19 ans, dans les tranchées, entre Neuville-St-Vaast et la Targette,
le 23 mai 1915.

DOLÉRIS Pierre, brigadier de liaison au 60ᵉ d'artillerie. Blessé
après dix mois de campagne. Mort le 21 mai, à l'ambulance
d'Aubigny.

DOLLFUS Robert, né à Paris, le 23 février 1879, tué à l'ennemi, au combat de Maricourt (Somme), le 2 octobre 1914.

Médaille militaire :

« Capitaine au long cours, engagé volontaire pour la durée de la
« guerre. A été tué le 2 octobre 1914, en allant sous un feu violent,
« assurer de sa propre initiative, les communications téléphoniques de
« sa batterie, interrompues par la mise hors de combat des télé-
« phonistes. »

Robert Dollfus s'était engagé pour la durée de la guerre au
60ᵉ régiment d'artillerie de campagne, à Troyes (20ᵉ corps d'armée).
Après quelques semaines d'instruction, il fut dirigé sur la 11ᵉ batterie de son régiment, qui combattait alors sur les bords de la Somme,
et, trois jours après son arrivée, il recevait un éclat d'obus de gros
calibre en pleine poitrine, et était tué sur le coup. Il est enterré dans
le cimetière de Suzanne (Somme).

DONARD André, né en 1890. Faisait son service militaire au
moment de la déclaration de guerre avec le grade de sergent ; il
entra en campagne avec le 239ᵉ régiment d'infanterie et fut nommé
sous-lieutenant le 19 mai 1915.

Ordre de l'armée :

« André DONARD, sous-lieutenant au 239ᵉ d'infanterie, a mené avec
« bravoure et le plus complet mépris du danger une reconnaissance qui
« a pénétré dans les lignes ennemies et a fait subir à l'adversaire des
« pertes importantes, en même temps qu'il ramenait quelques pri-
« sonniers. »

En partant, il avait dit simplement à son chef : « Mon capitaine, je
« ferai mon devoir » ; *le capitaine, rapportant ce propos, ajoutait :* « Il le
« fit en soulevant l'admiration de ses hommes et de ses chefs. »

Nommé lieutenant en 1916.

Ordre de la brigade :

« Officier de valeur, d'un courage éprouvé, au cours d'un violent
« bombardement et malgré les pertes subies, a su maintenir au plus
« haut point par sa présence continue au milieu de ses hommes le
« moral de sa troupe et s'est employé courageusement à retirer de des-
« sous des abris défoncés et éboulés plusieurs soldats blessés qui étaient
« ensevelis. »

En décembre 1917, il allait être nommé capitaine lorsque son régiment fut dissous ; versé au 413ᵉ d'infanterie, il demanda à passer
dans l'aviation, où il resta jusqu'à l'armistice ; de retour au 413ᵉ, il
mourut en service commandé, le 26 février 1919. Ses supérieurs
estimaient qu'il avait toutes les qualités nécessaires au commandement : le courage, un admirable sang-froid, la connaissance du
danger et l'amour de ses hommes. Un homme de sa compagnie
disait un jour à quelqu'un, qu'il ignorait être l'ami de son chef :
« Nous avons un bon chef, le lieutenant DONARD, il ne nous quitte
« jamais, il est toujours le premier dans la tranchée, on se ferait
« tuer pour lui. »

DONARD JACQUES (1888-1917). Entré en campagne à la déclaration de guerre avec le grade de sous-lieutenant de réserve au 13ᵉ
régiment de dragons, il fut nommé lieutenant l'année suivante. Il
est tombé héroïquement sur le front de Lorraine, près de Badonvil-
ler, où il repose au milieu de ses hommes, dans le cimetière militaire, le 20 septembre 1917.

Nommé chevalier de la Légion d'honneur à titre posthume (23 juillet 1919) :

« Officier de grande valeur, a fréquemment fait preuve, au combat
« et aux tranchées, des plus belles qualités de chef ; avait autant de
« sang-froid que d'entrain. Au cours d'un violent bombardement sur
« le peloton de réserve qu'il commandait, a pris toutes les dispositions
« nécessaires pour limiter les pertes, et bien que mortellement blessé
« n'a cessé jusqu'au dernier moment de s'inquiéter de ses blessés et de
« ses hommes, est mort, en dictant à un de ses gradés, blessé, un
« dernier adieu à son colonel et à ses camarades. »

DORIZON François, né le 17 décembre 1897 ; il avait à peine
dix-sept ans quand il contracta un engagement dans les chasseurs
alpins ; il devint aspirant au 12ᵉ bataillon et eut un pied gelé dans
les Vosges. Pendant de longs mois, il dut subir un traitement qui
n'arrivait pas à lui restituer son aptitude à la marche. C'est dans
ces conditions qu'il s'engagea dans l'aviation, alors qu'il pouvait
être réformé. Nommé sous-lieutenant le 6 novembre 1917, il succomba le 6 mars 1918 dans un combat aérien, dans la région de
Belfort.

Ordre de l'armée (29 décembre 1917) :

« Pilote habile et audacieux ayant soutenu de nombreux combats ;
« le 10 septembre, étant de patrouille avec un de ses camarades, a
« attaqué un avion ennemi qui a été abattu devant nos lignes. »

Ordre de l'armée (20 mars 1918) :

« Jeune officier de grande valeur. Pilote adroit, très allant, donnant
« sans cesse le bon exemple à ses camarades pilotes. Est tombé glo-
« rieusement au cours d'un combat aérien. »

DORN Camille, né à Levallois-Perret. Soldat au 354ᵉ régiment
d'infanterie, disparu le 2 octobre 1914, à Beuvraignes (Somme).

DOUAU Victor, sous-lieutenant au 96ᵉ régiment d'infanterie,
mortellement blessé à la tête de ses hommes, le 28 octobre 1918.

DREYFUS Adrien, étudiant en médecine, aspirant à la 2ᵉ compagnie de mitrailleuses du 150ᵉ régiment d'infanterie.

Ordre de l'armée :

« Le 12 octobre 1916, tous ses officiers ayant été tués, a pris le com-
« mandement de la compagnie de mitrailleuses. Est resté avec sa der-
« nière section qui, en raison des circonstances, n'avait pu être relevée.
« Tombé glorieusement à son poste. »

Mort pour la France le 13 octobre 1916, à l'âge de 20 ans.

DREYFUS René-Roger, né le 27 août 1891, maréchal des
logis au 208ᵉ régiment d'artillerie de campagne.

Ordre de la division :

« Sous-officier courageux et dévoué. Le 12 juin 1918, assurant la
« liaison de son groupe avec l'infanterie, a été frappé mortellement en
« se portant spontanément sous un feu violent au secours d'un fan-
« tassin blessé. »

René-Roger DREYFUS, qui avait été nommé brigadier en octobre 1914, après avoir sauvé son canon et quatre blessés, a obtenu la
médaille militaire à titre posthume.

Extrait d'une lettre de son capitaine :

« ...Il avait ici l'estime et l'affection de tous. Et sa mort met en grand
« deuil cette batterie où il servait depuis la première heure... »

DRUET Louis, du 279ᵉ d'infanterie, décédé à Jussy (Aisne), le
22 septembre 1917.

DUBOIS Marcel, né à Sotteville-lès-Rouen, le 8 septembre
1883. Entré à l'Ecole Polytechnique en 1902, major des anciens en
1903, ingénieur au Corps des Mines, capitaine d'artillerie de réserve.
A passé le brevet de pilote militaire en 1913.

Parti le 2 août 1914, a fait la campagne comme capitaine pilote ;
depuis septembre 1915, a commandé une escadrille d'armée. A été
tué le 21 juillet 1916 dans un combat aérien au-dessus des lignes
ennemies, dans la Somme.

Ordre de l'armée :

« Capitaine, pilote à l'escadrille M. F. 45, très adroit et très cou-
« rageux, demandant toujours à marcher ; depuis son arrivée sur le

« front, plus de deux cents heures de vol au-dessus de l'ennemi. S'est
« spécialisé dans le lancement des gros obus et a eu au cours de ces
« opérations son appareil souvent atteint par les projectiles ennemis.
« A attaqué les drachens ennemis au moyen d'un dispositif très ingé-
« nieux inventé par lui et, malgré le feu violent dirigé contre lui, les
« a obligés à descendre précipitamment. »

Nommé chevalier de la Légion d'honneur (24 janvier 1916) :

« Capitaine pilote à l'escadrille M. F. 16, pilote remarquable et
« commandant d'unité hors de pair. A fait preuve dans des circons-
« tances difficiles de la plus belle énergie et du plus grand sang-froid. »

Ordre de l'armée :

« Capitaine, pilote commandant l'escadrille M. F. 16, commandant
« une escadrille d'armée. Par ses qualités de chef et d'organisateur,
« malgré des pertes cruelles, a su faire rendre à son unité les services
« les plus considérables et les plus divers, réglages, reconnaissances et
« bombardements de jour et de nuit, liaisons d'infanterie, photogra-
« graphies. A toujours donné le plus bel exemple, effectuant le pre-
« mier les missions les plus périlleuses. »

Marcel DUBOIS était, dans toute l'acception du terme, une nature
d'élite : doué d'une intelligence lumineuse, il avait non seulement,
grâce à sa haute culture scientifique, brillamment réussi dans la
carrière d'ingénieur, mais, esprit curieux de tout, il se passionnait
pour les études et les recherches les plus variées, aussi bien dans le
domaine de l'art que dans celui des lettres. A la suite de toutes ces
qualités intellectuelles, la guerre permit la révélation et l'épanouis-
sement de ses vertus militaires, qui en firent un modèle de courage
et d'abnégation, et un chef respecté et aimé de tous. Avec lui, le
pays a perdu une valeur, et ses amis inconsolables pleurent un
cœur d'or.

DUBUFE VINCENT, né le 10 juin 1889, brigadier pilote-aviateur,
tué en service commandé le 8 mars 1916, à Ermenonville (Oise),
par une chute de 600 mètres provoquée par une rupture d'hélice.

DUBURCQ RENÉ, soldat au 276e régiment d'infanterie, blessé
le 4 septembre 1914 à Plessis-l'Evêque (Bataille de la Marne). Mort
le 28 décembre 1914, à l'hôpital de Chartres.

DUBUT Pierre, né le 2 février 1892, sergent téléphoniste au 79ᵉ d'infanterie, tué le 5 mai 1917.

Cité à l'ordre du régiment et de la division.

DUFOURMANTELLE Georges, sous-lieutenant au 282ᵉ régiment d'infanterie, tombé à la bataille de la Marne, le 7 septembre 1914.

Nommé chevalier de la Légion d'honneur à titre posthume :

« Brillant officier de complément. A, en toutes circonstances, donné
« l'exemple de la plus grande bravoure et d'un parfait sang-froid.
« Héroïquement tombé en entrainant sa section à la baïonnette à
« l'assaut des tranchées allemandes. Décédé des suites de ses blessu-
« sures le 7 septembre 1914. »

DUHIL Jean, engagé volontaire au 124ᵉ d'infanterie. Blessé d'un éclat d'obus, le 22 août 1914, à Virton. Décédé le lendemain à l'ambulance, à l'âge de 19 ans et demi.

DULAC André, canonnier au 32ᵉ régiment d'artillerie, décédé le 6 août 1918 à l'hôpital mixte de Valognes.

DUNAN-RÉMON Georges, licencié ès sciences, ingénieur-chimiste, sergent réserviste au 26ᵉ d'infanterie. A fait avec le 20ᵉ corps la campagne d'Alsace jusqu'à Morhange, et a pris part à la défense du Grand-Couronné de Nancy ; transporté avec sa division sur la Somme, il y trouva une mort glorieuse.

Médaille militaire à titre posthume :

« Sous-officier très brave, tué à son poste de combat le 1ᵉʳ octo-
« bre 1914, à Fricourt. »

Extrait d'une lettre d'un de ses camarades :

« ...C'est son courage qui l'a conduit, car il ne craignait absolument
« rien... Il est mort en héros. »

DURAND Henri, avocat, attaché titulaire au Ministère de la

Justice, lieutenant au 118ᵉ d'infanterie, commandant la 2ᵉ compagnie. Blessé le 8 septembre 1914, à la bataille de la Marne, tué le 24 décembre 1914, à la Boiselle (Somme).

Cité à l'ordre de l'armée.

EHRLICH Jacques-Louis, engagé volontaire en 1913, adjudant-pilote à l'escadrille Spad 154, est disparu en combat aérien le 18 septembre 1918, au moment où il obtenait sa 19ᵉ victoire officielle.

Ordre de l'armée (20 août 1917) :

« Jeune pilote qui, dès ses débuts dans l'aviation de chasse, a donné
« la preuve d'une rare intrépidité. Par deux fois dans la même jour-
« née, a survolé et mitraillé les tranchées ennemies pendant une pré-
« paration d'attaque. Blessé grièvement de deux balles au bras, a eu
« l'énergie de ramener son appareil criblé de balles, d'éclats d'obus et
« gravement endommagé. »

Ordre de l'armée (10 juillet 1918) :

« Sous-officier pilote d'une merveilleuse bravoure, recherchant cha-
« que jour le combat et les missions les plus périlleuses, avec un
« mépris absolu du danger. Récemment a attaqué deux drachens enne-
« mis qu'il a abattus en flammes (1 blessure, 1 citation, 2 victoires). »

Ordre de l'armée (27 juillet 1918) :

« Pilote de chasse d'une rare bravoure. Vient de remporter ses
« 3ᵉ et 4ᵉ victoires, en abattant avec d'autres pilotes de son escadrille
« un drachen et un avion ennemis. »

Ordre de l'armée (27 juillet 1918) :

« Pilote donnant à ses camarades le plus bel exemple d'entrain et
« de courage. Avec deux autres pilotes, abat un drachen en flammes ;
« et le lendemain en incendie un autre, en l'attaquant seul (5ᵉ et 6ᵉ
« victoires). »

Ordre de l'armée (4 août 1918) :

« Pilote de chasse remarquable, d'un allant et d'un mordant au-des-
« sus de tout éloge. Dans la même journée, avec deux pilotes de
« l'escadrille, a abattu deux drachens en flammes (7ᵉ et 8ᵉ victoires). »

Ordre de l'armée (10 septembre 1918) :

« Pilote d'une remarquable bravoure. Continue avec succès ses atta-
« ques de drachens, en a abattu deux en flammes (9ᵉ et 10ᵉ victoires). »

Médaille militaire (16 septembre 1918) :

« Pilote de chasse remarquable ; se signale par une audace et une
« ténacité exceptionnelles qui lui ont valu 12 victoires dans un mois.
« A incendié 3 drachens en quelques minutes, 1 blessure, 3 citations. »

Ordre de l'armée (4 septembre 1918) :

« Vient de remporter ses 14ᵉ et 15ᵉ victoires en abattant deux
« nouveaux drachens, les 10 et 11 août 1918. »

Ordre de l'armée :

« Pilote de chasse d'une bravoure exceptionnelle. Le 15 septembre,
« avec un chef de patrouille, a incendié trois drachens en moins de
« 5 minutes, portant environ à 18 le nombre de ses victoires. »

Ordre du corps d'armée :

« Pilote servant d'exemple à l'escadrille par son ardeur au combat
« et le mépris du danger. Le 18 septembre 1918, à la tête d'une
« patrouille volontaire, a incendié un drachen. Attaqué au retour par
« un groupe d'avions ennemis après un dernier combat, est tombé dans
« les lignes allemandes. »

D'EICHTHAL Gérard, né le 12 septembre 1897, tué à l'ennemi
à Metzeral (Alsace), le 21 juin 1915 ; engagé volontaire au
11ᵉ bataillon de chasseurs alpins, le 12 septembre 1914, promu
caporal le 8 octobre 1914, sergent le 21 mars 1915, adjudant le
8 juin 1915.

Ordre du corps d'armée (12 octobre 1914) :

« Le caporal D'EICHTHAL s'est signalé par son entrain et son cou-
« rage sous le feu en allant reconnaître une tranchée allemande. »

Ordre de l'armée (30 juin 1915) :

« L'adjudant D'EICHTHAL a fait preuve en toutes circonstances d'une
« bravoure et d'un entrain dignes des plus beaux éloges ; est tombé
« au champ d'honneur en entraînant brillamment sa section à l'assaut. »

D'EICHTHAL Philippe, né le 14 avril 1896, tué à l'ennemi, à
Chézy-en-Orxois (Aisne), le 7 juin 1918. Engagé volontaire au
5ᵉ régiment de dragons le 23 août 1914, versé dans l'infanterie,
envoyé au cours de St-Cyr, nommé aspirant au 14ᵉ bataillon de

chasseurs alpins en septembre 1916, sous-lieutenant au 54ᵉ bataillon de chasseurs alpins en mars 1917.

Ordre du 2ᵉ régiment de chasseurs (4 juin 1915) :

« Patrouilleur volontaire à toute occasion depuis plusieurs périodes,
« notamment du 30 mai au 3 juin. Actif et audacieux, s'est le 1ᵉʳ et
« le 2 juin porté dans une zone particulièrement battue de feux, à
« 200 mètres environ de nos défenses accessoires à proximité de
« l'ennemi, pour déterminer l'emplacement d'un nouvel ouvrage alle-
« mand ; a réussi dans sa mission. »

Ordre du 54ᵉ bataillon de chasseurs (16 janvier 1918) :

« Excellent officier, actif, courageux, s'occupant d'une façon parfaite
« de ses hommes. Blessé au Mont-Tomba (Italie) le 12 décembre 1917. »

Ordre du 7ᵉ corps d'armée (9 juillet 1918) :

« Officier de cavalerie servant comme volontaire dans l'infanterie,
« qui demandait constamment à remplir les missions les plus périlleu-
« ses. Est tombé glorieusement pour la France au moment où il tendait
« une embuscade aux Allemands. »

FABREGOULE Pierre, engagé volontaire au 54ᵉ régiment
d'artillerie, blessé le 27 septembre 1915, près de Perthes-les-Hurlus,
à son poste de combat « qu'il défendait », — dit son capitaine —
« avec sa simplicité et sa crânerie habituelles ». Mort le 29 à
l'ambulance de Somme-Suippe, à l'âge de 19 ans.

FAGA Victor, né le 28 juillet 1890, mort le 4 juin 1916, devant
Verdun ; attaché à un régiment d'artillerie, au mois d'août, passé
sur sa demande dans l'aviation.

Ordre du régiment :

« A fait preuve depuis le début de la campagne de sang-froid et de
« courage ; a commandé sa batterie pendant un mois dans des condi-
« tions difficiles ; blessé devant Albert, a rejoint à peine guéri. »

Ordre du régiment :

« Officier d'une conscience et d'un dévouement à toute épreuve, a eu
« fréquemment son avion atteint par les projectiles ennemis. Ayant
« pris subitement le commandement de l'escadrille, dans un moment
« critique, par suite de la mort du chef d'escadrille, a assuré

« de façon parfaite la liaison avec la C. N. de l'organisation du
« service au moment des attaques. »

Ordre de l'armée (19 juillet 1916) :

« Officier ayant fait preuve en toutes circonstances, depuis le début
« de la campagne, d'un sang-froid et d'un courage à toute épreuve.
« Déjà cité deux fois à l'ordre de l'armée pour les services qu'il avait
« rendus dans l'aviation, deux fois blessé, vient de trouver la mort
« sur la position de batterie soumise à un bombardement violent. »

Ordre de la 4ᵉ armée :

« Remarquable observateur, a rendu les plus grands services et fait
« preuve dans maintes circonstances des plus belles qualités de cou-
« rage et d'énergie. Le 2 mars, au cours d'une reconnaissance, a été
« atteint d'une balle tirée des tranchées, qui lui a traversé le cou, alors
« qu'il volait, à cause du temps, à faible altitude des lignes ennemies,
« voulant à tout prix remplir sa mission. »

Nommé chevalier de la Légion d'honneur à titre posthume.

DE FAGES DE LATOUR Pierre, né le 3 juillet 1897, sergent
pilote-aviateur à la division Nieuport du G. D. E., mort pour la
France à 19 ans.

« Le 9 juillet 1916, au cours d'un réglage sur un objectif éloigné,
« un obus ennemi ayant sectionné un mât, un longeron et plusieurs
« câbles de commande de l'avion qu'il montait, n'en a pas moins
« continué sa mission jusqu'au bout et n'est rentré que le réglage
« terminé. »

Nommé sergent en août 1916, il prit part le 24 octobre à la prise
des forts de Douaumont et de Vaux, et y mérita une proposition
pour une deuxième citation que la mort de son chef d'escadrille
l'empêcha d'obtenir. Passé au groupe de division d'entraînement
sur Nieuport, à Plessis-Belleville, il tomba victime d'une chute, le
15 janvier 1917.

FASSY Alphonse, mort le 17 février 1917.

Chevalier de la Légion d'honneur.

FEINEIS Eric, Engagé volontaire de la classe 15 au 6ᵉ bataillon de chasseurs alpins, dès août 1914, refuse de suivre le cours des
pelotons d'élèves-officiers à Nice, pour partir comme simple soldat
pour le front de Verdun où il aide à creuser des tranchées, prend
part au combat d'Ypres, du Hartmannswillerkopf, etc., est nommé
caporal en janvier 1915, l'été suivant sergent ; est blessé par un
éclat d'obus à la figure, retourne au front après un court stage à
l'hôpital de Gérardmer sans prendre de congé de convalescence ;
prend part avec son bataillon à l'occupation de Corfou au début
de 1916; est chargé de traduire les lettres de l'empereur d'Allemagne trouvées à l'Achilléion ; retourne en France au mois de
mai pour prendre part à la défense de la cote 304. Par suite de sa
conduite courageuse en cette circonstance, est envoyé à St-Cyr au
mois de juin pour 3 mois de préparation aux examens d'officier,
quitte St-Cyr avec le grade d'aspirant le 29 août et retourne au
front sur la Somme. Prend part au combat meurtrier du 5 novembre et, s'y étant distingué par sa bravoure, est proposé par son chef
pour la nomination au grade de sous-lieutenant ; tombe à la bataille
de Saillisel, près du bois de St-Pierre-Vaast, où il s'est avancé à la
tête de ses hommes sous un pluie d'obus, le 8 novembre 1916.

Ordre de la 3ᵉ armée :

« Agent de liaison d'une énergie et d'un sang-froid peu communs.
« Au cours d'une violente attaque allemande a, de sa propre initiative,
« réglé le tir d'une batterie de 75 qui a pu enrayer l'attaque. A dû, pour
« ce faire, passer et repasser au milieu d'une grêle de balles. »

Ordre du 33ᵉ corps d'armée :

« Au cours d'une attaque, les gradés de son peloton ayant été tués
« et blessés, a rallié autour de lui ce qui restait de ses camarades et
« les a conduits brillamment à l'assaut de la tranchée ennemie, de
« pair avec les autres compagnies, les a maintenus et encouragés pen-
« dant la contre-attaque allemande, sous un feu terrible de mitrail-
« leuses et d'obus. »

Ordre de la 47ᵉ division :

« A sauvé la vie à son capitaine et aux hommes qui l'entouraient
« en ramassant avec le plus grand sang-froid une grenade ennemie tom-
« bée dans la tranchée et en la relançant au delà du parapet, où elle a
« éclaté. »

Ordre du corps d'armée :

« Sous-officier très courageux, a maintenu sa section en ordre,
« malgré les lourdes pertes, grâce à son exemple, pendant le combat
« du 5 novembre. »

D'une lettre d'un de ses camarades :

« C'était une nature très franche, un ami véritable, c'est aussi un
« héros ! »

FÉRON ANDRÉ, né le 5 avril 1892, licencié en droit, aspirant au
37ᵉ régiment d'infanterie ; tombé glorieusement le 16 juin 1915, à
Neuville-St-Vaast.

Ordre de la brigade :

« Blessé mortellement à la tête de sa section au moment où il fran-
« chissait dans le plus bel élan, le parapet d'une tranchée allemande au
« cours de l'attaque du 16 juin 1915. »

Extrait d'une de ses lettres :

« ...Nos compagnies réduites ont défilé devant le colonel aussi sale et
« mal rasé que nous, tandis que notre drapeau nous saluait au passage,
« au son de la Marche Lorraine. Aussi, quoique harassés, on se redressait
« quand même, on était fiers d'être du régiment de Turenne. »

FERRARIS PAUL, élève de l'Ecole Normale supérieure, sous-
lieutenant à la 2ᵉ compagnie de mitrailleuses du 47ᵉ régiment
d'infanterie, parti au mois d'août 1914. Au mois d'octobre 1915, il
avait subi un commencement d'asphyxie près de Prosnes. Il avait
rejoint, à peine guéri ; il a été tué, le 24 mai 1917, près de Moronvilliers au moment où il remplaçait son commandant de compagnie
qui venait d'être tué. Paul FERRARIS était un cœur d'or, une intelligence d'élite, d'une rare valeur morale et qu'attendait le plus bel
avenir.

Ordre de l'armée :

« Elève de l'Ecole Normale Supérieure (Lettres), officier mitrail-
« leur modèle, énergique et très brave, s'imposant à ses hommes par
« son calme, son sang-froid et sa haute valeur morale. A montré les
« plus belles qualités militaires dans les attaques du 30 avril au
« 17 mai 1917, et est tombé glorieusement à côté de ses pièces, en don-
« nant comme toujours l'exemple du plus noble esprit de sacrifice. »

FISCHER Paul, agrégé d'histoire, soldat au 79ᵉ d'infanterie. Tué devant Monchy-au-Bois (Pas-de-Calais), le 29 octobre 1914, à l'âge de 24 ans.

Extrait d'une de ses lettres :

« Je m'attends à tout, mais peu importe si je succombe, j'aurai fait mon
« devoir..... il ne faut pas penser qu'à moi, mais à la grande cause pour
« laquelle je vais me battre. »

FLERSHEIM Georges, ingénieur, lieutenant d'artillerie, tué le 14 août 1915, à Wippe-Cabaret (Belgique), en faisant des essais officiels d'un lance-bombes dont il était l'inventeur et que l'armée avait adopté.

Extrait d'une lettre d'un de ses chefs :

« ...Son intelligence originale était toujours en éveil, il ne craignait ni
« le travail ni le danger ; c'est un caractère qui a disparu... »

FLORAND René, élève à l'Institut Agronomique, engagé volontaire, sergent au 46ᵉ d'infanterie. Tué à 20 ans, le 6 avril 1915, d'une balle, dans les tranchées, près de Vauquois.

Ordre de la division :

« Sous-officier très actif et très courageux, se distingua en plusieurs
« circonstances et fut tué en organisant sa tranchée avec un complet
« mépris du danger, à quelques mètres des lignes ennemies. »

FOREL Jacques, né à Paris, le 20 juin 1899. Mort au Champ d'honneur, en Champagne, le 28 septembre 1915.

FOREST DE FAYE Louis, étudiant en médecine, infirmier au 37ᵉ régiment d'infanterie. Tué d'une balle au front au moment où il s'élançait au milieu de la mitraille pour porter secours à des camarades blessés, à Gommécourt (Somme), à l'âge de 23 ans.

Extrait d'une lettre du médecin principal :

« Je l'avais depuis longtemps apprécié ; il est mort glorieusement, je
« n'en suis pas surpris ; il avait toutes les qualités morales qui font les
« héros... »

FOURNIER Frédéric, engagé volontaire au 158ᵉ régiment d'infanterie, caporal grenadier, frappé mortellement le 14 mai 1915, à Notre-Dame-de-Lorette, à l'âge de 19 ans.

Médaille militaire :

« Caporal grenadier animé des plus beaux sentiments patriotiques.
« Glorieusement tombé le 14 mai 1915, dans la tranchés des Saules,
« en enlevant dans un violent combat, à la grenade, un poste allemand
« qu'il avait mission d'attaquer. »

DE FRANCHESSIN Lionel.

GALLI Robert, licencié ès lettres (histoire), étudiant en droit, élève de l'Ecole des Chartes, incorporé au 130ᵉ régiment d'infanterie, réformé en octobre 1914. Incorporé à nouveau à la suite de nombreuses démarches, classé dans le service auxiliaire (section d'infirmiers), demande instamment à être versé dans le service armé, et obtient, en mai 1915, sa réintégration et son envoi en Alsace. Affecté à la 129ᵉ division alpine et chargé d'assurer la liaison comme caporal cycliste, contusionné le 26 juillet 1915, était au repos le 27. Il quitte volontairement la tranchée pour se porter, sur une position violemment bombardée, au secours d'un camarade blessé. Frappé au cœur par un éclat d'obus, au Lingekopf, sur cette terre d'Alsace qu'il avait voulu défendre, en dépit d'une santé ébranlée, et où son rêve avait été de rentrer avec notre drapeau.

Cité à l'ordre de la division.

GAUCHAS Jean, né en 1891, élève de l'Ecole des Mines, sous-lieutenant au 2ᵉ régiment d'artillerie lourde, tué en Argonne, le 20 janvier 1915.

Nommé chevalier de la Légion d'honneur à titre posthume :

« Employé comme observateur du tir de l'artillerie lourde dans un
« observatoire très exposé au feu de l'artillerie ennemie, a fait preuve,
« dans ce poste dangereux, des plus belles qualités militaires, y a été
« blessé mortellement le 20 janvier 1915. »

Son capitaine dit de lui :

« Elégant, distingué, cultivé, avec toujours la soif d'apprendre, aimant
« à se dépenser sans compter, vigoureux cavalier, toujours dispos, du
« caractère le plus charmant, gai, attentionné, dévoué, quelle belle nature
« et quel brillant officier il était !... Nous l'aimions bien, notre jeune
« camarade ; nous l'aimions comme un fils ou comme un frère,
« séduits que nous étions par cet ensemble des plus hautes qualités, par
« sa jeunesse, par les espérances qu'il faisait concevoir... »

GAUMÉ Robert-Marie-Jacques-Louis, soldat au 173ᵉ régiment d'infanterie.

Médaille militaire :

« Soldat dévoué et courageux, mort pour la France à son poste de
« combat le 12 octobre 1918, devant Bellecourt. »

Ajourné deux fois, Robert Gaumé avait obtenu, en août 1917,
son incorporation ; il partit pour le front en septembre 1918, et
tomba pour la France, aux Fermes Bellecourt (Aisne), le 12 octobre 1918, âgé de 24 ans. Il répétait volontiers : « Je fais mon
devoir, le reste importe peu. »

GILLES Henri, engagé volontaire au 6ᵉ régiment de dragons
le 23 mars 1911, nommé brigadier le 2 septembre de la même année,
maréchal des logis le 6 mai 1912, admissible à l'Ecole de cavalerie
de Saumur, le 26 mai 1914, aspirant le 9 août 1914. Promu sous-
lieutenant au 2ᵉ régiment de cuirassiers le 27 août 1915. Détaché, sur sa demande, au 1ᵉʳ bataillon de chasseurs à pied, le
5 avril 1916. Tué à l'ennemi le 6 septembre 1916, au combat de
Vermandovillers (Somme), à l'âge de 24 ans.

Ordre de l'armée (9 octobre 1916) :

« Officier de cavalerie, venu, sur sa demande, dans l'infanterie, très
« apprécié au bataillon pour son allant et sa bravoure. S'est brave
« ment fait tuer le 6 septembre à la tête de sa section, en attaquant un
« village. »

Nommé chevalier de la Légion d'honneur à titre posthume.

GILLES René, docteur en droit, licencié ès lettres, diplômé de l'Ecole libre des sciences politiques, diplômé d'Etudes supérieures d'histoire et de géographie, parti comme simple soldat, nommé caporal le 6 novembre 1915, sergent le 9 mars 1916, promu sous-lieutenant au 273ᵉ régiment d'infanterie, le 21 mars 1916.

Ordre du régiment (6 mars 1916) :

« Caporal de très grand sang-froid et de beaucoup de courage, a, le
« 25 février 1916, par son exemple et son autorité morale, maintenu
« ses hommes pendant plusieurs heures dans leur position, sous un
« très violent bombardement. »

Ordre de la division (5 août 1916) :

« Sous-lieutenant au 273ᵉ régiment d'infanterie. Détaché à
« l'état-major du régiment, a demandé a reprendre le commandement
« de son ancienne section pour une attaque. A su maintenir sa troupe
« sous un violent tir de barrage et la porter ensuite énergiquement en
« avant à l'heure de l'assaut. A donné l'exemple d'un parfait mépris
« du danger. »

Ordre de la division (10 novembre 1917) :

« Sous-lieutenant au 273ᵉ régiment d'infanterie. Au cours des
« combats dans les Flandres en 1917, s'est dépensé sans compter pour
« assurer les missions importantes qui lui étaient confiées, allant aux
« points les plus exposés avec son mépris habituel du danger. Officier
« du plus grand courage. »

Ordre du corps d'armée (14 juin 1918) :

« Lieutenant au 273ᵉ régiment d'infanterie, officier de renseignements.
« Officier d'une grande bravoure et d'un dévouement absolu. A rendu au
« cours des opérations du 31 mai au 4 juin 1918, les plus grands servi-
« ces en allant chercher en tous points de la ligne de feu, et quelle que
« soit l'intensité du bombardement, les renseignements susceptibles
« d'éclairer le commandement. »

Nommé chevalier de la Légion d'honneur :

« Officier de grande valeur morale, plein de vaillance, qui a eu
« une belle conduite pendant la campagne, une blessure, plusieurs
« citations. »

L'abbé René GILLES est mort des suites de ses blessures.

Un de ses chefs a dit :

« Mon affection pour lui n'était égalée que par l'admiration que je res-
« sentais pour ses qualités intellectuelles et morales. »

GIRARDET Jean-Paul, architecte des Beaux-Arts, sergent pilote-aviateur, décoré de la médaille militaire, tombé glorieusement à l'âge de 23 ans, le 6 août 1917.

GIRERD Albert, engagé volontaire au 1ᵉʳ régiment d'artillerie, mort à l'hôpital militaire de Bourges.

GLAENZER Christian, sous-lieutenant au 320ᵉ d'infanterie, tué le 20 juin 1918.

Ordre de la division :

« Le 1ᵉʳ décembre 1917, à la tête de 5 hommes résolus, s'est frayé de
« nuit un passage dans les chevaux de frise ennemis, s'est placé en
« embuscade sur le parapet même de la tranchée ennemie, a saisi au
« passage un Allemand, l'a tué au moment où il donnait l'alarme, et a
« rapporté dans nos lignes, sous le feu des fractions alertées, sa patte
« d'épaule, son casque et son fusil. »

Ordre de la division :

« Jeune sous-officier, animé des plus beaux sentiments, enthousiaste,
« d'une bravoure allant jusqu'à la témérité. Patrouille chaque nuit vers
« les tranchées ennemies avec entrain et ténacité. Tombant le 27 jan-
« vier sur un poste fixe d'embuscade ennemi, s'est élancé à la pour-
« suite d'une sentinelle qui s'est repliée sur le poste abrité, l'a captu-
« rée à quelques mètres du poste, et l'a ramenée malgré un feu nourri
« de mitrailleuses légères. Exemple de bravoure pour tous ses patrouil-
« leurs. »

Ordre de l'armée (18 mai 1918) :

« Prenant part comme volontaire à un coup de main sur un petit
« poste situé à 500 mètres de nos lignes, a cisaillé avec quelques hom-
« mes plusieurs bandes d'épais réseaux. S'est rué sur une sentinelle
« abritée après avoir essuyé son feu, l'a capturée et ramenée malgré
« la présence d'un groupe ennemi d'une dizaine d'hommes. »

Ordre de l'armée (20 juin 1918) :

« Le sous-lieutenant Glaenzer, au début d'un coup de main effec-
« tué sur les organisations ennemies, s'est élancé sur une mitrail-
« leuse en action qu'il a capturée, permettant la progression des grou-
« pes d'attaque ; s'est précipité ensuite à l'intérieur des lignes ennemies
« avec une admirable vaillance. »

GODART André, chef de bataillon au 154e d'infanterie.

Ordre de la 3e armée :

« Son bataillon s'étant arrêté à vingt-cinq mètres de la tranchée
« ennemie, a pris un fusil et s'est écrié : « Si vous ne voulez pas
« aller plus loin, j'irai seul. » A été suivi. »

Un de ses camarades écrit ce qui suit :

« André GODART était l'unique fils du Directeur de l'Ecole Monge...
« Admis à St-Cyr en 1884, il était capitaine d'infanterie quand il fut
« nommé chevalier de la Légion d'honneur, le 29 décembre 1910. Promu
« chef de bataillon en décembre 1913, il était allé tenir garnison à
« Lérouville, proche de la frontière qu'il avait toujours considérée comme
« provisoire, à quelques kilomètres de Saint-Mihiel, pays natal de son
« père. C'est là qu'il est parti, le 29 juillet 1914, pour Pont-à-Mousson,
« puis Longuyon, Verdun, l'Argonne, Bar-le-Duc, Rembercourt-aux-Pots,
« Troyon, et enfin les bois de la Gruerie, dans l'Argonne, où, depuis
« janvier, il a lutté pied à pied, — et dans quelles conditions terribles, —
« pour enrayer la formidable poussée de l'ennemi cherchant à investir
« Verdun..... Pendant toute une semaine, jour et nuit, il combat avec son
« bataillon décimé. Dans la nuit du 27 au 28 juin 1915, entraînant deux
« compagnies, il s'élance vers la tranchée ennemie qu'un régiment voisin
« n'osait aborder ; il y pénètre, mais tombe, frappé par un pétard et la
« tête trouée d'une balle. Un de ses « épatants poilus » l'emporte en
« arrière et, le lendemain, il meurt à l'hôpital de Sainte-Menehould..... Sol-
« dat, il s'intéressait aux diverses manifestations de l'activité humaine et
« suivait le mouvement littéraire, scientifique, artistique, politique et social.
« Sa réserve, sa discrétion masquaient parfois tout d'abord ses grandes
« qualités d'intelligence, de sentiments et son solide acquis. Mais, quand
« il avait pris contact, quand il savait bien à qui il avait affaire, il se
« livrait volontiers, émettait de sages appréciations, des vues judicieuses,
« toujours intéressant, souvent spirituel..... Ceux qui l'ont connu person-
« nellement l'estimaient tous, certains avaient pour lui une profonde
« affection. Les autres apprendront avec peine sa fin prématurée, quand
« ils sauront comment il a vécu et comment il est mort, en brave, en soldat
« sans peur et sans reproche, face à l'ennemi, en plein succès. »

GONDRÉ Jean, lieutenant-aviateur à l'armée anglaise, tombé
glorieusement sur la Dvina, le 20 juillet 1919, à l'âge de 20 ans.

GOSSART François, engagé volontaire de la classe 18, brigadier au 2e cuirassiers ; blessé mortellement d'un éclat d'obus à la
tête au combat de la Ferme l'Epine, le 16 juillet 1918.

Ordre de la brigade :

« Jeune brigadier, plein d'allant et de courage ; a été grièvement
« blessé à son poste de combat, en faisant bravement son devoir. »

Médaille militaire.

GOULÉ Pierre, né à Vernon (Eure), le 28 août 1892, mort
pour la France à l'hôpital militaire de Briare (Loiret), le 30 janvier 1919.

Ordre du régiment :

« Maréchal des logis au 85ᵉ régiment d'artillerie lourde, s'est dis-
« tingué par son courage à Verdun, sur la Somme et en Champagne.
« En avril et mai 1917, a ravitaillé de nuit une position fréquemment
« bombardée, donnant sous le feu à son personnel un parfait exem-
« ple de sang-froid. Promu sous-lieutenant. »

Nommé chevalier de la Légion d'honneur à titre posthume :

« Officier d'une haute valeur morale. A toujours montré un dévoue-
« ment absolu et un grand courage. Ancien blessé d'infanterie. Mort
« pour la France des suites de ses blessures. »

Extrait d'un discours prononcé sur sa tombe par un officier supérieur :

« ...Plein d'ardeur, possédant, avec l'intelligence la plus vive, tous les
« dons les plus beaux de la jeunesse, qui lui ouvraient de la façon la
« plus heureuse les portes du chemin de la vie... Sa vie fut courte, sim-
« ple, courageuse ; comme les jeunes hommes de Lacédémone, il fit son
« devoir... »

GRIMAUD Robert, téléphoniste au 39ᵉ d'artillerie. Tué le
13 mars 1915, au bois Le Prêtre.

Ordre de la division :

« Téléphoniste, est sorti de son abri pendant le bombardement du
« 13 mai pour réparer la ligne de la batterie qui venait d'être coupée
« par un obus. A été blessé mortellement en accomplissant bravement
« sa mission. »

Extrait d'une lettre de son capitaine :

« J'ai perdu un collaborateur très précieux, il est mort victime de son
« dévouement. »

HALPHEN André, capitaine au 129ᵉ régiment d'infanterie, disparu fin août 1914.

HEIMANN Louis, pilote-aviateur, mort le 30 septembre 1915.

HEIMANN Marcel, sergent pilote-aviateur, tué le 15 août 1915, dans un combat aérien.

Ordre de l'armée :

« Très bon pilote, a fait preuve des plus belles qualités de bravoure
« et d'audace ; a été engagé dans plusieurs combats au cours de ses
« diverses patrouilles, et a fait preuve des plus belles qualités comba-
« tives. Le 28 juillet, après un combat très dur et inégal, a eu son appa-
« reil criblé de balles et complètement hors d'usage. Le 10 août a
« mitraillé, à très basse altitude, les arrière-gardes allemandes en
« retraite. Le 15 août a disparu, après un rude combat dans les lignes
« allemandes. »

HENRY-SALLE Serge, externe des hôpitaux de Paris, méde-cin-auxiliaire au 41ᵉ d'infanterie, blessé à Aix-Noulette (Artois), le 20 juin 1915, tué d'une balle au cœur sur le Mont-Haut, près de Moronvilliers, le 30 avril 1917.

Citation du 29 mai 1916 :

« Médecin de grand mérite, a donné dans toutes les circonstances
« la mesure de son dévouement ; s'est spécialement distingué le 19 mai
« en allant spontanément, sous un bombardement des plus vifs, au
« milieu d'exceptionnelles difficultés, porter secours aux blessés dans la
« première ligne. »

Citation du 26 avril 1917 :

« Médecin-auxiliaire, d'un dévouement et d'un courage remarquables.
« Pendant l'action du 22, a prodigué ses soins, dans une tranchée très
« violemment bombardée, aux nombreux blessés tombés sous le bom-
« bardement, sans aucun souci du danger auquel il était lui-même cons-
« tamment exposé. »

Ordre de la division (10 mai 1917) :

« N'a pas hésité à se porter dans un endroit qu'il savait dange-
« reux, au secours d'un soldat blessé pour lui donner ses soins. Est

« tombé mortellement frappé dans l'accomplissement de son devoir.
« S'était déjà fait remarquer par sa bravoure, qui lui avait valu deux
« citations à l'ordre du régiment. »

Médaille militaire à titre posthume.

HÈVRE André-Michel, capitaine, mort pour la France.

Chevalier de la Légion d'honneur :

« Officier d'un sang-froid et d'une bravoure au-dessus de tout éloge.
« Tombé glorieusement à la tête de ses chasseurs le 19 août 1914. »

HOFFER Raymond, de la classe 1916, médecin-auxiliaire au
332ᵉ régiment d'infanterie.

Ordre de la division :

« Jeune médecin auxiliaire, calme et énergique ; le 20 et le 21 août
« 1917, a prêté à son médecin de bataillon un sérieux appui, en assu-
« rant dans des conditions matérielles difficiles l'évacuation de nom-
« breux blessés du bataillon et des bataillons voisins. »

Ordre de la division :

« Médecin auxiliaire d'un courage tranquille et souriant, a fait
« l'admiration du bataillon en pansant les blessés dans des trous d'obus
« sous un feu nourri de mitrailleuses et d'artillerie. »

Ordre de l'armée :

« Jeune médecin au cœur généreux, dont le courage tranquille fai-
« sait l'admiration du bataillon, tué le 1ᵉʳ novembre devant Vouziers,
« en pansant un blessé ; proposé pour la médaille militaire. »

Passage d'une lettre du médecin chef :

« Votre petit Raymond était ce que les hommes et les officiers appellent
« un chic type », qui a du cran, avec lequel on aime à marcher parce
« qu'il ne vous lâchera pas, et, après une attaque des plus dures, comme
« celle du 8 août, jamais un mot de lui autrement que pour faire valoir
« l'un de ses hommes. Un beau caractère et un cœur généreux. Nous l'aimions
« tous bien. Il était de belle race française. Sa mort a été un deuil
« général. »

Médaille militaire à titre posthume.

JALAGUIER Robert, aspirant, mort pour la France, à
Hangard-en-Santerre, le 12 avril 1918.

Ordre du régiment :

« Excellent soldat, a montré un parfait exemple de courage et
« d'énergie en assurant d'une façon constante et avec un entier mépris
« du danger la liaison entre son capitaine et les éléments de la com-
« pagnie, soumis à un violent bombardement.

Ordre de l'armée :

« Chef de section de mitrailleuses, a fait preuve d'un courage et
« d'une ténacité remarquables dans la défense du réduit d'Hangard-
« en-Santerre ; est allé à plusieurs reprises prendre des munitions dans
« un dépôt abandonné en avant de la ligne pour ravitailler sa section. »

Médaille militaire.

JEAN-MEYAN Maurice, mort au Cap d'Ail, des suites d'une
maladie contractée à la guerre, le 17 novembre 1916.

JÉRAMEC André, caporal au 5ᵉ d'infanterie, licencié en droit,
ancien élève de l'Ecole des Sciences politiques, ancien attaché au
cabinet de M. Millerand, Ministre de la guerre. Tombé le 23 août
1914, à Charleroi, à l'âge de 21 ans.

JOUBERT DE LA MOTHE Henry, engagé volontaire au 246ᵉ
d'artillerie de campagne, mort pour la France au combat de Chau-
muzy, le 1ᵉʳ août 1918, à l'âge de 21 ans.

Ordre de l'armée :

« L'aspirant JOUBERT DE LA MOTHE a fait preuve, en toutes cir-
« constances, des plus hautes qualités militaires, donnant à tous
« l'exemple d'un dévouement absolu et d'une bravoure exceptionnelle.
« En juillet 1918, s'est distingué aux combats de Champagne. Chef
« du détachement de liaison auprès de l'infanterie, a été mortellement
« blessé en se portant à un poste d'observation avancé, particulièrement
« exposé au feu de l'ennemi. »

Extraits de son « Journal » :

« Mon plus cher désir est d'aller au front et d'y trouver la mort
« glorieuse que j'ai toujours désirée... Tout enfant je n'étais pas insen-
« sible à toutes les formes de la beauté : l'héroïsme m'a toujours séduit,
« et mon rêve d'enfant était de tomber sur un champ de bataille, face à
« l'ennemi, frappé par une mort acceptée et même attendue... L'exemple

« et la bonté, voilà pour moi le meilleur appui du chef, pour se concilier
« le respect de ses subordonnés, et la seule chose qui comptera lorsqu'ils
« seront face à la mort... Nous attendons l'attaque avec une joyeuse
« impatience... »

Extraits d'une lettre d'un de ses chefs :

« ...Il s'était acquis la sympathie générale par sa bravoure tranquille,
« son urbanité, la simplicité de son attitude... Il a fait tout son devoir avec
« joie. D'avance il avait fait son sacrifice. »

JOUSSELIN Henry, brigadier au 3ᵉ régiment de spahis, avait
fait campagne au Maroc et obtenu la médaille coloniale, tué le
3 août 1915, près de Choisy-au-Bac.

Cité à l'ordre du jour.

JUMELLE Maurice, maréchal des logis au 15ᵉ régiment de
chasseurs ; engagé volontaire à 18 ans, en août 1914, tué le
30 mai 1918, à Jaulgonne (Aisne).

Médaille militaire :

« Sous-officier plein de bravoure. Au cours d'un mouvement de repli,
« est resté en arrière pour soigner un blessé. Se voyant la retraite cou-
« pée, a traversé sous le feu de l'ennemi une rivière à la nage et a été
« frappé mortellement par une balle de mitrailleuse. »

KERMINA Francis, caporal à la 1ʳᵉ compagnie du 74ᵉ d'infanterie.

« Belle conduite comme agent de liaison au combat du 22 août 1914 ;
« a pris à un moment critique le commandement d'un groupe d'isolés
« et a chargé une fraction ennemie à laquelle il a infligé des pertes
« sévères ; a été grièvement blessé au cours de cette action. »

Promu sous-lieutenant au 27ᵉ, compagnie des mitrailleuses.

Nommé chevalier de la Légion d'honneur :

« Officier très brave, ayant un sentiment élevé de son devoir, déjà
« cité à l'ordre pour sa belle conduite au feu, a été grièvement blessé
« au combat. »

Ordre de la division (14 août 1916) :

« Jeune officier plein d'entrain et absolument remarquable par son
« mépris du danger, toujours placé aux endroits les plus périlleux. »

Ordre de l'armée :

« Pilote très brave, s'est distingué en poursuivant un zeppelin et en
« attaquant à courte distance un drachen qui a été contraint à
« descendre. »

KÉVRIN Georges, capitaine commandant un groupe d'automobiles T. M., décédé en 1920 des suites d'une maladie contractée
au front.

KŒCHLIN Jacques.

LABOURÉ André, mort des suites de ses blessures, et d'une
maladie contractée au front, à Bar-le-Duc, le 3 janvier 1915, à
l'âge de 21 ans.

LACHAPELLE Jean, caporal au 404ᵉ régiment d'infanterie,
tombé glorieusement à Belloy-en-Santerre.

LACROIX Etienne, industriel, licencié en droit, lieutenant au
350ᵉ régiment d'infanterie, blessé mortellement pour la France, au
combat de Parcy, près Soissons, le 1ᵉʳ août 1918 ; mort le 3 août,
à l'âge de 28 ans, à Pierrefonds.

Nommé chevalier de la Légion d'honneur :

« A été mortellement blessé en entraînant sa section à l'assaut d'une
« position ennemie fortement organisée. »

LAFON André, écrivain de grand talent, avait obtenu une
médaille d'or de l'Académie de Bordeaux pour son recueil de
« *Poèmes Provinciaux* » paru en 1908 ; récompensé ensuite pour
sa « *Maison du Pauvre* », il obtint le grand prix de l'Académie
Française avec « *l'Elève Gilles* ».

Sa santé l'ayant fait classer dans le service auxiliaire, il obtint non sans peine de passer dans le service armé, mais, la veille de son départ pour le front, il fut emporté par une fièvre insidieuse. Il possédait une nature exquise et d'une rare finesse ; on ne pouvait connaître ce doux rêveur sans l'aimer.

LANCELIN Jean, maréchal des logis au 60ᵉ régiment d'artillerie, tué à Minaucourt, en Champagne, en se portant spontanément au secours d'un camarade blessé.

« Agent de liaison, se trouvant, le 24 septembre, dans une zone vio-
« lemment bombardée, a quitté spontanément son abri pour se préci-
« piter au secours d'un canonnier qui venait d'être grièvement blessé ;
« a été mortellement frappé lui-même, victime de son courageux
« dévouement. »

C'était une nature d'élite, d'une vive intelligenec, d'un caractère exquis, d'une rare droiture.

Extrait d'une lettre de son commandant à son père :
« J'appréciais beaucoup votre cher enfant, dont la douceur, le désir de
« bien faire étaient si grands et lui avaient acquis la sympathie et l'estime
« de tous à la batterie... »

Extrait d'une lettre de son infirmier :
« Notre pauvre ami a trouvé la mort dans l'acte du dévoûment le plus
« héroïque, de la plus sublime charité... J'avais pu apprécier la noblesse ·
« de son caractère et son cœur très généreux. »

LANGLE Jules, né à Limoges, le 30 juin 1895, licencié ès lettres (anglais), engagé au début de la guerre au 129ᵉ d'infanterie, parti en qualité d'aspirant, en avril 1915, avec le 403ᵉ d'infanterie. Nommé sous-lieutenant le 22 septembre 1915. Blessé grièvement le 25 septembre en Champagne, d'une balle dans la tête, évacué à Sainte-Menehould, puis à Vitry-le-François, décédé le 4 octobre. LANGLE avait été, pendant deux ans, capitaine des éclaireurs du Lycée Carnot. Il avait une grande valeur morale, ayant conscience de sa responsabilité et le souci de sa dignité.

La veille de sa mort, il adressait à ses parents une lettre dont voici un extrait :
« Si jamais cette lettre arrive, mon cher Papa, je serai tombé glorieu-

« sement dans la grande bataille qui va achever le triomphe de la France.
« C'est de bon cœur que je donne ma vie pour la plus noble des causes.
« Je n'aurai que le regret de vous faire de la peine, à toi et à maman.
« Je vous en supplie, ne pleurez pas : c'est si beau de mourir utilement.
« Nous sommes régiment d'attaque : les jeunes de la classe 1915 vont
« montrer le chemin victorieux aux vieux. »

Extrait d'une lettre de son lieutenant :

« Il était toujours le premier, donnant constamment l'exemple du plus
« grand courage et de la plus belle énergie. »

Médaille militaire :

« A montré des qualités remarquables de commandement en main-
« tenant sa section dans le plus grand ordre sous un feu violent de
« l'ennemi. Blessé grièvement, a quitté le commandement de sa section
« en disant : « En avant ! continuez ! »

LAPERGUE Roger-François, né à Paris, le 6 juillet 1893,
lieutenant d'artillerie, observateur à l'escadrille Br. 219.

Ordre de la division :

« Jeune et brillant officier plein d'allant et d'énergie, toujours volon-
« taire pour les missions les plus dangereuses. S'est dépensé sans
« compter pendant les attaques de la Somme, volant parfois plus de 6
« heures dans la même journée. »

Ordre du corps d'armée :

« Jeune officier d'une bravoure remarquable. Le 8 avril 1917, au
« cours d'un réglage d'A. L. G. P., après s'être battu avec 4 avions
« ennemis, est entré plus avant dans les lignes adverses pour recon-
« naître son objectif jusqu'au moment où son pilote a été grièvement
« blessé. Grâce à son sang-froid et à son courage, a permis à son pilote
« de sauver l'équipage. »

Ordre de l'armée :

« Officier remarquable par sa bravoure et ses qualités d'observateur.
« D'une rare conscience, remplit avec fruit les fonctions d'officier de
« renseignement des escadrilles d'armée, tout en effectuant des vols
« journaliers, demandant toujours les missions délicates et périlleuses.
« Le 26 mai 1917, réussit à faire détruire une pièce à longue portée
« qui tirait sur nos ballons ; a eu de nombreux combats où il a toujours
« su imposer sa supériorité morale. »

Ordre de l'armée belge :

« Services exceptionnels rendus à l'armée belge au cours de l'offen-
« sive des Flandres de 1917. »

Ordre de l'aéronautique de l'armée :

« A accompli une mission photographique importante sous la menace
« continuelle d'une aviation ennemie qu'il a réussi par son habileté à
« dominer constamment, accomplissant jusqu'au bout sa mission. »

Ordre de l'armée (1ᵉʳ juillet 1918) :

« Brillant officier, ayant une haute conception du devoir ; belle
« conscience de soldat ; s'impose à tous par sa bravoure et sa haute
« valeur militaire. Au cours des dernières opérations militaires, a
« apporté des renseignements précieux, forçant le passage au prix de
« durs combats, exécutant tous les jours des reconnaissances à basse
« altitude jusqu'à plus de 30 kilomètres dans les lignes ennemies,
« descendant à 50 mètres pour jalonner la ligne, réussissant de remar-
« quables missions photographiques sur l'arrière-front. S'est particu-
« lièrement distingué en exécutant seul à 70 kilomètres en territoire
« occupé par l'ennemi une reconnaissance du plus haut intérêt mili-
« taire. Au cours d'une mission photographique éloignée, a eu le visage
« complètement gelé. »

Nommé chevalier de la Légion d'honneur (13 août 1918) :

« Observateur de premier ordre, d'une bravoure au-dessus de tout
« éloge. Pendant les opérations récentes, a rendu les services les plus
« signalés ; a été blessé grièvement en combat aérien ; cinq citations
« antérieures. »

Mort des suites de la blessure reçue dans ce combat, sur Ambrief
(Aisne), le 19 juillet 1918, à l'âge de 25 ans.

*Extrait du discours prononcé sur sa tombe par le commandant de
l'escadrille :*

« En deux ans, pas une défaillance; aucun effort n'était trop grand; rien
« ne semblait impossible à ta bravoure... Nous aimions ta bonne humeur,
« ton énergie, ton courage indompté... »

Extraits de ses lettres :

« Il y a quelque chose de plus sacré que tout en ce moment, c'est la
« France ! ...Vivre un peu plus ou un peu moins longtemus, qu'est cela, si
« on a proprement vécu ?... »

« ...Mourir n'est rien ; ce qui importe, c'est de laisser un exemple et
« un souvenir... »

DE LASSUS SAINT-GENIÈS Charles, lieutenant au 29ᵉ régiment d'artillerie, ingénieur des Arts et Manufactures ; à son poste de combat depuis le premier jour de la campagne, venait, sur sa demande, d'être titularisé officier de l'armée active.

Ordre de l'armée :

« Officier d'une très grande valeur, d'une froide bravoure, d'une « forte énergie, toujours calme, animé au plus haut degré du senti- « ment du devoir. A donné en toutes circonstances, depuis le début de « la campagne, les plus belles preuves de ses remarquables qualités « militaires. Est tombé glorieusement à son poste le 14 octobre 1916. »

LAVAQUERY René, caporal-fourrier au 135ᵉ régiment d'infanterie. Tué à Bièvre, en Belgique, le 23 août 1914, à l'âge de 21 ans.

LE CLERC Jean-Alexandre, mobilisé le 11 janvier 1916 au 1ᵉʳ régiment d'infanterie, puis au 273ᵉ, tombé au champ d'honneur le 3 août 1917, à Bixschoote (Belgique).

« Jeune soldat modèle, brave au feu et dévoué. Faisant partie d'une « chaîne de coureurs, s'est volontairement présenté pour porter un pli « sous un violent bombardement, à la place d'un camarade plus âgé et « plus fatigué. A été tué par un obus en accomplissant cette mis- « sion. »

LECOMTE Marcel, ingénieur, directeur des Forges de la Loue (près de Pontarlier), soldat au 269ᵉ d'infanterie, nommé sergent à Crevic, lors de la défense du Grand-Couronné de Nancy. Blessé, évacué, guéri, reparti au front, nommé sous-lieutenant, cité à l'ordre de la division, mort en menant l'assaut à la tête de sa section ; il écrivait à sa famille quelques jours avant sa mort :

« Vous savez quelle affection j'ai pour vous ; si je n'avais pas de « chance, il ne faudrait pas pleurer, car j'aurais la consolation de mourir « pour la plus belle des causes. »

Nommé chevalier de la Légion d'honneur à titre posthume :

« Officier qui a été pour sa troupe un modèle d'honneur et de « bravoure. Le 25 août 1914, avait rapporté sous le feu de l'ennemi

« une mitrailleuse abandonnée. Mortellement frappé le 9 mai 1915, en
« dirigeant debout l'assaut donné par sa section à une tranchée enne-
« mie. Mort digne d'un héros. A été cité. »

LEGRAND Jean-René, soldat au 11e régiment d'infanterie
territoriale, nommé sergent. Tué au Mort-Homme, le 6 mai 1916.

LEGROS Jacques, né à Paris le 23 janvier 1897, engagé volontaire, sous-lieutenant au 26e régiment d'artillerie de campagne.
Tombé à Fleury-devant-Douaumont, le 25 octobre 1916.

Ordre de l'armée (2 avril 1917) :

« Jeune officier de la plus haute valeur, a été tué glorieusement en
« assurant la liaison de l'artillerie avec les troupes d'infanterie au
« cours de l'attaque du 24 octobre 1916. »

Nommé chevalier de la Légion d'honneur à titre posthume.

Extrait d'une lettre de son capitaine :

« Oui, ce fut un rude coup pour la batterie que la nouvelle de cette
« mort, car, des hommes comme de moi-même, Jacques LEGROS fut toujours
« profondément aimé. Son caractère gai, son entrain, son calme courage,
« tout autant que sa grande valeur militaire et son esprit cultivé, l'impo-
« saient à tous ses subordonnés et l'avaient fait adorer de tous ceux qui
« le connaissaient. »

LEMARIÉ Guy, engagé volontaire, soldat au 87e régiment
d'infanterie, blessé mortellement à l'attaque de Tahure, le 27 septembre 1918.

Ordre du régiment :

« Très jeune engagé volontaire, plein d'enthousiasme, très belle atti-
« tude au feu le 26 septembre 1918. »

Mort le 8 octobre 1918.

LÉON Charles, sergent au 201e régiment d'infanterie. Tué le
17 juin 1915, au Labyrinthe.

Ordre du régiment :

« Belle attitude au feu. A maintenu sa section sous un feu violent
« d'infanterie et d'artillerie. A été tué. »

LÉON-LÉVY Jacques, né à Paris, reçu n° 9 à l'Ecole Supérieure des Mines le 14 septembre 1914, sous-lieutenant à la 8e batterie du 22e régiment d'artillerie, tombé au cours d'une reconnaissance près d'Hardaumont.

Ordre de l'armée :

« A trouvé une mort glorieuse en effectuant, à côté de son capitaine,
« une audacieuse reconnaissance sur un terrain constamment battu par
« l'ennemi. »

Extrait d'une lettre de son lieutenant :

« Nous avions pour lui cette profonde affection qu'inspirent les sym-
« pathiques. Il nous l'était par sa jeunesse : il était ardent et généreux ;
« l'obstacle n'existait pas pour lui, et la peur, il la haïssait. Il était trop
« noble pour la sentir, et il est mort sans l'avoir connue... »

LEPAPE Henri-Paul-Ernest, né à Neuilly-sur-Seine, le 12 juin 1897, engagé volontaire au 26e régiment d'artillerie, le 22 juin 1915, élève aspirant à Fontainebleau de février à fin mai 1916. Aspirant au 46e régiment d'artillerie de campagne, le 12 juin 1916. A combattu à Verdun, puis dans la Somme. Tué le 8 octobre 1916 à Cléry-sur-Somme.

Ordre de la brigade :

« Jeune aspirant, modèle de courage et de dévouement ayant su,
« malgré sa jeunesse, s'imposer à tous ses subordonnés. Tué à son
« poste de combat le 8 octobre 1916. »

Décoré de la médaille militaire à titre posthume.

LEROUX Jacques, sous-lieutenant au 6e cuirassiers, mort pour la France, le 3 octobre 1918, à l'âge de 27 ans.

Ordre du régiment :

« Chargé d'une mission spéciale dans la nuit du 31 mars 1918, a
« rempli cette mission avec beaucoup de sang-froid et de bravoure, et
« a rapporté des renseignements très utiles. »

Ordre de l'armée :

« Dans la journée du 10 août 1918, a fait preuve d'un superbe
« entrain dans la conduite d'une reconnaissance. A la tête d'une pointe

« d'avant-garde à cheval, est entré dans un village encore aux mains
« de l'ennemi ; a mis en fuite les occupants et abattu de sa main trois
« Allemands. »

Ordre de la division :

« Excellent officier, d'une bravoure et d'un entrain réputés. Envoyé
« en liaison auprès d'un état-major britannique a rempli sa mission
« sous le bombardement, durant plusieurs jours et nuits, a demandé
« à rester au delà du terme fixé pour son service. A été tué en pleine
« action, excitant l'admiration des Ecossais. »

Nommé chevalier de la Légion d'honneur à titre posthume.

LE ROY D'ÉTIOLLES GASTON, soldat au 155ᵉ régiment
d'infanterie, blessé le 17 septembre 1914, vers Vic-sur-Aisne. Mort
le 20 septembre 1914, à Dinard, des suites de ses blessures.

LÉRY GEORGES, né à Limours, le 28 avril 1880. Georges LÉRY
termina brillamment ses études au collège Rollin. Admis à l'Ecole
Polytechnique et à l'Ecole Normale, il opta pour cette dernière
(1899-1902). Son service militaire terminé (1902-1903), il obtenait
une bourse d'études (1903-1905) puis débutait au Lycée de Lille, où
il fut successivement chargé des classes de Mathématiques et de
Centrale (1906-1908). Il fut ensuite appelé à la chaire de Mathématiques spéciales du Lycée de Reims (1908-1911), enfin au cours pré-
paratoire à l'Ecole centrale du Lycée Carnot (1911). Tout de suite
il s'était imposé à ses élèves par la solidité, la précision et la clarté
de son enseignement, et à ses collègues par sa droiture, sa bonté et
le charme qui émanait de toute sa personne. A une valeur scientifique déjà établie, il joignait une modestie qui donnait plus de prix
à toutes ses heureuses qualités.

Parti au premier jour de la mobilisation en qualité de lieutenant au 272ᵉ régiment d'infanterie, il était tué le 10 septembre 1914,
à Petites-Perthes (Marne).

« A montré le plus grand courage en s'élançant en avant de sa
« troupe pour l'entraîner hors des tranchées dans le combat du
« 10 septembre. »

LETOURNEUR Martial, aspirant au 113ᵉ régiment d'infanterie, décédé à Vouel (Aisne), le 23 mars 1918.

LÉVY-FINGER Alexandre-Raymond, caporal au 54ᵉ régiment d'infanterie. Blessé à la main d'un éclat d'obus, le 23 août 1914, à Longwy. Reparti au feu. Sous-lieutenant au 19ᵉ chasseurs à pied, tombé mortellement blessé à l'attaque de Roye, le 27 août 1918.

Ordre de la division :

« Déjà blessé deux fois depuis le commencement de la campagne, le
« 5 mai 1917, a entraîné vigoureusement sa section à l'assaut des enne-
« mis, a assuré la liaison avec le corps voisin et gardé le flanc de sa
« compagnie, malgré les tentatives de réaction de l'ennemi. »

Ordre de la division :

« Jeune officier d'une grande bravoure ; le 4 avril, entraîné par son
« ardeur, s'est trouvé complètement isolé, avec sa section, après repli des
« éléments voisins ; a réussi à ramener sa section dans les lignes, malgré
« un violent feu de mitrailleuses ; a fait preuve pendant toutes les
« affaires du 28 mars au 10 avril 1918, d'un moral très élevé et d'un
« parfait mépris du danger. »

Nommé chevalier de la Légion d'honneur :

« Jeune officier d'un entrain et d'une bravoure remarquables, a eu,
« dans les combats des 8, 9 et 10 août 1918, une attitude au-dessus
« de tout éloge, payant de sa personne dans les circonstances les plus
« difficiles, pour entraîner sa section à l'assaut des positions ennemies,
« à travers un marais large et profond, et sous un feu nourri de
« mitrailleuses ; a été très grièvement blessé à la tête de ses chasseurs
« le 27 août 1918. »

DE LILLE DE LOTURE Bernard, né en 1889. Licencié ès lettres et en droit, secrétaire d'ambassade en 1908. Adjudant au 32ᵉ dragons ; sous-lieutenant, puis lieutenant en 1915, passé dans l'aviation en janvier 1916, breveté pilote en février, au front, dans une escadrille Breguet du groupe de bombardement 5, tombé dans les lignes ennemies, à Oulchy-le-Château, le 3 juin 1918, porté disparu.

Ordre de l'armée :

« Excellent pilote, audacieux, calme et adroit, a pris part à 21 bom-
« bardements de jour, dont plusieurs à longue distance ; disparu au
« cours d'un combat en soutenant, avec ses camarades, une lutte
« inégale contre 18 avions ennemis. »

LINGET Robert, né le 1er mai 1885, ingénieur civil, infirmier
à la 5e section, décédé à Montargis, le 23 juin 1918.

LITGEN Paul, caporal au 67e régiment d'infanterie, disparu
depuis le 24 août 1914, à Longuyon, présumé tué d'un coup de feu
à la tête.

MAISON Louis, né à Dijon, le 25 mai 1894, reçu en 1914 à
l'Ecole Polytechnique, s'engage le 13 août 1914, au 22e régiment
d'artillerie ; nommé successivement brigadier, maréchal des logis, et,
le 3 janvier 1915, sous-lieutenant au 32e régiment d'artillerie.
Rejoignit le front le 18 mars 1915, dans la région de Nieuport
(Belgique) ; affecté à la 2e batterie, dont il commandait le feu, de
son poste d'observation, fut, dans la matinée du 24 janvier 1916,
frappé par un obus allemand.

Nommé chevalier de la Légion d'honneur :

« Jeune officier de la plus belle intelligence et du plus ardent cou-
« rage, toujours prêt pour les missions les plus périlleuses ; s'était dis-
« tingué, dès son arrivée au front, en assurant le 9 mai, le tir de batte-
« rie d'un observatoire fortement bombardé. A toujours fait preuve des
« qualités militaires les plus solides, et donnait de brillantes espé-
« rances. Mortellement frappé le 24 janvier 1916, en dirigeant le tir de
« sa batterie, sous un feu extrêmement violent. »

Extraits d'une lettre du colonel :

« ...Il avait toutes les qualités militaires : beau physique, belle prestance,
« vigoureux et élégant cavalier. Il faisait plaisir à voir ; beaucoup de
« commandement, de l'entrain, l'optimisme de la jeunesse et une grande
« maturité de caractère, de la décision et de la fermeté.. »
« ...Il eût fait un très grand chef, je le regrette comme colonel, car il
« eût fait honneur au régiment ; comme Français, car il eût fait honneur à
« la France... »

« ...Ce que j'aimais aussi en lui, sa qualité première, c'était son grand
« cœur... »

« ...Il était vaillant entre tous ces braves jeunes gens, chez lesquels le
« courage est inné, et qui sont des héros tout simplement sans le savoir.
« Sa fin est digne de sa courte vie ; il est tombé à son poste de comman-
« dement, face à l'ennemi, remplissant son devoir jusqu'au bout. Belle
« mort, digne de notre admiration. »

Lettre d'un maréchal des logis :

« ...Le lieutenant MAISON est mort à son poste de commandement, au
« poste d'honneur, nous donnant à nous, observateurs, le plus bel exemple
« de courage dans l'accomplissement de son devoir... »

Lettre d'un lieutenant :

« Ce m'est une nouvelle amertume que de me rappeler l'âme délicate,
« l'esprit distingué, le caractère aimable, l'ami sûr, qu'il était et que j'ai
« perdu. »

Lettre d'un canonnier :

« Pour lui et avec lui, j'aurais fait n'importe quoi, et été n'importe où,
« tellement ma confiance en lui était grande. »

Lettre d'un maréchal des logis :

« La peine que cause tout deuil autour de nous se joignait à la douleur
« de perdre un chef aimé de tous. Et quel chef ! Pour nous qui avons eu
« l'honneur et le bonheur de l'approcher et de servir sous ses ordres,
« nous savons combien il était adoré de ses hommes, et combien ces der-
« niers appréciaient sa haute valeur, son enthousiaste jeunesse et le tact
« infini qu'il mettait à donner des ordres. »

MAISON Pierre, mort pour la France, le 18 octobre 1918, des
suites d'une grippe infectieuse contractée dans les lignes, à l'âge de
20 ans, sous-lieutenant au 29ᵉ régiment d'artillerie.

Ordre de la brigade :

« Chargé de la liaison entre l'infanterie et l'artillerie au cours des
« combats des 4 et 9 mai 1917, a assuré son service dans des condi-
« tions particulièrement difficiles ; suppléant quand il le fallait à
« l'insuffisance des moyens de liaison, n'a pas manqué un seul jour
« d'aller en première ligne régler lui-même les tirs de barrage sous de
« violents bombardements. »

Ordre de la division :

« Officier d'un entrain et d'un courage au-dessus de tout éloge.
« Agent de liaison d'un groupement auprès du colonel commandant le

« 155ᵉ régiment d'infanterie, a fait preuve pendant les attaques du
« 20 et 26 août 1917, à Verdun, des plus belles qualités d'énergie et
« de sang-froid en allant jusqu'aux premières lignes chercher les
« renseignements désirés et les faisant parvenir au commandant. »

Ordre du corps d'armée :

« Officier toujours prêt à exécuter les missions les plus dangereuses ;
« s'est particulièrement signalé, les 4 et 12 juin 1918, où, sous les
« bombardements les plus violents, il a maintenu l'ordre dans la bat-
« terie, malgré les pertes considérables en personnel. »

Ordre de la division (16 décembre 1918) :

« Officier d'un courage à toute épreuve et d'un dévouement inlas-
« sable, a succombé des suites d'une maladie contractée à son poste de
« combat, qu'il n'a consenti à abandonner qu'à l'extrême limite de ses
« forces. »

MALLET Gérard, né le 20 septembre 1877, ancien élève diplômé de l'Ecole des Sciences politiques. Mobilisé comme sergent au
19ᵉ régiment territorial d'infanterie. Passé, sur sa demande, au
87ᵉ régiment d'infanterie, fut blessé, le 2 mai 1915, aux Eparges.
Retourné au front avec le 402ᵉ d'infanterie, il passa ensuite au
165ᵉ et y fut nommé sous-lieutenant, le 11 juillet 1916. Détaché
d'office en 1918 à l'armée américaine, il fut versé dans une division
de cette armée, auprès d'un commandant d'infanterie, et prit part à
l'offensive alliée de juillet 1918 ; il tomba broyé par un obus le
7 août 1918, au passage de la Vesle, près de Bazoches.

Ordre de l'infanterie divisionnaire :

« Officier d'une haute valeur morale, passé sur sa demande de
« l'armée territoriale dans un régiment actif. Fait preuve en toutes
« circonstances d'un courage calme et d'un grand esprit de dévoue-
« ment. Est un véritable modèle pour la troupe. A été blessé aux
« Eparges. »

Ordre de l'armée (à titre posthume) :

« Bien qu'appartenant à l'armée territoriale par son âge, a servi
« depuis le début de la campagne, dans un régiment actif. Aussi brave
« que modeste, a toujours été un modèle de dévouement et d'énergie,
« possédant au plus haut point l'idée du devoir. Officier informateur
« dans un régiment américain, pendant les combats du 18 juillet au

« **7 août** 1918, a fait preuve d'un courage intrépide et d'un merveil-
« leux esprit de sacrifice. Est tombé très gravement atteint le 7 août,
« au cours d'une attaque. Une blessure antérieure. Une citation. »

Ordre de la division (à titre posthume) :

« A fait preuve de sang-froid, d'énergie et de ténacité en aidant de
« ses conseils le commandant d'un bataillon américain, engagé les
« 18-19 juillet dans des conditions extrêmement difficiles. A assuré la
« liaison avec les troupes françaises, jusque sur la ligne de feu. »

Nommé chevalier de la Légion d'honneur à titre posthume.

MANONCOURT Charles-Auguste, saint-cyrien (Promotion
Cronstadt 1890-1892), capitaine adjudant-major au 306ᵉ régiment
d'infanterie. Mortellement blessé à Sapigneul, près Cormicy, le
19 septembre 1914.

Ordre de l'armée :

« Officier très brave, d'un bel exemple pour ses subordonnés, a été
« blessé mortellement le 19 septembre 1914, aux côtés de son
« colonel. »

MARCHAND Henri, engagé volontaire, caporal au 36ᵉ d'infanterie. Frappé à Beaumarais (Marne), le 5 janvier 1915, d'une balle
à la tête, mort de ses blessures le 17 février 1915.

Médaille militaire :

« Blessé très grièvement. Evacué une première fois pour maladie,
« aurait pu rester au dépôt, vu son état chétif. A réclamé son retour
« sur le front. A perdu l'œil droit des suites de ses blessures. »

Lettre d'un commandant :

« Le petit soldat si frêle, qui m'avait donné bien des inquiétudes, s'est
« révélé un prodige d'énergie physique et morale, j'en suis fier... Je le
« salue bien bas. »

MARCHANDISE Robert, brigadier au 16ᵉ régiment de dragons, blessé glorieusement, le 25 septembre 1915, en Champagne,
et décédé le 18 octobre à Paris, à l'âge de 21 ans. Il avait gardé un
culte pour le Lycée Carnot, et il s'occupait avec un dévouement

inlassable de l'Association Amicale des Anciens Elèves. Obligeant pour tous ses camarades, fils adorable et charmant, plein d'entrain, la joie et la fierté des siens.

Ordre de la brigade :

« Sous un feu violent d'artillerie et de mousqueterie ennemies, a fait
« preuve du plus grand sang-froid et d'un calme qui ne se sont pas
« démentis ; au moment où il a été blessé, est resté à sa place de
« bataille, sans proférer aucune plainte, et n'est allé au poste de secours
« que sur l'ordre de son capitaine commandant, à la fin du combat. »

Ses camarades appréciaient son charme, sa gaieté ; l'un d'eux écrit :

« Dans cette rue de Souain, où je devais le voir pour la dernière fois,
« il me disait en souriant gentiment et en me serrant la main bien fort
« sous les rafales d'obus qui éclataient : « Hein ! mon vieux Jean, tu le
« reçois le baptême du feu ! » *et, s'adressant à sa famille :* « Ne pleurez
« pas ; il vous veut heureux. Tous les actes de sa vie, j'en puis témoigner,
« il les a accomplis en vue de votre bonheur ; ceux qui l'ont vu à l'heure
« terrible, vous diront que c'était un brave. »

MARLIN René, entré à Saint-Cyr, passe dans l'aviation avec le grade de lieutenant. Le 24 août 1914, il était capitaine et chevalier de la Légion d'honneur. Blessé dans un combat aérien devant Verdun, en mai 1915, parvint, par un effort surhumain, à survoler nos lignes, et à jeter par-dessus bord ses clichés et ses documents d'observation. Mais, à bout de forces, il perd la direction de son appareil qui tombe à pic, prend feu et le malheureux pilote est carbonisé.

MARQUESTE Pierre, né le 4 février 1887, interne des hôpitaux, médecin-major de réserve au 137ᵉ régiment d'infanterie, parti au début de la guerre comme aide-major au 137ᵉ régiment d'infanterie, blessé en juin 1915. Envoyé en Afrique Equatoriale, en février 1916, mort pour la France le 31 décembre 1918, des suites de la grippe contractée en soignant des malades.

Ordre de l'armée :

« Depuis le début de la campagne, montre beaucoup de zèle et de
« dévouement à soigner les blessés et les malades. A été blessé dans
« la nuit du 9 au 10 juin 1915, alors qu'il faisait ensevelir les morts
« sur le champ de bataille, sous le feu continuel de l'ennemi. »

MARTIN Noël, croix de guerre, décédé le 22 mars 1921, à l'âge de 28 ans, après une longue et cruelle maladie contractée au front.

DE MAULDE Hugues, tué comme aspirant à Hargicourt, fin mars 1918. Etait en Allemagne depuis le 19 juillet 1914, s'en est évadé pour venir s'engager en février 1915, le jour de ses 17 ans, au 8ᵉ dragons. Arrivé au front pour l'offensive de Champagne 1915, prend les tranchées devant Mulhouse. Entre à St-Cyr, en sort aspirant en 1916. Première offensive de Picardie (Chilly). Entre à Fontainebleau en 1917. Envoyé à Loivre, y installe de gros crapouillots sous le fort de Brimont. Envoyé à l'est de Reims (Prunay). L'offensive de mars 1918 le trouve aux grèves de St-Amand, il arrive en toute hâte ; le 1ᵉʳ escadron du 6ᵉ cuirassiers prend le front à Hargicourt. L'escadron tient 4 jours, 4 nuits, ayant épuisé vivres et munitions ; il se fraie un passage les armes à la main. DE MAULDE sort le dernier, protégeant ses hommes, est tué à la sortie du village (30 mars 1918).

Ordre du régiment :

« A fait preuve d'un grand sang-froid pendant la nuit du 29 au
« 30 mars 1918, dans le commandement de son peloton. A exécuté avec
« un plein succès un mouvement de repli très difficile, conformément
« aux ordres reçus, alors que sa troupe était débordée et sérieusement
« menacée sur l'un des flancs. »

MAYER Max, né le 30 avril 1893, reçu 1ᵉʳ à l'Institut National Agronomique. Engagé volontaire au 30ᵉ régiment des chasseurs alpins, passe au 21ᵉ bataillon ; nommé caporal, proposé pour le grade de sergent quand il fut blessé le 13 octobre 1915, à Souchez, décédé des suites de ses blessures, le 30 novembre, à l'âge de 20 ans

Un de ses camarades écrit :

« Sa modestie, plus encore que ses belles qualités qu'il tenait cachées,
« lui avait conquis tous les cœurs. »

MAYER Samuel.

MAZE Robert, capitaine, commandant la compagnie du génie
du 5ᵉ corps d'armée. Tué d'une balle en pleine poitrine, le 10 décembre 1914, en faisant faire un boyau de communication dans les
tranchées de première ligne.

Chevalier de la Légion d'honneur :

« S'est distingué à maintes reprises par son intelligente activité et
« par les beaux exemples de bravoure réfléchie qu'il a donnés à ses
« sapeurs. A été tué en traçant une communication à ouvrir à proxi-
« mité des ouvrages ennemis, le 10 décembre 1914, à Vauquois. A
« été cité. »

Lettre du colonel :

« Je lui avais fait donner le commandement d'une compagnie où il
« pouvait donner la mesure de ses belles qualités ; rapidement il s'est
« conquis l'estime de tous, l'affection de ses hommes, et il s'est affirmé
« comme un officier de premier ordre. »

MEDYNSKI Constantin, maréchal des logis au 20ᵉ chasseurs
à cheval, participe aux batailles de la Marne et de l'Yser, nommé
sous-lieutenant au printemps de 1915 ; passe aux tirailleurs marocains, blessé grièvement devant Douaumont, en mai 1916 ; meurt
de ses blessures.

Chevalier de la Légion d'honneur.

MELLON Etienne, né le 5 février 1882, sous-lieutenant, tué à
l'attaque de Tahure, en Champagne, le 6 octobre 1915.

Ordre du corps d'armée :

« Excellent officier à tous égards. A maintenu sa section sous un
« violent bombardement. Le 6 octobre 1915, un certain nombre de ses
« hommes ayant été ensevelis par l'éclatement d'un projectile, s'est
« immédiatement porté à leur secours, et a trouvé lui-même une mort
« glorieuse en essayant de les dégager. »

MENDELSSOHN Jean, âgé de 17 ans, tué le 29 mars 1918, à
Paris, par un obus allemand (Eglise St-Gervais).

MENEAU Jean, officier interprète à la 55ᵉ division d'infanterie.

Ordre de la division :

« Remplit depuis le début de la campagne les fonctions d'interprète
« à l'état-major d'une division, y rend les plus grands services ; a
« fourni à diverses reprises des renseignements très précieux ; n'hésite
« pas à se rendre sur le terrain pour les confirmer. »

Ordre du corps d'armée :

« A largement contribué au succès de la bataille entre le 17 et le
« 25 août 1918, en exploitant avec la plus grande intelligence les ren-
« seignements recueillis sur l'ennemi, fournissant non seulement au
« commandement, mais aussi aux exécutants des indications précieuses
« sur les résistances qu'ils auraient à briser. »

Décédé des suites d'une maladie contractée au front.

MERLOU Jean-Bernard, né le 7 septembre 1886, sous-lieutenant aviateur, avait pris part à l'expédition coloniale du colonel
Largeau. Affecté à la cavalerie au début de la guerre, avait successivement conquis les galons d'adjudant, puis de sous-lieutenant.

Ordre de l'armée :

« Resté trente-six heures dans les lignes ennemies, sous le feu, fai-
« sant parvenir des renseignements précieux. A fait preuve de grand
« courage et de dévouement en venant chercher son officier blessé
« grièvement et en le portant lui-même sous un feu nourri, pendant
« 80 mètres. »

Ordre du régiment :

« A fait preuve depuis le commencement de la campagne, notam-
« ment pendant les quatre jours de bombardement d'un village, du
« plus grand sang-froid et du plus grand courage. »

Médaille militaire.

Passé dans l'aviation, il fut tué en service commandé le 8 mars
1916.

Extrait d'une de ses lettres :

« ...Les hommes ont gardé leur bonne humeur et la saine conscience
« de leur mission sacrée. On est en droit avec eux de tout tenter, même
« et surtout peut-être l'intentable !... »

Extrait du discours d'un capitaine sur sa tombe :

« ...Il s'était fait remarquer par des qualités de hardiesse qui
« n'excluaient nullement en lui une modestie naturelle, qui l'avait rapide-
« ment rendu sympathique à tous ses camarades... »

MEUNIÉ ANDRÉ, engagé volontaire au 66ᵉ régiment d'infanterie, tombé glorieusement pour la France aux environs de Verdun,
cote 304, dans sa 21ᵉ année, le 5 mai 1916.

MIGEON GEORGES, adjudant, puis sous-lieutenant au 109ᵉ d'infanterie, tué le 14 mai 1915 à Notre-Dame de Lorette.

Médaille militaire :

« Le 28 octobre 1914, au matin, s'est porté en avant avec sa
« section jusqu'aux réseaux de fil de fer ; ayant vu tomber à ses côtés
« le sous-lieutenant commandant la compagnie, un autre adjudant et de
« nombreux sous-officiers, l'a néanmoins maintenue sous le feu durant
« toute la journée et l'a ramenée le soir dans les lignes, où il a dû
« prendre immédiatement le commandement de l'unité qu'il a exercé,
« brillamment, jusqu'au 30 à la nuit. »

MIRABAUD JACQUES, lieutenant au 54ᵉ bataillon de chasseurs
alpins. Blessé le 27 août 1914, à Ménil-sous-Belville (Vosges),
emmené prisonnier à Weingarten (Wurtemberg), décédé le 7 février
1916, à l'âge de 38 ans, des suites d'une opération.

Ordre de l'armée :

« Blessé grièvement le 27 août, alors qu'il dirigeait avec beaucoup de
« sang-froid, la mise en batterie de sa section de mitrailleuses, sous
« un feu violent d'infanterie et d'artillerie. »

Chevalier de la Légion d'honneur.

MISSOFFE FRANÇOIS, engagé volontaire à 17 ans, au 65ᵉ régiment d'infanterie, au front en 1915, comme mitrailleur.

Ordre de la brigade :

« Très brillante conduite au feu, après la mise hors service de sa
« pièce par le tir d'artillerie ennemie. »

Nommé caporal, caporal-fourrier, entré à St-Cyr, aspirant en 1916, passé sur sa demande, au 61ᵉ bataillon de chasseurs à pied. Blessé devant Biaches (Somme) le 21 octobre 1916.

Ordre du corps d'armée :

« Jeune aspirant de la classe 1917, a, le 18 octobre 1916, entraîné sa
« section à l'assaut avec un élan admirable et a été blessé lors de la
« contre-attaque en défendant énergiquement sa tranchée. »

Nommé sous-lieutenant le 9 mai 1917.

« Officier d'une haute valeur morale, tombé glorieusement à la tête
« de sa section le 25 juillet 1918 ».

MISSOFFE Jean, ancien élève de St-Cyr, lieutenant commandant une compagnie du 106ᵉ d'infanterie. Grièvement blessé d'un éclat d'obus le 23 août près de Virton, reparti au front à peine guéri, frappé mortellement aux Eparges, le 20 février 1915, et décédé le lendemain à l'hôpital de Verdun.

Ordre de l'armée :

« A fait preuve, à la tête d'une compagnie, de brillantes qualités de
« commandement : s'est particulièrement distingué au cours d'attaques
« par son sang-froid, sa ferme volonté et sa bravoure. Blessé mortelle-
« ment, le 20 février 1915, en entraînant ses troupes à l'attaque de
« tranchées ennemies. »

MOHLER Max, sous-lieutenant au 16ᵉ dragons ; tué dans la nuit du 9 au 10 janvier 1918, à Coucy-le-Château :

Ordre du corps de cavalerie :

« Le 9 janvier, pendant un coup de main ennemi, et sous un très
« violent bombardement, a été tué à la tête de sa section qu'il entraînait
« vers la position de combat. »

Nommé chevalier de la Légion d'honneur à titre posthume :

« Jeune officier qui a donné l'exemple du plus magnifique courage.
« Le 9 janvier 1918, pendant un coup de main ennemi et sous un vio-
« lent bombardement, a été tué à la tête de sa section qu'il entraînait
« vers sa position de combat. »

Extraits d'une lettre du colonel :

« ...Donnant à tous ses hommes le plus magnifique exemple du mépris
« du danger, en les entraînant ainsi à sa suite, il n'avait que le souci de
« les devancer sur la position pour les mieux diriger et les bien utiliser...
« J'avais pu apprécier l'élévation si noble de ses sentiments, sa haute
« conception du devoir, son courage si éprouvé, sa belle droiture morale.
« Tous ici l'aimaient et l'appréciaient comme un officier parfait. »

MOLES Robert, chevalier de la Légion d'honneur, 3 citations.
Engagé volontaire à 17 ans, agent de liaison, au 26ᵉ d'artillerie, à
Verdun. Nommé sous-lieutenant, s'engage dans l'aviation.

Ordre de l'armée :

« Jeune observateur montrant en toutes circonstances les plus belles
« qualités de courage et de dévouement. Mort glorieusement au cours
« d'un combat aérien dans les lignes ennemies, le 7 septembre 1918. »

MOLL Francis, né le 17 décembre 1895, élève à l'Ecole des
Beaux-Arts, s'était, avec succès, spécialisé dans la gravure. Soldat
au 1ᵉʳ régiment étranger, engagé à 18 ans, naturalisé après engagement, tué à Neuville-Saint-Vaast, le 9 mai 1915.

Un de ses amis écrit :

« Une balle reçue en pleine tête le couche à jamais sur cette terre
« de France qu'il a voulu défendre lui-même, « parce que », disait-il,
« c'est elle qui m'a nourri. »

MONJOU Emile-Eugène, sous-lieutenant au 28ᵉ régiment
d'infanterie.

Nommé chevalier de la Légion d'honneur à titre posthume :

« Excellent officier, a fait preuve des plus belles qualités morales
« dans les engagements du début de la campagne comme chef de sec-
« tion, puis comme commandant de compagnie. Blessé le 4 septem-
« bre 1914, a refusé de se laisser évacuer et a conservé son commande-
« ment. Tué glorieusement à Loivre, le 13 septembre 1914, en entraî-
« nant sa compagnie à l'attaque. Une blessure antérieure. »

DE MONTIGNY Pierre, né le 24 août 1886, soldat au
1ᵉʳ génie, blessé à Vauquois, en 1916, puis à Craonne, en 1917, tué
le 1ᵉʳ septembre 1918, à Choisy-au-Bac, par un raid d'avions ennemis.

MOREAU Philippe, né en 1880, compositeur de musique, soldat au 279ᵉ régiment d'infanterie, disparu à Courbesseaux, le 25 août 1914.

Extrait de l'historique du régiment :

« Le 279ᵉ régiment d'infanterie franchit le premier la frontière et, le
« 25 au matin, en avant de Courbesseaux, drapeau déployé, dans un élan
« magnifique, attaque les retranchements ennemis, et se heurte à un feu
« terrible de mitrailleuses et d'artillerie lourde. Le sacrifice sublime du
« régiment n'a pas été fait en vain. Le soir même, on apprenait que la
« menace d'encerclement de Nancy par l'Est était enrayée. »

MOREAUX André, saint-cyrien de la promotion 1885, chef de bataillon tué glorieusement au Labyrinthe le 16 juin 1915.

MOULINIER René, surveillant d'internat, caporal d'infanterie, mort le 28 mai 1916, à l'hôpital militaire de Pignelin, des suites de maladie contractée dans les tranchées.

MOUTON Georges, né le 20 juillet 1895, engagé volontaire, sergent au 32ᵉ bataillon de chasseurs alpins, tombé en Champagne, le 28 septembre 1915, à l'âge de 20 ans.

Ordre de la brigade :

« Tué en entraînant ses hommes à l'assaut des positions ennemies. »

Un de ses amis écrit :

« Je ne me rappelle pas sans une profonde émotion le calme et l'assu-
« rance tranquille avec lesquels il partait rejoindre l'armée du front. Il
« avait même hâte de se trouver enfin face à l'ennemi, et cela avec la simpli-
« cité sans forfanterie qui était le charme de son caractère. »

MOYRAND Louis, ancien élève diplômé de l'Ecole des Hautes-Etudes commerciales. Tué le 20 décembre 1916, à Feuillères (Somme).

« Excellent canonnier, dévoué et courageux, tué par un éclat d'obus
« en ravitaillant les batteries. »

MUSSY Jean, sous-lieutenant au 21ᵉ régiment de spahis marocains ; tué le 19 mai 1921, à Skaa (Syrie).

NAVARRE Marcel, caporal mitrailleur au 25ᵉ chasseurs à pied, tué à Bouchavesnes (Somme), le 27 octobre 1916, à l'âge de 20 ans.

Ordre du bataillon :

« Chasseur mitrailleur très brave et très courageux, s'étant déjà
« fait remarquer à plusieurs reprises, vient encore de se signaler à
« l'attention de tous en prenant, le 25 septembre 1916, le commande-
« ment d'une pièce privée de son chef et en la conduisant à l'assaut
« des tranchées ennemies avec un sang-froid remarquable, et malgré
« un feu très violent de mitrailleuses, s'est maintenu sur la position
« conquise et est intervenu très efficacement, grâce à son mépris du
« danger, pour repousser une contre-attaque ennemie ; a su au cours
« de l'opération mettre son matériel à l'abri et l'a ramené au grand
« complet au moment de la relève. »

NICOLAS Marcel, classe 1917, sergent au 101ᵉ d'infanterie,

Ordre du régiment :

« Sous-officier énergique et dévoué. Pendant les combats du 27
« mai 1917, a fait preuve de la plus grande énergie en faisant rendre
« par ses hommes le maximum d'efforts. »

A été nommé sous-lieutenant au 101ᵉ régiment d'infanterie le 6 août 1918.
Décédé des suites de maladie contractée au front.

ORFILA Michel, né en 1894. Parti comme maréchal des logis au 8ᵉ régiment de hussards ; promu sous-lieutenant le 23 novembre 1914 ; passé, sur sa demande, au 4ᵉ bataillon de chasseurs à pied, le 23 juin 1915 ; blessé le 27 septembre 1915, à l'attaque de la Butte du Mesnil (Champagne). A succombé à ses blessures à l'ambulance de Somme-Bionne.

Ordre de la division (18 octobre 1914) :

« A accompli, à plusieurs reprises, des reconnaissances délicates dans
« lesquelles il montra autant de hardiesse que d'intelligence. »

Ordre du corps d'armée (19 novembre 1915) :

« Jeune officier très brave. Frappé d'une balle en pleine poitrine, a
« continué à pousser ses chasseurs en avant jusqu'au moment où il
« est tombé épuisé. Est mort des suites de ses blessures. »

Il est tombé en criant : « Vive la France ! C'est pour elle que je
meurs ! »

Il écrivait :

« J'ai choisi le chemin que je considérais comme étant celui du devoir. »

OSTER Max, lieutenant commandant la 3ᵉ compagnie de
mitrailleuses du 162ᵉ d'infanterie. Mobilisé et parti le 2 août 1914,
comme sous-lieutenant de réserve du 346ᵉ régiment d'infanterie,
fut blessé le 23 septembre 1914.

Ordre de la division :

« Très belle attitude au feu, blessé grièvement au cours de la
« bataille du 23 septembre 1914, en menant bravement sa section à
« l'assaut d'une position ennemie. »

En même temps, il reçut son deuxième galon et fut affecté au
310ᵉ d'infanterie en octobre 1915. Au mois de février 1916, il se
trouve à Verdun, est blessé le 21 février.

Ordre de la brigade :

« A maintenu sa section sous un violent bombardement pendant
« plusieurs heures et a courageusement contribué à repousser une
« attaque de nuit ; a été blessé. »

Voulant se consacrer à la mitrailleuse, il fit un stage à la Cour-
tine pour en apprendre le maniement et obtint au mois d'octobre
1916 le commandement d'une compagnie de mitrailleuses, au
162ᵉ d'infanterie. Parti le 16 avril pour la grande offensive qu'on
avait préparée, il fut blessé le 20 avril aux environs de la ferme
Mauchamp, dans l'Aisne, évacué dans un hôpital à La Rochelle, où
il succomba le 29 avril 1917, après avoir pu embrasser ses parents
auxquels il disait avec fierté : « Nous avons fait de la bonne
besogne, 800 prisonniers, nous étions tous magnifiques ».

Nommé chevalier de la Légion d'honneur à titre posthume :

« Très brillant officier, joignant à de belles qualités de technicien de
« réelles qualités de commandement. Très brave au feu et plein de
« fougue et d'énergie, était un vivant exemple pour la compagnie dont
« il a su faire une unité d'élite. S'est dépensé sans compter le 16 avril
« 1917, à l'attaque de positions fort défendues pour pousser en avant
« et placer ses sections ; a judicieusement occupé une position conquise.
« Le 18 avril a occasionné de fortes pertes à l'ennemi, qui contre-atta-
« quait, par un tir précis de ses pièces et malgré un violent bombarde-
« ment. A été blessé le 20 avril pendant une reconnaissance. Mort des
« suites de ses blessures. »

Extrait du discours d'un commandant :

« ...Il avait les plus rares qualités du chef militaire : le coup d'œil, la
« fermeté, la bonté, la fierté. Et il avait plus encore, car il avait tout. Il
« avait la beauté mâle, la grande taille, celle qui ne se courbe jamais, le
« regard perçant et doux à la fois, et le masque énergique de la volonté
« sûre d'elle-même. Il avait en un mot l'enveloppe qui convenait à son
« âme virile et il jouissait sur ses soldats de la double autorité physique
« et morale. »

PAGET Paul, maréchal des logis au 7ᵉ régiment de dragons,
élève pilote. Mort pour la France au camp d'Avord, le 24 septembre
1915, à l'âge de 24 ans. A trouvé une mort tragique comme pas-
sager au bord d'un aéroplane, en se portant au secours d'un camarade en danger.

PAUT Edmond, né le 7 mars 1893, premier canonnier servant
au 2ᵉ régiment d'artillerie lourde, mort à 22 ans, à l'hôpital militaire d'Abbeville, des suites d'une fièvre typhoïde contractée au
front des armées.

Ordre du régiment :

« Canonnier d'un dévouement et d'une conscience rares. Envoyé au
« front sur sa demande en mars 1915, a pris part avec sa batterie aux
« attaques des Eparges et aux offensives d'Artois. Employé comme
« agent de liaison par son commandant de batterie, a toujours fait preuve
« d'un zèle infatigable et du plus entier mépris du danger. Mort pour
« la France le 10 novembre 1915, des suites d'une maladie contractée
« au front après être demeuré à son poste jusqu'à l'extrême limite de
« ses forces. »

PÉPIN Jean, né en 1890. Parti comme maréchal des logis au 11ᵉ cuirassiers, fut ensuite promu sous-lieutenant dans l'armée coloniale et envoyé au Sénégal en 1916. De retour au front de la Somme, il fut promu lieutenant au 44ᵉ bataillon de tirailleurs sénégalais en 1917. Combattit devant St-Quentin et au Chemin-des-Dames, où il fut grièvement blessé. Retourné au front comme lieutenant au 28ᵉ bataillon de tirailleurs sénégalais, il prit part à la défense de Reims et fut tué au combat de la Neuvillette, le 31 mai 1918.

Ordre de l'armée :

« Excellent officier, commandant la 4ᵉ compagnie avec une grande
« autorité. Dans la nuit du 15 au 16 août 1917, le P. H. qu'il commande
« ayant été soumis à un violent bombardement de torpilles qui occa-
« sionne des pertes sérieuses à la compagnie, a, par une décision nette,
« arrêté aux fils de fer un coup de main ennemi. Déjà blessé. »

Nommé chevalier de la Légion d'honneur :

« Attaqué deux nuits de suite à deux reprises, chaque nuit a
« repoussé, avec la plus grande énergie, les assaillants qui n'ont pu
« atteindre les tranchées. Blessé, s'est fait soutenir par deux tirailleurs,
« ne cessant d'encourager ses hommes du geste et de la voix, faisant
« subir à l'ennemi de lourdes pertes et l'obligeant à s'enfuir.

Ordre du 1ᵉʳ corps d'armée coloniale :

« Tué glorieusement après avoir, pendant quatre journées de lutte
« opiniâtre, donné le plus bel exemple de courage et de ténacité. »

Extrait d'une lettre de l'aumônier :

« ...Ce fut une grande perte pour le bataillon, mais son sacrifice fut
« fécond, car il est de ceux qui ont montré le bon chemin. Nous nous
« sommes rudement battus dans le secteur PÉPIN, ainsi nommé en souvenir
« du chef éminent dont nous gardions la tombe. Mort, il était encore parmi
« nous, nous enseignant le devoir... »

Lettre du chef de bataillon :

« ...J'avais apprécié la droiture de son caractère, la noblesse et l'élé-
« vation de ses sentiments... Il a laissé chez tous ses camarades un sou-
« venir excellent et nous l'avons pleuré comme un ami très cher. »

PÉRINGUEY René, né le 24 octobre 1896, sergent au 69ᵉ régiment d'infanterie, tombé le 25 septembre 1915, à Beauséjour, au

moment où il sortait de la tranchée comme renfort aux troupes qui se battaient en première ligne.

« Excellent sous-officier, modèle de courage et d'énergie. Aux com- « bats de septembre 1915, chargé d'une mission périlleuse, a donné à « tous le plus bel exemple du mépris absolu de la mort. A été tué dans « l'accomplissement de sa mission. »

Extraits de son carnet de route :

« ...J'ai un peu honte de mes galons au milieu de ces poilus, héros « naïfs, âmes simples, chez lesquels l'idée du devoir est innée... Et tous « ces paysans, ces ouvriers, ils sont, pour la plupart, débrouillards et il ne « faut pas gratter longtemps pour découvrir qu'ils renferment des trésors « de dévouement et de délicatesse. Je suis très content de mes hommes et « je voudrais pouvoir leur faire plaisir. »

Lettre d'un capitaine :

« Il était brave tout naturellement, sans forfanterie, modeste, un homme « de devoir accompli. »

Lettre d'un camarade :

« Conscient de son devoir, il a toujours donné le bon exemple à ses hom- « mes ; méprisant le danger, il n'a jamais craint d'accepter les missions « périlleuses, et c'est le sourire aux lèvres qu'il les accomplissait... »

PETIT JEAN, architecte, sergent au 69e régiment d'infanterie, nommé sous-lieutenant, sur le champ de bataille, le 26 août 1914. Tué d'un éclat d'obus, le 7 septembre 1914, à Courbesseaux.

PICOT JAMES, mort le 15 juillet 1918.

Officier de la Légion d'honneur ; croix de guerre.

PIERSON ALEXANDRE-FRÉDÉRIC, né le 23 novembre 1892, de parents hollandais. Entré à l'Ecole Centrale, opte pour la nationa- lité française, part comme brigadier d'artillerie le 6 août, prend part à la bataille de Charleroi ; nommé sous-lieutenant en septembre 1914, passe dans l'aviation comme observateur en Argonne, à Verdun, dans la Somme, en Champagne, où il est tué le 9 avril 1917.

Cité le 11 mai 1916 :

« A exécuté plusieurs réglages et reconnaissances en avion, le 10 mai
« en particulier, sous le feu précis et très violent de l'artillerie
« ennemie. »

« Officier remarquable, ayant la conception la plus élevée du devoir.
« Observateur d'artillerie, depuis plus d'un an, a 205 heures de vol
« au-dessus de l'ennemi, compte à son actif quinze combats, dont trois
« particulièrement sévères. Le 23 août 1915, a attaqué et poursuivi un
« aviatik jusqu'à 16 mètres dans ses lignes. Le 27 août 1915 a lutté avec
« succès contre quatre avions ennemis. »

« Observateur d'une très grande valeur, toujours prêt à remplir les
« missions les plus hardies. A trouvé une mort glorieuse dans une chute
« d'avion, le 9 avril 1917 au moment où, dans une bourrasque, et
« malgré les avaries survenues à son appareil par suite d'éclats d'obus,
« il venait, sur le P. C. de sa division, rendre compte de sa mission par
« message lesté. »

Extrait d'une lettre du sous-lieutenant pilote :
« Vous pouviez être fier d'avoir un fils tel que lui... »

PIERSON André-Henri, né le 19 septembre 1894, de parents
hollandais, avait opté pour la France, sa patrie d'adoption. Parti
avec la classe 1914, au 131ᵉ régiment d'infanterie, il fut nommé
aspirant et passa au 46ᵉ d'infanterie. Il reçut le baptême du feu à
la première attaque de Vauquois, en Argonne ; lors de la seconde
attaque, il reçut à la tête un éclat d'obus mortel, le 28 février 1915.

Lettre du capitaine :
« ...C'est un de mes meilleurs, et il sait tout le cas que je fais de lui, —
« très droit et très loyal, il est très travailleur... »

Lettre du capitaine instructeur :
« ...Il était de ceux qui voient venir la mort sans sourciller, parce qu'il
« était sans reproche. »

PIERSON Georges-Louis, sergent, né le 21 juin 1896, décédé
des suites de maladie contractée au front le 2 décembre 1918.

PLESSIX-SCULFORT Roger, engagé volontaire à 18 ans, en

1915, et parti au front comme aspirant au 41ᵉ régiment d'artillerie, il prit part à la bataille de la Somme, où par sa brillante conduite il conquit les galons de sous-lieutenant. Passé en 1918 au 213ᵉ régiment d'artillerie, son entrain lui valut le poste de commandant de batterie. Tué à Béthancourt (Aisne), le 28 octobre 1918, d'un éclat d'obus à la tête.

« Arrivé depuis peu au front. A montré des qualités de sang-froid
« et de bravoure pendant les bombardements violents subis par la bat-
« terie les 23 et 24 août, et a contribué à maintenir le bon ordre dans sa
« section. »

« A fait preuve d'un dévouement exceptionnel et d'un remarquable
« esprit d'initiative au cours des attaques des mois d'avril, juillet et
« août 1917, dans l'organisation du service téléphonique du régiment,
« et a réussi à assurer par ses habiles dispositions un fonctionnement
« irréprochable de ce service, malgré les bombardements qui occasion-
« naient de fréquentes ruptures de lignes. »

« Chargé d'installer une pièce avancée en prévision d'une attaque
« de chars d'assaut ennemis, a rempli courageusement sa mission,
« après être tombé par une nuit noire dans un fossé plein d'eau, où il
« a failli se noyer. »

Ordre du corps d'armée :

« Jeune officier ayant toujours fait preuve des plus belles qualités
« militaires de conscience, de dévouement absolu, et d'inlassable
« énergie. Chargé à plusieurs reprises du commandement de sa bat-
« terie, a su, dans les plus violents bombardements, maintenir le calme
« parmi son personnel, par l'exemple de son courage et de son sang-
« froid. Blessé mortellement à la tête par éclat d'obus, le 28 octobre,
« en se rendant au poste de commandement de ce groupe, pour y pren-
« dre des ordres relatifs à une attaque. »

Nommé chevalier de la Légion d'honneur à titre posthume :

« Officier d'élite, sans cesse sur la brèche et possédant la confiance
« entière de ses chefs et de ses hommes. S'est affirmé comme un brave
« dans tous les combats auxquels il a pris part. A trouvé une mort
« glorieuse, le 28 octobre 1918, à Château-Porcien. »

Lettre du chef d'escadron :

« Il s'était fait remarquer par les plus belles qualités de chef et de
« camarade que l'on peut trouver chez un jeune officier : allant, énergie,

« dévouement, amour de ses hommes, courage parfois un peu téméraire
« s'alliaient à la plus parfaite aménité et lui avaient valu la considération
« de tous ses chefs et l'estime de ses hommes... »

POLACK Moïse, caporal au 150ᵉ d'infanterie. Tombé le
22 août 1914, en Meurthe-et-Moselle.

POUCIN, appelé au front dès les premiers mois de la guerre,
avait d'abord, comme capitaine de cavalerie, fait une brillante
campagne en Belgique, et dans le Nord de la France.

Ordre de la division :

« Remplit les fonctions de capitaine d'état-major, à la 63ᵉ brigade,
« avec un zèle et un dévouement au-dessus de tout éloge. Très crâne
« et très calme sous le feu en rase campagne, comme dans les tranchées
« de première ligne, où ses fonctions l'appellent souvent, plus particu-
« lièrement en Belgique et en Champagne, dans les reconnaissances. »

Promu commandant, il passa dans l'infanterie au 142ᵉ, fit le
siège de Verdun, fut nommé chevalier de la Légion d'honneur, puis
combattit dans les Flandres, où son régiment se couvrit de
gloire.

Ordre de l'armée :

« Sous le commandement du colonel Henry, tué à l'ennemi à la
« tête du 143ᵉ régiment, a vigoureusement combattu, en mai 1918,
« dans les Flandres, où malgré de puissants assauts de l'ennemi, il a
« su conserver le secteur qui lui avait été confié. Puis, en août et
« septembre, sur le canal de l'Ailette, a enlevé de haute lutte des posi-
« tions puissamment fortifiées. A continué ensuite sous la vigoureuse
« impulsion du lieutenant colonel Braquet, sa marche victorieuse, ser-
« rant l'ennemi de près, jusqu'à la Serre. »

Mort en service commandé, alors qu'il allait être promu
lieutenant-colonel.

PRÆGER Henri-Elias, entré à St-Cyr en 1889, capitaine au
354ᵉ d'infanterie, tué à Souain le 28 septembre 1915.

Ordre de l'armée :

« A commencé la campagne actuelle comme adjoint au chef de

« corps. Commande une compagnie depuis le mois de janvier 1915, et
« montre dans son commandement du zèle et de l'activité. A été
« blessé. »

Ordre de la division :

« A montré le plus grand courage en conduisant son unité à l'assaut
« jusqu'au moment où il a été mortellement blessé au cours du
« combat du 28 septembre 1915. »

Nommé chevalier de la Légion d'honneur en juillet 1915.

PRÉVOST-BROUILLET Charles-Jacques, caporal d'un régiment de la division de fer, nommé sergent après un combat au
Grand-Couronné de Nancy, proposé pour le grade d'adjudant pour
sa belle conduite, son courage à toute épreuve et son ascendant sur
ses hommes. Tombé comme sergent le 18 décembre 1914, à Carency,
à l'âge de 29 ans. Nature d'élite, âme généreuse, capitaine d'éclaireurs avant la guerre.

PRIVAT-DESCHANEL Jean-Paul, né à Paris, le 4 juillet
1895. Engagé au 13ᵉ d'artillerie, il passa ensuite au 45ᵉ. Il voulut
servir comme simple soldat, afin de partir plus vite. En juin 1915,
il fut envoyé en Argonne, dans un moment difficile. Pour donner
l'exemple, il demanda à aller avec l'infanterie dans les tranchées de
Bourreuilles (Meuse) où il fut bombardier-torpilleur. C'est là qu'il
fut tué d'un éclat d'obus le 29 juin 1915.

Il avait vingt ans moins cinq jours, et n'était au front que depuis
un peu plus d'une semaine.

PRUNIER Robert, né le 24 février 1890, caporal infirmier au
150ᵉ régiment d'infanterie. Tué d'une balle au front en portant
secours à un blessé dans le bois de la Gruerie, le 17 janvier 1915.

Ordre de l'armée :

« N'a pas cessé, dans tous les combats auxquels le régiment a pris
« part, de faire preuve d'un dévouement et d'une abnégation absolus.
« S'est en particulier distingué le 22 août où il n'a quitté le village de
« B..., déjà partiellement occupé par l'ennemi, qu'après le départ de
« son bataillon, et lorsqu'il eut pansé, sous un feu violent d'artillerie

« et d'infanterie, un grand nombre de blessés de plusieurs régiments.
« S'est encore fait remarquer le 25 septembre, au combat de la C...
« sur M..., où sa présence constante sur des points particulièrement
« exposés de la ligne de feu, a permis d'évacuer rapidement un grand
« nombre de blessés, et a contribué certainement à augmenter la valeur
« morale des combattants. »

Ordre de l'armée :

« Après avoir depuis les débuts de la campagne, donné des preuves
« d'un courage et d'un dévouement inlassables, est tombé mortellement
« frappé, en allant panser un blessé en un point particulièrement
« dangereux. »

Extrait du discours du médecin-chef :

« Celui qui s'en va, sans disparaitre, est mort victime de lui-même,
« victime du caractère d'élite que nous lui avons tous connu... Ce fut un
« courageux et un doux... Il aimait à consoler et à panser loin de la vue du
« chef... »

Lettre de l'aumônier :

« C'était un entraineur d'hommes, tenu par tous, chefs et camarades, en
« grande estime... »

Lettre du colonel :

« Il avait trouvé dans ses fonctions le moyen d'être utile à son prochain ;
« il l'était avec une conscience, une abnégation à toute épreuve... L'exem-
« ple de soldats tels que PRUNIER est là pour hausser les courages et
« exalter le sentiment du devoir... »

PUIG ROBERT, soldat au 72ᵉ régiment d'infanterie.

Médaille militaire :

« Soldat dévoué et très brave, mort au champ d'honneur le
« 27 novembre 1914, au bois de la Gruerie, en défendant vaillamment
« la tranchée. »

QUENTIN MAURICE, sergent au 80ᵉ d'infanterie. Blessé mortellement dans une attaque, le 30 septembre 1915, au nord de
Massiges.

Cité :

« ...pour son entrain et sa belle conduite à la tête de sa section... »

QUÉRET Marcel, externe des hôpitaux, médecin-auxiliaire au 328ᵉ de ligne, 5ᵉ bataillon.

« Atteint d'un éclat d'obus, le 16 décembre, en pansant un blessé,
« n'a pas voulu être évacué et a continué son service jusqu'à la relève
« du bataillon. A toujours montré le plus grand dévouement et rendu
« de grands services par son habileté professionnelle. »

Passé au 11ᵉ bataillon de chasseurs alpins.

Médaille militaire :

« Jeune médecin auxiliaire d'une compétence technique et d'un
« dévouement remarquables ; blessé le 19 juillet 1916, pendant les
« préparatifs d'une attaque, a continué à assurer son service pendant
« l'action et n'a consenti à être évacué qu'au moment où le bataillon
« allait être relevé. Déjà trois fois blessé, et trois fois cité à l'ordre. »

A obtenu en tout cinq citations.

Décédé le 23 mai 1919, à l'âge de 25 ans.

RAOUL-DUVAL Roger, affecté au service de la formation et de l'éducation des jeunes classes. Mort au corps le 16 janvier 1917.

RATISBONNE Jacques, né le 10 juillet 1899, engagé volontaire à 17 ans et 3 mois (octobre 1916), blessé le 18 avril 1917, décédé le 24 à l'hôpital de Prouilly (Marne).

Ordre du régiment :

« Jeune et brave soldat, d'une conduite exemplaire. Comme fonc-
« tionnaire caporal, a toujours été volontaire pour les missions péril-
« leuses, s'est très bien comporté pendant l'attaque du 16 avril 1917.
« A été blessé grièvement le 18 avril pendant l'accomplissement d'une
« mission qui lui avait été confiée ; mort des suites de ses blessures. »

Un de ses chefs dit de lui :

« Pour un jeune homme de son âge, c'est superbe la façon dont il s'est
« conduit à l'attaque. Sitôt cette attaque déclenchée, lorsque les premières
« vagues partirent (sa compagnie n'en faisait pas partie), n'écoutant que
« son courage, il partit avec elles, fit l'attaque avec elles, et le soir il ren-
« tra à sa compagnie où il surprit bien ses camarades qui, ne l'ayant pas
« vu depuis le matin, le croyaient tué ou blessé. »

Il écrivait lui-même au moment de passer en première ligne :

« Je suis à la veille de sauter le parapet ; cela ne se fait pas sans risquer
« d'y rester. Surtout ne soyez pas plus malheureux que je ne le serai
« moi-même, car vous savez très bien, pour me l'avoir entendu dire souvent,
« que c'est la seule mort que je désirerais avoir. En tout cas, je serai
« content en mourant de savoir que j'aurai pu contribuer à la délivrance
« de notre chère patrie. Vive la France ! »

A obtenu la médaille militaire à titre posthume, comme soldat au
46ᵉ d'infanterie.

REGELSPERGER Jules, lieutenant. Blessé d'un éclat d'obus à
la tête, dans les tranchées, près de Notre-Dame-de-Lorette, le
2 avril 1915. Mort des suites de ses blessures.

REITLINGER Guido-Jacques, élève de l'Ecole Polytechnique.
Le 1ᵉʳ août 1914, il était sous-lieutenant au 6ᵉ génie. Le 6 mai
1915, il était nommé lieutenant et, le 12 janvier 1917, capitaine.

Cité le 30 avril 1917 :

« S'est porté résolument, à la tête de sa section, à l'assaut d'une
« tranchée ennemie, y a pénétré un des premiers, et s'est dépensé sans
« compter pendant 48 heures pour organiser la position conquise, don-
« nant à tous l'exemple du courage et de l'énergie. A plusieurs
« reprises, il protégea les travailleurs en tirant à l'aide de fusils alle-
« mands abandonnés sur des ennemis qui approchaient par des boyaux
« de la tranchée conquise et en tuant plusieurs. »

« Le 25 octobre 1917, un détachement de sa compagnie n'étant pas
« rentré, s'est porté de sa personne, traversant un tir de barrage très
« dense, sur les lieux pour ramener le détachement au cantonnement.
« A été tué le 7 novembre 1917, au cours d'une reconnaissance effec-
« tuée en première ligne. »

Chevalier de la Légion d'honneur à titre posthume.

Extrait d'une lettre de l'aumônier militaire :

« Le courage du capitaine Reitlinger n'a jamais eu aucune mesure :
« avec un calme très fier et une décision rapide, il a fait l'admiration de
« tous ceux qui l'ont vu à l'œuvre. C'est debout qu'il a été frappé et qu'il
« est mort, face à l'ennemi, dans le plus conscient accomplissement de son
« devoir. Sa réputation n'était plus à faire ; dans sa mort il a résumé
« toute sa carrière. »

Lettre du commandant :

« Il est mort en brave, victime de son courage et de son amour du
« devoir ; ses soldats l'ont pleuré et ils ont ramené son corps au péril de
« leur vie, en dépit du bombardement, ne voulant pas abandonner le corps
« du chef qui tant de fois avait forcé leur admiration. »

RÉMON Pierre-Bernard, né le 6 juillet 1898, engagé volontaire, maréchal des logis, au 226ᵉ régiment d'artillerie de campagne.
Tué à son poste de combat devant Verdun, le 2 septembre 1917, à
l'âge de 19 ans.

Ordre de l'armée :

« Jeune sous-officier, engagé volontaire de la classe 1918. Très
« brave, s'est déjà distingué le 18 août 1917, par son attitude superbe
« au cours d'un violent bombardement subi par sa batterie. A été tué le
« 2 septembre 1917, alors qu'il se portait à l'aide de son commandant
« de batterie, grièvement atteint. »

RÉMY Jacques-Marie-Frédéric, d'origine belge, engagé à 17
ans, volontaire au 11ᵉ régiment d'artillerie de campagne, mort pour la
patrie le 31 mai 1919, après une longue maladie.

Croix de guerre, avec lion d'argent et Médaille de la Victoire.

RENARD Soulange-Georges-Antoine, né en 1891, maréchal
des logis au 12ᵉ cuirassiers, il remplissait les fonctions d'agent de
liaison ; au retour d'une mission pour laquelle il s'était offert volontairement, il fut pris dans une embuscade et tomba sous une vive
fusillade, près de Savonnières-Woëvre (Meuse), le 22 septembre 1914.

RÉVIL Charles, adjudant.

RÉVIL Max, caporal.

REYSS Louis, soldat de 1ʳᵉ classe au 69ᵉ d'infanterie. Tué dans
la nuit du 13 au 14 mai 1915, à Neuville-St-Vaast, âgé de 31 ans.

RHEIMS Lucien, lieutenant commandant la 19ᵉ compagnie du 208ᵉ régiment d'infanterie ; frappé d'une balle à la tête en entraînant ses hommes à l'attaque du bois de Chaulnes, le 10 octobre 1916.

Quatre citations, dont une à l'ordre de l'armée et trois à l'ordre de de la division.

Esprit des plus distingués, d'une culture très étendue, Lucien Rheims était aussi un camarade charmant, et aimé de tous ceux qui l'ont connu.

ROBERT André, né le 20 novembre 1882, docteur en droit, sergent au 152ᵉ d'infanterie, tombé au champ d'honneur en se portant à l'attaque d'une tranchée, le 11 décembre 1914, au combat de St-Julien, près d'Ypres.

ROCHAT Maurice.

DE RODOREL DE SEILHAC Louis-Edouard-Marie, né le 8 octobre 1894, enseigne de vaisseau, passé sur sa demande aux fusiliers marins, en octobre 1914, disparu à Dixmude, le 10 novembre 1914.

Décoré de la croix de guerre et chevalier de la Légion d'honneur.

ROGER Jean, médecin-auxiliaire, au 54ᵉ régiment d'infanterie, tombé le 21 juin 1916, devant Verdun, dans sa vingt et unième année.

Ordre de la division :

« Modèle de vaillance et de courage, a fait preuve, en toutes circons-
« tances, d'un superbe dévouement, en particulier le 21 juin, dans un
« bombardement des plus violents, il s'est dépensé sans compter pour
« soigner les blessés. A été mortellement atteint dans l'accomplisse-
« ment de son devoir. »

Intelligence d'élite, nature exquise, Roger fut pour tous un exemple de bravoure et de courage.

Son capitaine lui rend justice en ces termes :
« J'ai eu le privilège de voir, d'admirer l'inlassable dévouement, le

« courage intrépide et le sang-froid remarquable du docteur Roger. Je le
« félicitais de vive voix à deux reprises et je me disposais à le faire pro-
« poser pour une belle citation lors de la future relève. En mon âme et
« conscience, le docteur Roger a été un modèle de courageux dévouement
« et de vaillance. »

DE ROMEU Albert, né en 1875, professeur à l'Ecole Centrale,
chef du Laboratoire Minéralogique Colonial au Muséum, lauréat
de l'Académie des Sciences, lieutenant de réserve au 5ᵉ régiment
d'artillerie lourde. Tué héroïquement à son poste de combat, à Bucy-
le-Long, le 12 janvier 1915.

Cité à l'ordre de l'armée.

Dernières paroles à ses hommes au moment de sa mort :
« Il n'y a pas à s'occuper du danger ; chacun dans le poste qui lui est
« attribué doit faire son devoir et ne penser qu'à le faire jusqu'au bout. »

ROSENBERG André, canonnier au 90ᵉ régiment d'artillerie
lourde. Blessé à Suippes en août 1915, et au Mort-Homme en avril
1916. Mort des suites d'une maladie contractée au service, le 22
novembre 1918, à l'âge de 27 ans, à Pont-Sainte-Maxence.

Décoré de la croix de guerre et de la médaille de la campagne d'Italie.

ROSENBERG Sylvain, sergent au 251ᵉ régiment d'infanterie.
Après la campagne de Belgique, il fut blessé au cours de la bataille
de la Marne, le 7 septembre 1914, d'un éclat d'obus à la jambe ; il
fut de nouveau blessé dans le bois de la Gruerie, le 8 décembre
1914, d'un éclat d'obus à la poitrine, Il tomba mortellement atteint
le 15 mars 1916, à la ferme Navarin.

« En campagne depuis le début de la guerre, avec le 51ᵉ régiment
« d'infanterie. Blessé une première fois au cours de la bataille de la
« Marne, le 7 septembre 1914, une deuxième fois en Argonne, le
« 8 décembre 1914. Affecté au 251ᵉ d'infanterie, y a fait preuve d'un
« courage et d'un sang-froid admirables, en particulier le 15 mars 1916,
« au cours d'un violent bombardement, pendant lequel il fut mortel-
« lement blessé, en sortant d'un abri pour observer la tranchée
« ennemie. »

ROSENFELD André, né le 8 avril 1890, sous-lieutenant de réserve au 154ᵉ d'infanterie. Tué le 22 août 1914, près de Longuyon.

Nommé chevalier de la Légion d'honneur à titre posthume :
« A été blessé à l'attaque du 22 août 1914, devant Fillières, avec un
« superbe mépris du danger. A été frappé mortellement au moment
« où, malgré des pertes sérieuses, il avait amené sa section au contact
« immédiat de l'ennemi. A été cité. »

ROSENFELD Pierre, né le 17 mai 1893, caporal d'infanterie. Blessé d'une balle au poignet près de Longuyon, le 22 août 1914. Reparti au front, sergent à la 28ᵉ compagnie du 246ᵉ régiment d'infanterie.

Ordre du régiment :
« Sous-officier très brave et très courageux, tué en se découvrant
« pour soutenir par le feu de sa demi-section, une attaque menée par
« un régiment voisin. »

Tombé au champ d'honneur le 28 septembre 1915.

ROUSTAN Georges-Marius, né le 14 mars 1895, aspirant au 4ᵉ régiment d'infanterie (12ᵉ compagnie), disparu à l'attaque allemande du 13 juillet 1915, à la cote 263, en Argonne.

ROY Louis, diplômé de l'Ecole de Chimie, licencié ès sciences. Parti comme simple soldat, le 2 août 1914, a été tué le 28 octobre 1914, dans un combat à la baïonnette, à la Ferme du Luxembourg, âgé de 37 ans.

SAINT-YVES-MÉNARD Pierre, né en 1890, interne des hôpitaux de Paris, médecin-auxiliaire au 106ᵉ d'infanterie. Tué d'un éclat d'obus, aux Eparges, le 21 mars 1915.

SALEL DE CHASTANET Georges, maréchal des logis au 32ᵉ régiment d'artillerie, tué à Gleunes (Aisne), le 22 juin 1917.

Médaille militaire.

SALUDES Robert, caporal au 1er régiment d'infanterie, tué à la bataille de l'Yser, le 3 août 1917.

SARCEY Raoul-Henry, mort à l'âge de 22 ans.

« Caporal brave et énergique ; aux attaques de mai 1915, s'est sponta-
« nément offert pour porter, sous un feu violent d'artillerie, des car-
« touches à des éléments de sa compagnie placés en avant de la tran-
« chée. Est glorieusement tombé à l'assaut du 24 juin 1915. »

SARLIN Paul, parti comme caporal au 364e d'infanterie, nommé sous-lieutenant au 128e régiment d'infanterie, frappé mortellement le 4 septembre 1916, en entraînant ses hommes à l'assaut de
la tranchée, près de Belloy-en-Santerre (Somme).

Ordre de l'armée :

« Officier d'une très grande valeur, tombé glorieusement à la tête de
« la section en se portant à l'assaut d'une tranchée ennemie. »

Nommé chevalier de la Légion d'honneur à titre posthume.

SAUVAT André, soldat au 77e d'artillerie lourde. Versé
d'abord dans l'auxiliaire, s'était fait affecter, sur ses instances, au
service armé, et avait rempli pendant les grandes offensives le poste
d'infirmier d'échelon de secours. Mort le 31 janvier 1919, des suites
d'une commotion dont il avait été atteint sur le front de Champagne.

SCHOMMER Jacques, classe 1915, soldat au 401e régiment
d'infanterie, puis caporal mitrailleur, aspirant, enfin sous-lieutenant
au 170e régiment, tué le 1er novembre 1918, par un obus qui lui
fracasse la tête au moment où il entraîne ses hommes à l'assaut des
positions ennemies.

Ordre de la brigade :

« Excellent chef de section, modèle de courage et de sang-froid ;
« sous les plus violents tirs d'artillerie et dans des circonstances maté-
« rielles très difficiles du 18 au 20 octobre 1917, a su maintenir un
« excellent moral à sa troupe, mener à bien l'exécution des parallèles
« de départ et en assurer la garde intégrale. »

Ordre de la division :

« Jeune officier plein d'allant qui s'est déjà fait remarquer au cours
« de plusieurs combats ; le 20 juillet 1918, a brillamment entraîné sa
« section à l'assaut des positions ennemies, sous un feu extrêmement
« violent de mitrailleuses. »

Ordre du corps d'armée :

« Le 1er novembre 1918, est tombé glorieusement en enlevant sa sec-
« tion qui franchissait difficilement un barrage intense d'artillerie ;
« dédaignant les obus, a entraîné son unité afin de porter appui aux
« éléments de première ligne. »

DE SÉGOGNE Jean, né le 24 juin 1896, engagé le 21 août 1914,
à l'âge de 18 ans, dans la cavalerie, a fait les campagnes de l'Yser
et de Champagne. Passé sur sa demande au 4e régiment de zouaves,
où il est nommé sergent ; tué le 5 octobre 1916, à Vieux-Chapitre.

Ordre de la division :

« Passé, sur sa demande, de la cavalerie aux zouaves, sous-officier
« remarquable au feu. A été tué le 5 octobre 1916, au cours
« d'une attaque, au moment où, par son exemple et son mépris du
« danger, il exaltait le moral de ses hommes, et repoussait brillam-
« ment l'attaque ennemie. »

SEIDLER Charles, né le 27 mai 1893, engagé au 32e régiment
d'artillerie, nommé brigadier en 1914, prit part à la campagne de
Lorraine. Evacué pour maladie, demande à repartir et combat au
Bois-Sabot et à Beauséjour. Nommé maréchal des logis le 1er mai
1915, fait la Woëvre et la Champagne, puis Verdun, Roye et le
sud de la Somme.

« Excellent sous-officier, remplit à sa batterie les fonctions de chef de
« section. A toujours assuré remarquablement son service malgré les
« bombardements ennemis, donnant à tous l'exemple d'un grand
« courage. »

En août 1916, revient au nord de la Somme. Blessé le 31 décembre
1916 et mort des suites de ses blessures.

Lettre d'un sous-lieutenant :

« Son bon cœur, sa bonne humeur, son esprit, la haute conception qu'il
« avait de son devoir faisaient qu'il était aimé de tous et que, souvent,
« je l'admirais. »

SENNET ROBERT, téléphoniste au 67ᵉ d'infanterie, tué près de
Grivesnes, le 31 mars 1918.

« Téléphoniste brave et courageux, tué à son poste de combat. »

SERVOIS EDGARD, né le 25 février 1891, maréchal des logis
au début de la campagne. Passé par Fontainebleau, sous-lieutenant
au 37ᵉ régiment d'artillerie, tombé le 6 octobre 1916, faisant fonctions d'agent de liaison, à Bouchavesnes, et mort des suites de ses
blessures le 7 octobre.

Ordre de la division :

« Commandant un canon de 80 millimètres de montagne, au combat
« du 20 janvier 1915, sa pièce ayant été mise hors de service par une
« mitrailleuse ennemie, a installé sur l'emplacement, avec courage et
« habileté, un canon de 37 millimètres qu'il a su employer à diverses
« reprises. »

Ordre de l'armée :

« Jeune officier plein de courage et d'allant, à peine arrivé au corps,
« a donné la mesure de sa valeur en faisant une reconnaissance en
« première ligne pour rapporter à son chef de groupe le détail des
« positions avancées. Grièvement blessé au cours de cette mission, est
« mort des suites de ses blessures. »

Nommé chevalier de la Légion d'honneur à titre posthume.

Extrait de sa dernière lettre :

« C'est terrible, mais c'est si beau de voir ainsi tous, dans cet
« effroyable enfer, faire leur devoir comme de véritables héros, c'est
« au-dessus de tout. »

Lettre du chef d'escadron :

« ...C'était un vrai soldat aimant la vie militaire, et dont la guerre avait
« mis en relief toutes les qualités. »

SEYRIG JEAN-ROGER, engagé dans la légion étrangère, caporal
au 1ᵉʳ régiment étranger, tué devant Serrain, le 25 septembre 1915.

SIBEN Pierre, né le 24 août 1897, sous-lieutenant au 320ᵉ régiment d'infanterie. Mort au champ d'honneur devant Verdun, à l'âge de 20 ans.

Nommé chevalier de la Légion d'honneur à titre posthume :

« Jeune officier mitrailleur d'une téméraire bravoure. Entouré par « un ennemi dix fois supérieur, et servant lui-même sa dernière pièce, « est tombé le 14 septembre 1917, frappé par une grenade, en criant : « Vive la France », après avoir épuisé toutes les munitions. A provo-« qué l'admiration de tous. A été cité. »

SILHOL Jacques, avocat à la Cour d'appel de Paris, ancien secrétaire de la Conférence des Avocats. Tombé le 14 février 1915.

Ordre de l'armée :

« Se portant à la tête de sa compagnie pour renforcer la ligne de « feu, a été frappé mortellement par un obus et a dit qu'il « ne regret-« tait rien, puisqu'il mourait pour son pays. »

Nommé chevalier de la Légion d'honneur à titre posthume.

SIMYAN Alfred-Julien, lieutenant au 157ᵉ régiment d'infanterie.

Nommé chevalier de la Légion d'honneur à titre posthume :

« Glorieusement tombé à la tête de sa section, le 28 août 1914, au « combat de Ménil-sous-Belvitte. »

SOLACROUP Emile, ancien élève de l'Ecole Centrale, capitaine au 69ᵉ bataillon de chasseurs à pied, tué le 27 septembre 1915, non loin de la Ferme de Navarin (Marne), en conduisant à l'attaque des tranchées la 10ᵉ compagnie du 69ᵉ bataillon de chasseurs.

Nommé chevalier de la Légion d'honneur à titre posthume :

« Officier de rare valeur, a lancé sa compagnie à l'attaque au cri de : « En avant, les chasseurs. » Est tombé mortellement atteint sur les « réseaux de fils de fer ennemis le 27 septembre 1915. A été cité. »

SOULIER Albert, caporal au 57ᵉ régiment d'infanterie, décédé le 19 février 1919, à l'âge de 21 ans ; avait été intoxiqué par les gaz.

Ordre du régiment :

« Excellent gradé, engagé volontaire pour la durée de la guerre. S'est
« montré en toutes circonstances d'un allant et d'un courage remar-
« quables. S'est particulièrement distingué dans l'exécution de patrouil-
« les en avant de nos lignes, au cours desquelles il a donné les plus
« belles preuves d'énergie et de sang-froid. »

Extrait du discours de l'aumônier :

« Quel beau soldat il était ! Je le vois encore à la tête de la section
« qu'il commandait, jetant ses ordres d'une voix claire, précise, sachant
« se faire obéir par des hommes beaucoup plus âgés que lui. »

SOUTHGATE Hughes-Mac-Lellan, naturalisé, engagé volontaire au 1er colonial, tué à 20 ans, le 28 octobre 1914, à la Harazée.

Ordre du régiment :

« Jeune soldat, engagé volontaire, s'est fait tuer bravement en mon-
« tant un des premiers à l'assaut d'une tranchée allemande. »

STEENMAN Robert, d'abord lieutenant au 41° d'artillerie,
puis capitaine au 215° d'artillerie de campagne. Mort au champ
d'honneur, le 20 juillet 1918, à l'âge de 29 ans.

Ordre de l'artillerie de la division (24 octobre 1914) :

« Lieutenant de tir, a fait preuve depuis le début de la campagne,
« et en particulier aux combats des 9 et 12 octobre, d'un courage
« tranquille sous le feu et d'un dévoûment complet à ses devoirs. A
« donné à tous l'exemple de la maîtrise de soi et de la simplicité dans
« l'accomplissement de son devoir. »

Ordre de la division (11 novembre 1916) :

« Observateur d'artillerie dans un poste particulièrement exposé, a
« montré le plus grand sang-froid et le plus complet mépris du danger
« en s'y maintenant malgré le bombardement continuel et très précis de
« l'ennemi. »

Ordre de la division (17 août 1917) :

« Commandant de batterie accompli, payant largement de sa per-
« sonne en toutes circonstances. A donné le 31 juillet 1917 de nou-

« velles preuves d'entrain et de bravoure, en se rendant, pour mieux
« observer le tir de sa batterie, sur une ligne dépourvue d'abris et
« spécialement bombardée, contribuant ainsi, en outre, à éclairer et
« renseigner efficacement le commandement. »

Ordre de l'armée (20 septembre 1918) :

« Officier de valeur, énergique et brave ; le 3 juin, le groupe ayant
« été attaqué par l'infanterie, à moins de 200 mètres, a, en faisant
« continuer le feu de ses pièces, contribué à refouler l'adversaire. Cinq
« caissons étant restés sur la position, s'en est approché et les a incen-
« diés sous le feu des mitrailleuses ennemies, qui empêchaient d'amener
« les avant-trains. »

Nommé chevalier de la Légion d'honneur (20 septembre 1920) :

« Officier d'une grande valeur, qui n'a cessé depuis le début de la
« campagne de faire preuve du plus brillant courage et du plus entier
« dévouement. A été grièvement blessé à son poste au cours des der-
« nières opérations ; quatre citations. »

STERNBERG Jean, incorporé en décembre 1914, au 31ᵉ régiment d'infanterie, puis au 146ᵉ, prend part à l'affaire de Neuville-
St-Vaast, blessé le 25 septembre 1915 à Beauséjour, puis à Douaumont le 1ᵉʳ février 1916. A peine guéri, demande à repartir, attaché comme radio-télégraphiste au 8ᵉ génie. Mort en Lorraine, à
l'âge de 22 ans.

STRAUSS Marcel, caporal au 54ᵉ régiment d'infanterie. Blessé
et fait prisonnier, le 31 août 1914, a succombé à ses blessures dans
un hôpital allemand, à Montmédy, le 21 septembre 1914.

STRUBE Emile-Pierre, sous-lieutenant au 201ᵉ régiment
d'infanterie.

Nommé chevalier de la Légion d'honneur à titre posthume :

« Jeune officier d'un sang-froid remarquable et d'un courage au-des-
« sus de tout éloge. S'est souvent fait remarquer au secteur en exécu-
« tant des patrouilles délicates et en rapportant des renseignements
« importants. A été tué à la tête de sa section qu'il menait à une
« contre-attaque. A été cité. »

STUART Robert, sergent au 28ᵉ régiment d'infanterie, mort au champ d'honneur, à Guise, le 28 août 1914.

TIXIER Maurice, ingénieur-brasseur à l'Ecole nationale de Nancy, sergent au 332ᵉ régiment d'infanterie. Mort au champ d'honneur devant Verdun le 30 avril 1916, à l'âge de 27 ans.

TRÉLAT Robert, né en 1893, licencié en droit, ancien élève de l'Ecole des Sciences politiques, brigadier au 12ᵉ cuirassiers. Blessé mortellement le 11 octobre 1914, à Richebourg-l'Avoué, près de Béthune.

Ordre du régiment :

« A montré beaucoup de sang-froid au combat de Richebourg-
« l'Avoué, en tenant, avec quelques cavaliers, une lisière de village
« devant un ennemi très rapproché. Frappé d'une balle au cœur en
« dirigeant le feu de son escouade. »

TROTTIER André, caporal au 329ᵉ régiment d'infanterie, mort à l'âge de 20 ans, le 15 juillet 1917, au Chemin-des-Dames.

« Excellent gradé, a trouvé une mort glorieuse en maintenant ses
« hommes dans une tranchée soumise à un bombardement violent d'obus
« de gros calibres. »

TROUETTE Jean, part dès le début comme aide-major dans une ambulance divisionnaire du 3ᵉ corps, l'ambulance 6/3 avec laquelle il fit Charleroi, la retraite, Reims, la Marne, Arras. Passé en 1916 à l'ambulance 234, il se trouvait à Verdun à l'H. O. E. 6 au moment le plus critique. Puis en août 1917, il fut envoyé au 34ᵉ R. I. T. avec lequel il fit St-Mihiel, la Champagne, etc. A l'armistice il était médecin-major de 2ᵉ classe, décoré de la croix de guerre, proposé pour la Légion d'honneur ; il fut terrassé le 12 mars 1919 par la grippe dont il venait de soigner de nombreux cas avec son dévouement habituel.

ULMO André, né le 9 janvier 1898. Engagé volontaire pour la

durée de la guerre, le 5 septembre 1916, au 30ᵉ régiment d'artillerie de campagne, nommé brigadier au 230ᵉ. Elève aspirant à Fontainebleau. Décédé des suites de maladie contractée au front, le 22 août 1919.

URGUET DE SAINT-OUEN Louis, né en 1888. Mobilisé comme sergent, prit part à la retraite de Belgique jusqu'à la Marne, à Pargny-sur-Saux, où, le 8 septembre 1914, au combat de Maurupt, il fut mortellement atteint, en portant secours à son capitaine blessé.

Urguet de Saint-Ouen avait été ordonné prêtre en juillet 1914 ; il écrivait dans son journal intime :

« Je pars demain et demain que sera-t-il ? Je fais le sacrifice, entier,
« complet de ma vie... Je l'offre volontiers pour ma Patrie, pour mon
« Dieu... »

VARIOT Gaston, médecin-auxiliaire (2ᵉ classe), de la marine, a succombé victime du devoir à l'hôpital maritime de Brest, emporté par la grippe infectieuse qu'il avait contractée au chevet des victimes de l'épidémie, après avoir passé 18 mois au front et fait une année de campagne sur le « *Waldeck-Rousseau* ».

Extrait du discours du médecin inspecteur :

« C'était un garçon de belle intelligence, de distinction parfaite, et
« d'esprit haut placé. Il était venu à nous dans l'enthousiasme d'une voca-
« tion ardente, et nous aimait d'une affection profonde, égale à la
« nôtre. »

VARIOT Henri, né le 14 novembre 1897, engagé dans l'aviation le 15 juillet 1915. Après Verdun, passe dans la Somme comme caporal à l'escadrille F. 72.

Ordre du corps d'armée :

« S'est révélé dès son arrivée à l'escadrille comme un pilote de pre-
« mier ordre, tant par sa hardiesse que par son audace et son sang-
« froid. Le 9 août 1916, a volé à 350 mètres pour assurer la liaison
« avec l'infanterie, malgré le feu des mitrailleuses ennemies ; a eu son
« moteur gravement atteint, a pu, grâce à son calme et à son énergie,
« atterrir à proximité des batteries françaises. »

Ordre de l'armée :

« Pilote d'une conscience élevée, a toujours accompli ses missions en
« homme de devoir. Le 13 juillet 1917, au cours de l'une d'elles, a
« abattu un avion ennemi dans ses lignes. »

Ordre de l'armée :

« Adjudant à l'escadrille N. 94. Pilote d'une froide bravoure, pos-
« sédant à un haut degré la notion du devoir, toujours égal à lui-même
« dans les différentes missions qui lui ont été confiées ; a attaqué, le
« 1ᵉʳ novembre 1917, deux avions ennemis, croisant dans leurs lignes,
« et a abattu l'un d'eux en flammes. »

Proposé pour le grade de sous-lieutenant et mort au champ
d'honneur au cours d'un combat aérien, le 19 février 1918, à l'est
de Tahure.

Ordre de l'armée :

« Adjudant d'aéronautique, pilote d'une conscience élevée et d'une
« bravoure à toute épreuve ; chasseur remarquable, déjà cité 3 fois ;
« le 19 janvier 1918, seul contre six avions ennemis, a soutenu un
« combat dans les lignes ennemies, et n'a succombé qu'après une lutte
« acharnée. »

VAUDOYER Michel, né le 29 août 1885, caporal-fourrier au
224ᵉ d'infanterie. Tué à Villiers-sur-Marne, le 6 septembre 1914, en
allant porter un ordre.

Ordre du régiment :

« Excellent gradé, très brave au feu, a été tué le 6 septembre 1914,
« au combat de Montceau-lès-Provins, en assurant, sous une canonnade
« intense, son service de liaison du chef de bataillon. »

Lettre du commandant :

« ...C'était un garçon parfaitement bien élevé, très froid, très calme et
« très courageux... »

VAVASSEUR Paul-Jean, sous-lieutenant, au 262ᵉ d'artillerie
de campagne, tombé au champ d'honneur le 17 octobre 1918, à
l'âge de 20 ans.

Nommé chevalier de la Légion d'honneur.

« Jeune officier qui a fait l'admiration de ses chefs pendant 15 jours

« de bataille consécutifs ; s'est distingué en particulier le 16 octobre
« 1918, par l'audace et l'initiative dont il a fait preuve dans l'exécution
« d'une mission d'accompagnement de l'infanterie. A été très griève-
« ment blessé au cours de l'opération. »

VERDIÉ JEAN, aviateur, mort en Suisse des suites d'une maladie contractée aux armées.

VERLET PAUL.

Médaille militaire.

Mort des suites d'une maladie contractée au front.

VINARD JEAN, né le 15 juillet 1893, parti simple soldat le 10
août 1914, sergent en février 1915. Se bat en Belgique (Zonnebecke,
Ypres), en février et mars 1915, devant Arras, en avril 1915 ;
prend part aux attaques de Neuville-St-Vaast, en mai 1915. Nommé sous-lieutenant au 156e d'infanterie le 15 juin 1915, se bat en
août dans la forêt de Parroy, puis prend part à la grande offensive
du 25 septembre en Champagne, où il est tué le 29 septembre 1915.
à l'âge de 22 ans.

Ordre du régiment :

« Très courageux, a entraîné sa demi-section à l'attaque des tran-
« chées ennemies, avec le plus bel élan. »

Ordre de l'armée :

« Officier très énergique, des plus consciencieux et des plus dévoués.
« Blessé légèrement à la main, le 25 septembre, par obus dont l'explo-
« sion lui causa une violente commotion, n'a passé que 24 heures à
« l'ambulance, et s'est empressé de rejoindre son unité en première
« ligne, où il a été tué le 29. »

Nommé chevalier de la Légion d'honneur à titre posthume.

Extrait d'une de ses lettres :

« Pour nous, soldats, l'idéal est là devant nos yeux : d'une manière
« absolue et désintéressée, donner joyeusement sa vie pour les autres,
« quel plus bel idéal peut-on rêver ! Si donc nous mourons la joie dans

« les yeux, c'est que nous aurons vécu. Qu'importe l'âge, le temps n'est
« rien dans l'Eternité. »

Lettre d'un sous-lieutenant :

« ...Je le sens encore autour de nous ; les exemples qu'il a donnés ne
« sont point perdus et feront qu'il agira toujours autour de nous... »

Lettre de l'aumônier :

« ...Partout où on le rencontrait, il y avait dans son serrement de main
« une si franche étreinte, dans son clair regard une telle lueur et une telle
« droiture, qu'on sentait aussitôt la noblesse de cette âme d'élite, et qu'on
« s'y attachait. »

VOUILLON François, né le 13 juillet 1895, médecin-auxiliaire,
parti au front sur sa demande, envoyé au fort de Froideterre
(Meuse).

Ordre du 2e corps d'armée :

« Médecin auxiliaire dans un ouvrage de première ligne, n'a cessé,
« malgré un état de santé devenu très précaire, de donner des soins
« dévoués aux blessés et, son état empirant, a refusé de se faire éva-
« cuer. N'y a consenti qu'après une émission de gaz suffocants qui l'a
« rendu incapable de continuer son service. Est mort peu de temps
« après. »

Mort pour la France le 28 juillet 1916.

VUITTON Pierre, né en 1889, mobilisé au 19e escadron du
train des équipages, passé sur sa demande, au 102e d'infanterie,
nommé caporal, puis sergent, blessé au coup de main de Tahure, le
12 juillet 1916. Nommé sous-lieutenant et affecté au 101e d'infanterie le 31 mai 1917, et blessé mortellement au Mont-Haut le
28 septembre 1917.

Ordre de la division :

« Excellent sergent, courageux et décidé. Chef d'un groupe dans une
« petite opération de nuit, le 12 juillet 1916, a dirigé avec entrain et
« sang-froid sur l'objectif indiqué tout son personnel parfaitement
« orienté. A été blessé. »

Nommé chevalier de la Légion d'honneur :

« Sous-lieutenant au 101e régiment d'infanterie. Officier remarquable

« par sa conception élevée du devoir, son entrain inaltérable et sa
« grande bravoure. Venu d'un service de l'arrière dans l'infanterie, sur
« sa demande expresse ; a toujours donné à ses hommes l'exemple des
« plus belles qualités militaires. A été blessé grièvement, le 28 septem-
« bre 1917, au contact immédiat de l'ennemi. Une blessure antérieure.
« Déjà cité à l'ordre. »

Lettre du colonel :

« ...Pierre VUITTON était un brave entre les braves. Le régiment l'a
« pleuré entre tous ses glorieux morts, car nul n'y fut jamais plus crâne
« au feu, plus souriant devant la mort, plus joyeux devant le danger, plus
« ardent à l'assaut. Ses chefs le regardaient faire avec orgueil, ses
« soldats le suivaient avec amour et confiance... »

WALLON ALBERT, externe en médecine des hôpitaux de Paris,
engagé volontaire, médecin-auxiliaire au 2ᵉ bataillon de tirailleurs
marocains. Tué par un obus le 14 mars 1915, à l'affaire du
Bois-Jaune-Brûlé (nord de Mesnil-les-Hurlus), en soignant des
blessés dans la tranchée.

Ordre de la brigade :

« A trouvé la mort en prodiguant avec abnégation ses soins aux
« blessés dans les tranchées de première ligne, à la cote 196. »

Un de ses chefs écrit :

« Ce petit docteur WALLON était un héros. Je l'ai toujours vu nu-tête,
« impassible dans les endroits les plus dangereux, soucieux seulement de
« faire son métier. On le citait comme le modèle du dévouement et de
« l'audace. »

WALRAND PIERRE, maréchal des logis au 30ᵉ régiment d'artillerie. Tombé au champ d'honneur le 24 mai 1915, à Mont-St-Eloy
(Pas-de-Calais).

Ordre de la division :

« Chargé d'observer les signaux de l'infanterie, est resté à son poste
« sous un feu d'artillerie des plus violents ; a été tué près de sa pièce. »

WEBER JEAN, lieutenant au 13ᵉ bataillon de chasseurs alpins.

Nommé chevalier de la Légion d'honneur à titre posthume :

« **Tué** le 30 août 1914, à l'attaque de la tête de Behouille, en entrai-
« nant sa section à l'assaut. »

WEBER Paul, sous-lieutenant au 26ᵉ bataillon de chasseurs à
pied. Tombé à Virton (Belgique), le 22 août 1914.

Nommé chevalier de la Légion d'honneur à titre posthume :

« Officier d'une bravoure et d'un dévouement au-dessus de tout
« éloge. Le 22 août 1914, au combat de Joppécourt, a conduit énergi-
« quement sa section à l'attaque. Blessé grièvement, a maintenu sa
« troupe sous un feu destructeur, gardant son commandement sur la
« ligne de feu, jusqu'au moment où il a été frappé mortellement. A été
« cité. »

WHITCOMB Adolphe, né le 23 février 1880, lieutenant à la
110ᵉ brigade de l'état-major de la 55ᵉ division.

Ordre de la brigade :

« Officier plein d'allant et d'un dévouement absolu, a été tué le
« 5 septembre 1914, en portant un ordre sous un feu d'une extrême
« violence. »

Nommé chevalier de la Légion d'honneur à titre posthume.

Il disait en partant pour la mobilisation :

« ...Si je meurs, j'aurai du moins la satisfaction d'avoir accompli tout
« mon devoir... »

Lettre d'un général :

« Le plus bel hommage qui puisse lui être rendu a été la douleur de
« tous ceux qui l'avaient connu, camarades, comme sous-officiers et
« soldats... »

Son capitaine écrit :

« ...Nous ne nous consolerons pas d'avoir perdu si brutalement ce char-
« mant compagnon, cet homme de cœur et de devoir, auquel nous avions
« tout de suite donné notre entière amitié... »

WILLETTE Robert, docteur en médecine, ancien interne des
hôpitaux. Mobilisé comme médecin-major, fit toute la campagne,

qu'il termina comme médecin-chef de l'ambulance divisionnaire 8/7 ;
il avait obtenu une citation. Décédé des suites d'une maladie contractée au front.

Intelligent, travailleur, dévoué à ses malades, on ne lui connais-
sait que des amis. C'est qu'en effet, sous des dehors enjoués, se
cachait un fond de grande bonté, en même temps qu'un savoir
étendu.

YUNG Robert, sous-lieutenant au 315ᵉ régiment d'infanterie,
passé dans l'aviation, fut tué dans un accident à Pau, le
24 mars 1917.

Décoré de la croix de guerre, en septembre 1916.

ZUBER Jean, capitaine au 10ᵉ d'artillerie.

▌ CITATIONS ▌

DÉCORATIONS

DISTINCTIONS

PROMOTIONS

ABOUCAYA Marcel, élève observateur à la 25ᵉ compagnie
d'aérostiers.

Ordre de l'armée :

« Observateur en ballon doué d'un beau sang-froid et d'une grande
« énergie ; a eu son ballon incendié par un avion ennemi ; a sauté en
« parachute pour la deuxième fois quand l'ordre lui en a été donné. »

Ordre de la division (caporal) :

« Le 21 août 1918, attaqué par un avion ennemi, qui a incendié son
« ballon, est descendu en parachute ; a riposté à la carabine sur l'avion
« ennemi au cours de sa descente ; bien que contusionné à l'atterris-
« sage, est remonté le même jour pour poursuivre sa mission. »

Croix de guerre italienne.

ADAM-SALOMON René-Georges-Abel, lieutenant-colonel
commandant le 341ᵉ régiment d'artillerie. Trois citations.

Croix de guerre belge. — Mérite de guerre italien.

ALCAN Adrien.

Ordre de la division :

« Faisant partie de la compagnie chargée de renforcer l'attaque d'un
« bataillon de zouaves pour enlever une tranchée dans la nuit du 10
« au 11 décembre 1914, a contribué à enlever les hommes de sa com-
« pagnie sous un feu très violent d'infanterie pour prendre la tran-
« chée. A maintenu ses hommes dans la tranchée à quelques mètres
« d'une petite butte organisée par les Allemands et de laquelle ils lan-
« çaient des grenades causant des pertes assez sérieuses, a, dans la
« tranchée, fait enlever quatre lignes de pétards préparées par les
« Allemands pour la faire sauter. N'ayant pas de communication facile

« avec son commandant de compagnie, a ramené la majeure partie de sa
« compagnie dans le plus grand ordre, lors de sa relève à 21 heures. »

Ordre de l'armée :

« Le sous-lieutenant ALCAN Adrien, du 16ᵉ bataillon de chasseurs à
« pied, chargé de la reconnaissance d'un hameau occupé par l'ennemi,
« l'a exécutée avec la plus grande hardiesse, s'est installé dans une
« maison sous le feu de l'ennemi et y a maintenu un poste relié ensuite
« aux tranchées de sa compagnie. Coutumier des actes de courage. »

Nommé chevalier de la Légion d'honneur :

« Blessé en conduisant bravement sa section à l'attaque d'une tran-
« chée ennemie. Déjà cité à l'ordre de l'armée pour faits de guerre. »

Ordre du corps d'armée :

« A plusieurs reprises, entre le 16 mars et le 2 juin 1916, a réussi
« à faire, sous des bombardements violents, des reconnaissances très
« complètes des premières lignes et des positions conquises. Pendant
« cette période a facilité beaucoup la tâche de son commandant de bri-
« gade en assurant remarquablement toutes les liaisons avec l'avant, en
« se procurant des renseignements très précis par de longs interroga-
« toires des prisonniers et la traduction immédiate des documents saisis
« sur eux ou pris dans les tranchées. »

ALPHEN-SALVADOR CASIMIR, maréchal des logis au 5ᵉ cuirassiers.

Ordre du régiment :

« Appartenant au service auxiliaire, a demandé à la mobilisation à
« être versé dans le service actif. Affecté dans le service automobile,
« est venu comme cavalier de 2ᵉ classe sur sa demande au régiment, où
« il s'est fait remarquer par ses qualités militaires et sa belle attitude
« au feu. Volontaire pour toutes les missions périlleuses. »

ANDRÉ PAUL-JOSEPH, capitaine au 38ᵉ territorial, 1ʳᵉ compagnie
de mitrailleuses ; capitaine au 3ᵉ zouaves de marche, 1ʳᵉ compagnie
de mitrailleuses ; capitaine à l'état-major de la 151ᵉ division ; offi-
cier-contrôleur des administrations civiles allemandes, à Dürkheim
(Palatinat).

Ordre du 38ᵉ territorial (13 novembre 1917) :

« Au front depuis le début de la campagne, officier-mitrailleur d'élite,
« a rendu de grands services comme instructeur et comme organisa-
« teur des tirs indirects aux avant-postes, que sa troupe a tenus pen-
« dant 29 mois. A fait preuve, en de nombreuses occasions, d'énergie
« et de courage, notamment dans la conduite d'une reconnaissance au
« hameau d'Ancerviller, en 1915, d'une contre-attaque dans un point
« d'appui, en février 1917, et au cours d'un séjour d'un mois dans le
« secteur de Verdun. »

Ordre de la 37ᵉ division (16 décembre 1917) :

« Commandant une compagnie de mitrailleuses de réserve, a installé
« ses pièces dans un secteur que l'artillerie bombardait fortement, a
« montré beaucoup de bravoure et de compétence en faisant exécuter
« des tirs indirects qui ont eu des résultats des plus heureux. »

Ordre de la 151ᵉ division (12 octobre 1918) :

« Chargé de diriger le centre de renseignements avancé de la divi-
« sion, au cours de l'avance du 26 septembre au 6 octobre, s'est acquitté
« de ses fonctions avec une intelligence et un entrain remarquables,
« suivant toujours au plus près les unités engagées pour aller au-
« devant des renseignements. »

ARDANT Henri.

Médaille militaire :

« Sergent-major au 117ᵉ d'infanterie, chargé de la liaison de sa
« compagnie, a fait preuve de beaucoup de bravoure et d'énergie le
« 22 août 1914, n'a pas hésité à prendre le commandement d'un
« groupe dont les officiers étaient blessés, et l'a maintenu dans la posi-
« tion de combat malgré un violent feu de mousqueterie. A été griève-
« ment blessé au cours de l'action. »

ARNOUL DE GREY Jacques, sous-lieutenant au 2ᵉ régiment d'artillerie de montagne.

Ordre de la 128ᵉ division :

« A montré, le 25 septembre 1915, le plus bel exemple de courage
« et d'abnégation, en se portant en avant avec ses pièces pour accom-
« pagner l'assaut de l'infanterie, sous un feu violent de mitrailleuses
« et d'artillerie. A réussi à ramener ses canons et son matériel au com-
« plet, malgré la perte de tous les mulets. »

Ordre de la 3ᵉ division :

« L'état-major du 7ᵉ groupe du 120ᵉ d'artillerie, sous le commande-
« ment du sous-lieutenant ARNOUL, a constamment assuré sa mission
« avec un complet mépris du danger. Au cours des combats d'avril-
« mai 1917, a entretenu le réseau téléphonique d'un groupement d'ar-
« tillerie sous de violents bombardements de jour et de nuit. »

ARON PIERRE, sous-lieutenant.

Décoré de la croix de guerre.

ASCOLI ROBERT, parti dès le début comme caporal au 332ᵉ
d'infanterie. Nommé caporal-fourrier, puis sergent-fourrier.

Ordre de la 69ᵉ division d'infanterie :

« Sous-officier ayant le mépris absolu du danger. Dans la nuit du
« 24 avril 1916, commandant la corvée de ravitaillement qui venait
« d'avoir 8 tués et blessés, a su maintenir l'ordre par son sang-froid.
« Le 27 août est sorti de la tranchée sous un bombardement violent,
« pour secourir un homme qui venait d'être enseveli. »

Promu sous-lieutenant le 9 juin 1916.

Ordre du 32ᵉ corps d'armée (20 mai 1917) :

« Jeune officier plein d'allant. A conduit avec un sang-froid et un
« mépris du danger absolus un détachement spécial de nettoyeurs de
« tranchées. A été blessé grièvement au cours de l'action le 16
« août 1917. »

AUBERT DE TRÉGOMAIN JEAN-FRANÇOIS, sous-lieutenant
au 116ᵉ bataillon de chasseurs. Quatre citations.

Nommé chevalier de la Légion d'honneur :

« Jeune officier d'une crânerie superbe et d'un sang-froig remar-
« quable. Blessé le 25 décembre 1916, quelques instants avant l'atta-
« que, a refusé de se laisser évacuer et, surmontant sa souffrance, a
« voulu aller au combat avec le bataillon pour pouvoir ensuite assurer
« l'exécution d'une mission spéciale qui lui avait été confiée. Blessé
« grièvement une seconde fois au cours de l'action. Déjà deux fois cité
« l'ordre. »

AUBOIN Max, sous-lieutenant à l'E. M. du groupe du 2ᵉ régiment d'artillerie.

Ordre de l'artillerie divisionnaire :

« Jeune officier plein de sang-froid et d'un courage calme et sou-
« riant. Vient de remplir, pendant 50 jours, les fonctions d'officier de
« liaison d'un groupement auprès d'une brigade d'infanterie et s'est
« constamment porté de sa propre initiative dans les premières lignes,
« procurant ainsi au commandement, notamment les 24, 25 et 26 octo-
« bre 1916, tous les renseignements utiles à l'artillerie. »

AYMARD Marc, parti en août 1914, médecin-auxiliaire au 48ᵉ régiment de ligne, a fait Verdun, la Champagne.

Ordre du régiment :

« Médecin dévoué, consciencieux, a fait montre, en toutes circons-
« tances, de sang-froid et de courage. Toujours prêt à occuper les pos-
« tes les plus périlleux. »

AYRAL Jean.

Décoré de la croix de guerre.

AZAN Paul-Jean-Louis, capitaine à l'état-major de l'armée, 4ᵉ bureau (1914). Capitaine au 153ᵉ d'infanterie (20ᵉ corps) (1915). Chef de bataillon au 69ᵉ d'infanterie (20ᵉ corps) (1915). Lieutenant-colonel au 69ᵉ d'infanterie (20ᵉ corps) (1917). Chef de la mission militaire française aux Etats-Unis (1917). Lieutenant-colonel au 89ᵉ d'infanterie (1918-1919).

Ordre de l'armée (31 juillet 1915) :

« Quatre blessures. D'un entrain et d'une bravoure incompa-
« rables, a montré, depuis le début de la campagne, des qualités mili-
« taires de premier ordre. »

Officier de la Légion d'honneur (25 octobre 1915) :

« Officier supérieur, de la plus grande valeur et du plus grand
« courage. Très grièvement blessé à la tête de son bataillon, qu'il
« entraînait vigoureusement à l'assaut. »

Officier de la couronne d'Italie.

BAJAC, sergent à l'escadrille n° 48.

Cité le 13 octobre 1916 :

« Excellent pilote qui a montré dans les reconnaissances à longue por-
« tée, et les nombreux combats qu'il a livrés, les plus belles qualités de
« courage, d'audace et d'entrain endiablé. Le 20 juin a attaqué dans les
« lignes ennemies un avion de chasse et l'a mis en fuite après avoir
« reçu plusieurs balles dans son appareil. Le 29 juillet a successive-
« ment attaqué un Fokker, qui a piqué dans ses lignes, puis un Aviatik,
« qui a dû repasser les lignes à faible altitude, son hélice arrêtée. Le
« 23 septembre, a successivement attaqué 3 avions allemands, les obligeant
« chaque fois à abandonner précipitamment le combat. »

Cité le 8 mai 1917 :

« Pilote de chasse hors pair, par son audace superbe et son absolu
« dévouement. Le 15 mars, a forcé un biplan ennemi à descendre
« désemparé. Le 26 avril, a abattu avec un autre pilote, un monoplan
« dans la région de B... A attaqué plusieurs fois des *drachens*
« ennemis. »

Cité le 5 juillet 1917 :

« Adjudant BAJAC, excellent pilote, plein d'une audace régulière et
« réfléchie. S'est distingué une fois de plus en abattant le 27 mai 1917
« un biplace ennemi, qui a été vu s'écrasant au sol, à proximité des
« lignes. »

Médaille militaire (15 novembre 1917) :

« Adjudant BAJAC, pilote émérite, d'une intrépidité rare, et d'une
« grande endurance. S'est distingué dans toutes les missions qui lui
« ont été confiées. Soutient quotidiennement avec un inlassable entrain
« les combats les plus durs. Le 10 août 1917, dans un combat engagé
« contre dix monoplaces ennemis, pour dégager un de ses camarades, a
« été grièvement blessé. Trois fois cité à l'ordre de l'armée, 2 avions
« ennemis abattus. »

Décoré de la croix de guerre belge.

Promu sous-lieutenant.

BARAU LOUIS.

Ordre du régiment :

« Gradé courageux et dévoué, ayant accompli son devoir dans toutes
« les circonstances. A été blessé deux fois. »

Ordre de l'armée :

« Sous-officier d'un courage remarquable. Dirigeant une patrouille s'est
« heurté dans un bois à une fraction ennemie très supérieure en nombre et
« placée en embuscade. Complètement cerné et sommé de se rendre, a
« engagé immédiatement le combat, et, quoique blessé, a repoussé l'enne-
« mi sans laisser de prisonnier entre ses mains. Deux blessures anté-
« rieures. Une citation. »

Médaille militaire.

BARBET-MASSIN ALFRED, capitaine au 143ᵉ d'infanterie territoriale. Rapporteur à la commission des contrats du Ministère de
l'Armement.

Chevalier de la Légion d'honneur.

BARBET-MASSIN ANDRÉ, chef de bataillon à l'état-major du
5ᵉ corps.

Chevalier de la Légion d'honneur.

Ordre du corps d'armée :

« Officier vigoureux et de grande conscience ; chargé à maintes
« reprises de missions dangereuses en première ligne, dans un secteur
« soumis à des bombardements d'une grande violence, les a accomplies
« à la satisfaction du commandement et a toujours fait preuve de juge-
« ment et de coup d'œil. »

BENOÎT EDMOND, lieutenant de vaisseau.

Une citation à l'ordre de l'escadre.

BENOÎT MAURICE, médecin-auxiliaire.

« Le 22 août 1914, à la bataille d'Audun-le-Roman, a fait preuve
« d'un grand courage, de beaucoup de dévouement, d'initiative énergi-
« que, en prenant dans un moment critique, sous le feu de l'artillerie
« ennemie, le commandement du personnel et des voitures sanitaires de
« la brigade, séparés de celle-ci par le combat, en les ramenant au milieu
« de nos lignes en pleine nuit, malgré des difficultés sans nombre, sau-
« vant ainsi deux officiers et 15 hommes qu'il transportait et a pu
« soigner à temps. »

Ordre du 40ᵉ régiment d'artillerie (23 décembre 1916) :

« Pendant plus de deux ans a rendu des services signalés comme
« médecin auxiliaire au 1ᵉʳ groupe, donnant à tous l'exemple d'un
« beau courage et d'un dévouement constant. »

Ordre de la 165ᵉ division (28 avril 1917) :

« Médecin d'un dévouement absolu et d'un courage calme : s'est
« dépensé sans compter pendant la période du 16 au 20 avril 1917, en
« installant son poste de secours à proximité des premières lignes et
« en prodiguant ses soins aux nombreux blessés. »

BÉRECKI Richard, lieutenant-colonel d'infanterie coloniale,
régiment colonial du Maroc, 287ᵉ régiment d'infanterie, 2ᵉ régiment
de marche du 2ᵉ étranger, 148ᵉ régiment d'infanterie, 56ᵉ régiment
d'infanterie coloniale, 2ᵉ régiment de chasseurs polonais. Commandant de l'infanterie de la 1ʳᵉ division polonaise.

Ordre de l'armée (10 juillet 1911) :

« A rendu des services exceptionnels et a obtenu des résultats
« remarquables comme chef du Service géographique de l'Afrique
« Occidentale Française (1907-1911). »

Ordre de l'armée (22 février 1915) :

« A fait preuve du plus bel entrain allié au plus grand sang-froid
« lors des combats du 6 et du 13 juillet 1914, et, par les dispositions
« judicieuses qu'il a prises, a pu éviter des pertes sérieuses tout en
« arrivant au résultat demandé. »

Ordre de l'armée (10 février 1916) :

« Le 28 août 1914 a fait preuve d'une énergie et d'un sang-froid
« remarquables. A été très grièvement blessé en portant vigoureuse-
« ment sa compagnie à l'attaque d'une position ennemie. »

Ordre du corps d'armée (24 décembre 1915) :

« A conservé intactes les positions qu'il avait reçu l'ordre de
« tenir. »

Ordre du corps d'armée (17 juin 1917) :

« Lors de l'attaque du 9 mai, a donné les preuves de son esprit
« méthodique en organisant l'attaque d'une façon vraiment supérieure.
« D'un calme qui ne s'est pas démenti, a remonté deux nouvelles

« attaques sous un bombardement des plus violents et dans les condi-
« tions les plus difficiles. A su inspirer à son régiment une ardeur
« offensive que rien ne peut démonter. »

BÉREND Paul.

Décoré de la croix de guerre.

BERNARD Etienne, médecin auxiliaire.

Ordre de la division :

« Médecin auxiliaire d'un moral très élevé, joignant aux plus belles
« qualités professionnelles un courage exemplaire. A fait preuve dans
« l'exercice de ses fonctions d'un grand dévouement, notamment pen-
« dant l'offensive du 15 décembre 1916, en soignant des blessés
« n'appartenant pas à son groupe et se trouvant dans des zones
« dangereuses. »

Ordre de la brigade :

« Le sous-aide-major BERNARD donne partout les plus beaux exem-
« ples de bravoure. Pendant les journées des 22 et 23 août 1917, se
« trouvant toujours aux endroits les plus exposés, donnant aux bles-
« sés les premiers soins et les encourageant par son calme et ses bon-
« nes paroles. »

Ordre du régiment :

« Médecin aide-major BERNARD, très brave, et d'un dévouement absolu,
« se porte toujours aux endroits les plus exposés pour être prêt à
« secourir les blessés. Au cours de l'année 1918, s'est signalé notam-
« ment dans les Flandres, aux offensives de l'Aisne, sur l'Ailette et
« devant Guise. »

BERNARD Jean.

Décoré de la croix de guerre.

BERTAUT André, train sanitaire improvisé 1-3, H. O. E. 2, adjoint au médecin-chef de la base française en Italie.

*Citation à l'ordre du Service de santé de la 6e armée (10 novem-
bre 1917).*

BICKART Roger, sous-lieutenant au 33ᵉ régiment d'artillerie.

Ordre du 26ᵉ régiment d'artillerie (1ᵉʳ janvier 1917) :

« A montré beaucoup de calme et de sang-froid en assurant journel-
« lement la liaison entre la batterie et le groupe dans une région bou-
« leversée par des bombardements fréquents. »

Ordre de l'artillerie de la 67ᵉ division (26 octobre 1917) :

« Aspirant plein d'allant et d'énergie, arrivé nouvellement dans une
« batterie très éprouvée, a donné un bel exemple de courage et de
« sang-froid au cours des bombardements des 16 et 18 octobre 1917. »

Ordre de la 10ᵉ armée :

« Le 8 octobre 1918, étant détaché auprès d'un bataillon d'infanterie
« chargé d'enlever une position fortement organisée par l'ennemi, a
« fait preuve d'initiative et d'un très grand courage en se portant à
« découvert sur les points les plus battus, pour reconnaître les empla-
« cements des batteries ennemies et assurer le réglage de son grou-
« pement. »

DE BIEDERMANN Alexandre.

Décoré de la croix de guerre.

BIÉLER André-Charles, engagé volontaire dans l'infanterie
canadienne (mars 1915). Service au front (juillet 1915-octobre
1915). Service aux quartiers généraux du corps canadien (octobre 1917-novembre 1918). Promu sergent (1918).

Décoré de la Meritarious service medal (1919).

DE BILLY Edouard, capitaine, chef d'escadron d'artillerie territoriale. Officier de liaison près de l'armée anglaise. Délégué général du Haut Commissaire de la République française aux Etats-Unis
depuis mai 1917. D. S. O.

Officier de la Légion d'honneur.

BING Jean, décoré de la croix de guerre et d'ordres étrangers ;
titulaire d'une lettre de félicitations.

« Détaché dans l'infanterie russe, et violemment attaqué le 16
« septembre 1916 par un détachement de choc allemand qui avait
« réussi à pénétrer dans nos lignes, a groupé autour de lui les éléments
« qui lui restaient et, montrant l'exemple, s'est lancé à leur tête dans
« une contre-attaque qui a permis de reprendre les tranchées momen-
« tanément occupées par l'ennemi. »

BINOCHE Marcel, lieutenant au 3ᵉ régiment d'artillerie à pied :

« Appartenant à la garnison d'une place tombée au pouvoir de
« l'ennemi, a réussi à passer à travers les lignes allemandes avec un
« fort détachement de sa batterie, qu'il a pu ramener au dépôt de son
« régiment. »

BIZOUERNE Fernand, 76ᵉ régiment territorial d'infanterie.
70ᵉ régiment d'infanterie. Chef de service des recherches et essais
et du contrôle à l'atelier de chargement de Montluçon.

Citation sur l'Yser.
Deux propositions pour la Légion d'honneur.

BLANC Maurice, sous-lieutenant au 4ᵉ R. A. C.

Cité le 5 octobre 1916 :

« Jeune officier plein d'entrain. A montré toute son énergie en assurant
« du 16 juillet au 17 septembre le ravitaillement en munitions de sa
« batterie dans des circonstances rendues difficiles par le terrain et le
« bombardement. Le 4 septembre, un obus allemand ayant éclaté dans
« la colonne pendant un changement de position de la batterie, a été
« remarquable de sang-froid en assurant avec rapidité la mise à l'abri
« des blessés et l'arrivée sur la position des voitures atteintes par le
« bombardement. »

BLANCHE René, médecin aide-major de 1ʳᵉ classe au 64ᵉ régiment d'infanterie.

Chevalier de la Légion d'honneur :

« A montré ses qualités habituelles de courage, de dévouement, de
« sang-froid, aux attaques du 25 septembre 1915 ; le 30 septembre
« s'est porté auprès des officiers blessés et les a pansés sous un bom-
« bardement violent. »

BLOCHE Jacques.

Ordre de la division :

« Blessé au cours d'une attaque, a refusé de se laisser évacuer et à
« maintenu le moral de ses hommes durant la contre-attaque qui a
« suivi. »

Ordre de la brigade :

Blessé grièvement à toute proximité de la ligne ennemie en faisant
« une patrouille dont il avait volontairement demandé le comman-
« dement. »

BLUM Edouard, sous-lieutenant de réserve, blessé à Verdun, le 13 août 1916.

Citation à l'ordre de l'A. L.

BLUM Maurice.

« Interprète, attaché pendant la bataille de la Somme à une batterie
« lourde, a fait preuve d'un superbe courage et du plus complet mépris
« du danger sur la position de la batterie. Les 5 officiers de la batte-
« terie ayant été tués, le 24 juillet, a demandé à rester avec le nouvel
« état-major, qui, le 29, perdait encore 3 officiers sur 5, et n'a consenti
« à aller au repos qu'à l'arrivée de nouveaux officiers et sur les ins-
« tances de son commandant de batterie auquel il avait rendu les plus
« précieux services dans des circonstances critiques. »

BLUTEL André-Maurice.

« Enseigne de vaisseau de 2ᵉ classe, a attaqué sous le feu et à faible
« hauteur trois croiseurs autrichiens avec beaucoup d'audace et de téna-
« cité. A eu son appareil atteint et a continué l'attaque malgré un
« mauvais fonctionnement automatique de la mitrailleuse. »

BLUTEL Marcel, chevalier de la Légion d'honneur. S'est dis-
tingué comme lieutenant du génie particulièrement en Alsace et
dans la région de Verdun ; a été blessé près de Verdun et a
mérité deux citations à l'ordre de la brigade et du corps d'armée. A
été nommé capitaine en avril 1918.

BOISARD Jacques.

« Jeune officier plein d'allant et ayant un très haut sentiment du
« devoir ; s'est signalé maintes fois par son courage et son sang-froid ;
« en 1917, à Verdun et en Champagne, et notamment pendant les
« journées des 4, 5, 6, 7 avril 1918. »

BOISSEAU Roger, soldat au 74ᵉ régiment d'infanterie.

Ordre de la brigade :

« A assuré pendant les combats du 22 au 25 mai 1916 la liaison
« entre son chef de bataillon et les unités de première ligne sous un
« bombardement intense. »

BONNEFOND Lucien, lieutenant au 34ᵉ régiment d'artillerie.

« Au combat du 28 août, a de sa propre initiative arrêté un canon
« privé de ses gradés et servants, l'a mis en batterie à l'aide d'un
« conducteur et a pu diriger un tir efficace sur une attaque
« d'infanterie. »

Ordre de l'artillerie divisionnaire :

« Officier énergique et courageux, remplit les fonctions de lieutenant
« de tir à sa batterie avec un dévouement et une conscience remar-
« quables, exécutant depuis 4 mois dans un secteur très actif des
« reconnaissances hardies et de nombreux réglages de tir dans les
« observatoires avancés, et faisant preuve des plus belles qualités de
« courage et de calme pendant les violents bombardements subis par
« sa batterie. »

*Lettre de félicitation du Ministre de l'Armement et des Fabrications de
Guerre à M. le Lieutenant* BONNEFOND, *du 221ᵉ régiment d'artillerie :*

« Vous avez présenté un projet de secteur complémentaire pour canon
« de 75, modèle 1897, de votre invention. Je vous adresse le témoignage de
« ma satisfaction pour le zèle et l'ingéniosité dont vous avez fait preuve
« dans l'étude de ce dispositif. »

BORDE Raymond.

Décoré de la croix de guerre.

BOUCHET Jean, aspirant au 249ᵉ d'artillerie.

« A montré, pendant la période du 18 avril au 9 mai, autant
« d'entrain que de sang-froid ; a obtenu de sa section le maximum de
« rendement en dépit du tir ennemi, en particulier le 24 avril, où le
« personnel d'une de ses pièces a été mis hors de combat et le 9 mai
« pendant un tir d'accompagnement d'attaque. »

Médaille militaire :

« Très bon sous-officier d'une belle tenue au feu, modèle de
« sang-froid et de courage ; a été blessé grièvement le 9 août 1918 ;
« une blessure antérieure ; une citation. »

BOUCHET Marcel, lieutenant au 249ᵉ d'artillerie.

Ordre de la division :

« Le 5 juin 1917, sous un violent tir de destruction, alors qu'il fai-
« sait fonction de commandant de batterie a maintenu par son attitude
« le calme dans le personnel et réussi à enrayer les progrès d'un
« incendie qui menaçait de s'étendre à tous les abris de munitions. »

Ordre de la division :

« Officier d'un dévouement exemplaire, s'est distingué à plusieurs
« reprises, soit comme officier téléphoniste, en procédant à l'installa-
« tion de lignes sous un violent bombardement, soit comme orienteur,
« en faisant, sous le feu, des reconnaissances dans les premières lignes,
« notamment le 14 octobre et le 4 novembre 1918. »

BOUCHON Marcel, capitaine au 62ᵉ d'artillerie.

Ordre du régiment :

« Excellent officier, très brave, a amené une pièce à 500 mètres de
« l'ennemi et a continué le feu malgré un violent tir de mitrailleuses. »

A obtenu une 2ᵉ citation.

BOUCHON René, capitaine d'artillerie, état-major de l'artillerie, du 3ᵉ corps d'armée. Directeur du Centre d'instruction de
l'artillerie de tranchée.

Une citation à l'ordre de l'armée.

Blessé le 26 septembre 1915.

BOUHY Maurice, de nationalité belge, administrateur de l'Hôpital 153, franco-belge, au Lycée Carnot.

Titulaire de la médaille de la Reconnaissance française de 3e classe (bronze) :

« A dirigé pendant toute la durée de la guerre l'hôpital 153 avec
« une autorité et une compétence parfaites, ayant toujours réussi à
« faire appliquer les règlements et à maintenir la plus parfaite cama-
« raderie entre les hospitalisés, chez lesquels il a toujours su garder un
« moral élevé. »

BOULAY Henri, médecin auxiliaire, armée d'Orient.

Cité à l'ordre du régiment.

BOULLOCHE François, sous-lieutenant au 295e de ligne.

Ordre du régiment (2 novembre 1915) :

« Toujours volontaire pour les missions périlleuses, s'est offert pour
« aller reconnaître un boyau occupé par l'ennemi, a poussé jusqu'au
« contact et y a établi un barrage. »

Ordre de la division :

« Officier très brave et courageux ; blessé le 12 janvier 1918 en
« conduisant sa section à un poste de combat au moment où une forte
« patrouille ennemie tentait de s'approcher de nos lignes, à la faveur
« d'un violent bombardement. »

« Officier aussi modeste que brave. Les 9 et 10 novembre, parti à
« l'assaut avec le bataillon américain auquel il était attaché, ce batail-
« lon s'étant trouvé pendant 36 heures soumis à un très violent barrage
« d'artillerie et de mitrailleuses, a su inspirer à ceux qui l'entouraient
« la plus vive admiration pour sa belle conduite au feu. Une blessure,
« 2 citations. »

BOURDAIS Julien, commandant l'artillerie de la 9e division de cavalerie, adjoint au colonel commandant l'artillerie de la 68e division d'infanterie, colonel commandant l'artillerie de la 18e division d'infanterie.

Ordre de la 7ᵉ armée (4 septembre 1915) :

« Pendant les opérations de juillet et d'août 1915 auxquelles il a pris
« part, a rendu des services exceptionnels, grâce à son sens tactique,
« son activité toujours en éveil, son endurance physique et morale. »

Ordre de la 68ᵉ division (30 septembre 1916) :

« Durant 180 jours, dans 3 secteurs successifs de Verdun, où l'artil-
« lerie dut assurer une lourde besogne, a, dans une large mesure,
« contribué au succès commun, par son intelligence, son activité, son
« endurance, l'exemple d'un sang-froid et d'une bravoure de tous les
« instants. »

Ordre de la 10ᵉ armée (17 août 1917) :

« Au cours de la bataille de l'Aisne, dans l'offensive comme dans la
« défensive, a fait preuve de qualités de premier ordre comme com-
« mandant de l'artillerie de la 18ᵉ division, a obtenu des résultats remar-
« quables grâce à l'impulsion et à l'exemple qu'il a donnés à tous, en
« allant très souvent lui-même jusque dans les postes d'écoute recon-
« naître les positions ennemies et vérifier les réglages de son artillerie. »

Ordre de la 1ʳᵉ armée (20 mai 1918) :

« Chargé de prendre le commandement d'une formation d'artillerie
« improvisée, comprenant 20 groupes d'artillerie de campagne et 6 grou-
« pes d'artillerie lourde courte pour préparer une attaque, a fait preuve,
« dans l'accomplissement de sa mission, des plus belles qualités mili-
« taires, activité, méthode, coup d'œil et autorité. A grandement contri-
« bué au succès de l'opération, par les dispositions judicieuses qu'il a
« prises pour coordonner l'action de toutes les batteries mises momen-
« tanément sous ses ordres. »

Ordre de la 2ᵉ armée (1ᵉʳ janvier 1919) :

« Chargé, pour l'attaque du 8 octobre 1918, de coordonner l'action
« de 45 batteries françaises et américaines, a fait preuve, une fois de
« plus, dans la préparation et l'exécution de cette opération, d'autorité,
« de méthode et d'activité. A eu une grande part dans le succès de
« l'attaque en permettant à l'infanterie, par la précision de ses tirs, de
« faire en quelques heures plus d'un millier de prisonniers au prix des
« pertes les plus minimes. »

Promu officier de la Légion d'honneur.

BRAINE Jean, médecin aide-major au 1ᵉʳ groupe du 47ᵉ régiment d'artillerie de campagne.

Ordre de la 57ᵉ division :

« Sur le front depuis le début de la guerre. A fait pendant un an,
« en qualité de médecin auxiliaire, le service dans un bataillon d'infan-
« terie. Affecté comme médecin aide-major au groupe, a montré en
« toutes circonstances les plus belles qualités professionnelles. Le
« 17 novembre 1916, deux batteries du groupe étant soumises à un tir
« violent et réglé d'obus de gros calibre, s'est porté immédiatement sur
« la ligne de feu, donnant avec le plus grand dévouement et le plus
« grand esprit de sacrifice ses soins aux blessés, procédant aux évacua-
« tions, maintenant par son calme le personnel à son poste. »

Médaille d'argent des épidémies (Campagne d'Orient).

BRAULT Simon, maréchal des logis au 304ᵉ R. A. L.

2 citations.

BREGUET Jacques.

Ordre du 1ᵉʳ corps d'armée :

« Le lieutenant de réserve d'artillerie Jacques Breguet, attaché à
« l'état-major de l'artillerie du 1ᵉʳ corps d'armée, à maintes reprises,
« et notamment le 29 août et le 13 septembre 1914, a porté les ordres
« sous le feu le plus violent, et a réussi par son énergique attitude à
« ramener au feu un certain nombre de soldats. »

Chevalier de la Légion d'honneur.

BREGUET Louis, sergent pilote aux escadrilles du **Camp**
retranché de Paris.

Ordre de l'aéronautique du C. R. P. :

« Excellent pilote. Tout en assurant avec de remarquables qualités
« de technicien la construction de ses appareils, a effectué durant la
« bataille de la Marne de très nombreuses patrouilles et reconnaissances
« aériennes au dehors des lignes ennemies, dont il a essuyé le feu à
« maintes reprises. »

Officier de la Légion d'honneur.

BREITTMAYER Paul, engagé volontaire, classe 1883, automobiliste à l'Administration militaire de l'Alsace à Thann, interprète aux armées britanniques, interprète au corps expéditionnaire portugais.

« Dégagé de toute obligation militaire, à raison de son âge, a tenu à
« faire campagne dès le début, se mettant d'abord librement comme
« automobiliste à la disposition de l'autorité militaire ; puis engagé
« volontaire en mars 1915, accomplissant son service dans une région
« fréquemment exposée au feu de l'ennemi, il a montré un réel cou-
« rage, en facilitant avec sang-froid et décision l'exécution des mesu-
« res nécessitées par les circonstances, notamment pendant les bombar-
« dements des 7 et 8 juin 1915 et janvier 1916. »

BRICARD ROGER, lieutenant, chef du service automobile du G. Q. G.

Une citation.
Military Cross. — Couronne de Belgique.

BRICAUT JEAN, aspirant au 131ᵉ régiment d'infanterie.

Ordre du régiment :

« Chargé d'un lancement de bombes sur la tranchée ennemie, est
« resté à son poste quoique blessé jusqu'à la fin du bombardement. »

Ordre de la division :

« S'étant offert pour commander un groupe de grenadiers chargé de
« chasser les Allemands d'un élément de tranchée dans lequel ils avaient
« pris pied, a fait preuve du plus grand mépris du danger, en s'élan-
« çant crânement le premier dans cette tranchée, entraînant ainsi ses
« hommes par son exemple. »

BRISSON EDOUARD.

Cité le 17 janvier 1917 :

« Citoyen de la République Argentine, engagé volontaire dès le début
« de la guerre, s'est continuellement distingué par son esprit militaire,
« a pris volontairement part à de nombreux bombardements et vols de
« nuit, notamment aux attaques d'Artois de 1915. A dû quitter le ser-
« vice pour maladie grave contractée sur le front. »

BROUARDEL Georges, médecin-major de 1ʳᵉ classe. Réintégré sur sa demande.

Promu officier de la Légion d'honneur.

BRUN Jean.

Chevalier de la Légion d'honneur.

BURNIER Henri.

Ordre du régiment :

« Jeune officier plein d'entrain et de courage, observateur d'artillerie
« pendant l'offensive de la Somme en 1916 en tranchées de premières
« lignes et sous les bombardements les plus violents : chef de section
« sur l'Aisne en 1917, a fait preuve des plus belles qualités militaires
« en donnant toujours à son personnel l'exemple du courage et du
« dévouement. »

BUSSON Henri, sous-lieutenant au 223ᵉ régiment d'infanterie territoriale.

Ordre du régiment :

« Officier plein d'ardeur, chef de section courageux et entreprenant,
« exerçant par son exemple une grande influence sur sa troupe. A fait
« en avril 1917 des patrouilles très audacieuses sur les avant-postes
« ennemis. »

Chevalier de la Légion d'honneur.

BUSSON René.

Ordre du bataillon :

« Jeune sous-officier intelligent et dévoué, a fait preuve d'un grand
« courage au cours des combats du 27 au 30 mars 1918. »

Nommé sous-lieutenant au 223ᵉ d'infanterie.

Ordre du régiment (3 août 1918) :

« Jeune officier mitrailleur. A l'attaque du 20 juillet, a entraîné sa
« section à l'assaut d'une position fortement organisée, malgré les rafa-
« les violentes des mitrailleuses ennemies. »

CAËL Jean, sous-lieutenant au 1ᵉʳ groupe d'aviation.

Ordre de l'armée :

« Pilote d'une énergie et d'une audace exceptionnelles, s'est signalé
« au cours de maints combats par une ténacité et une ardeur incompa-
« rables, en particulier le 16 novembre 1916 où il a soutenu un combat
« très dur et est rentré avec son appareil criblé de projectiles. »

Ordre de l'armée :

« Pilote de grande valeur, adroit et consciencieux. Le 27 mai 1917
« a abattu un avion ennemi qui a atterri dans nos lignes. »

Ordre de l'armée belge :

« Est cité à l'ordre du jour de l'armée belge, et décoré de la croix
« de guerre belge pour services exceptionnels rendus à l'armée belge
« au cours de l'offensive des Flandres de 1917. »

Ordre de l'armée :

« Pilote de chasse remarquable, le 11 septembre 1917 a abattu son
« deuxième avion ennemi. »

Ordre de l'armée :

« Pilote de chasse d'un allant remarquable et d'une bravoure splen-
« dide. Le 30 septembre 1917 a contribué à la chute d'un *Rumpler*
« dont les ailes se sont détachées ; tout récemment, a attaqué un biplace
« de chasse par trois fois, avec la plus grande énergie ; n'a cessé le
« combat que blessé et a ramené son appareil criblé de balles. »

Chevalier de la Légion d'honneur :

« Officier pilote d'une valeur et d'un courage remarquables, a livré
« de nombreux combats au cours desquels il a abattu trois avions enne-
« mis. Parti le 16 août 1918, après avoir dégagé un appareil anglais
« attaqué par des *Fokkers*, est tombé dans les lignes ennemies, son
« appareil ayant été gravement endommagé par le feu d'un avion alle-
« mand. A réussi à s'évader dès la signature de l'armistice, rentrant en
« France par ses propres moyens. Une blessure. Cinq citations. »

CAËL Roger, lieutenant au 143ᵉ régiment d'infanterie (Promotion de la Grande Revanche). Sous-lieutenant en décembre 1914,
lieutenant en décembre 1916. Blessé le 18 mars 1915, à Beauséjour,
le 25 septembre 1915, en Champagne, le 14 août 1916, à
Vaux-Chapitre.

Ordre de la division :

« Jeune officier qui a donné, maintes fois, au cours de la campagne,
« des preuves de courage. A été grièvement blessé le 14 août 1916 en
« procédant comme officier de renseignements à une reconnaissance
« avec son chef de corps. »

*CALMETTE Edouard, maréchal des logis d'artillerie, engagé
volontaire de la classe 1917.

« Jeune sous-officier observateur, dans une position très battue par
« l'ennemi, a montré un sang-froid et un mépris du danger dignes
« d'éloges. Le 30 octobre 1916 a réparé lui-même une ligne téléphoni-
« que posée à découvert dans un passage soumis à un bombardement
« continu ; avait déjà assuré pendant plusieurs semaines, dans des
« conditions très pénibles, le transport des matériaux à un observatoire
« en construction. »

DE CATERS Alain, aspirant au 44ᵉ régiment d'artillerie.

Ordre du régiment :

« S'est maintenu sous un violent bombardement pour continuer à
« assurer son service. »

Promu sous-lieutenant.

« Pendant la préparation de l'attaque du 25 septembre 1915, s'est
« maintenu dans les tranchées de 1ʳᵉ ligne, momentanément évacuées
« par l'infanterie, pour observer à découvert, sous un feu violent
« d'artillerie, les effets de notre tir sur les défenses accessoires enne-
« mies. »

CAUJOLLE Paul, surveillant d'internat, lieutenant d'artillerie,
instructeur à l'Ecole militaire d'artillerie de Fontainebleau.

Ordre de la division :

« Jeune officier d'une grande compétence et d'une haute valeur
« morale qui, au cours des dernières opérations défensives ou offen-
« sives, a obtenu le meilleur rendement de ses hommes et de son
« matériel. »

Nommé chevalier de la Légion d'honneur :

« Officier d'élite ; a fait preuve en de nombreuses circonstances du

« plus grand courage et de la plus admirable énergie. Le 28 janvier
« 1917, à la cote 304, n'a cessé d'observer à découvert les mouvements
« de l'ennemi auprès des mitrailleuses qu'il commandait sous les tirs
« de barrage les plus violents, exaltant par son audace et son mépris du
« danger le courage de ses hommes. Blessé grièvement au début de
« l'action, n'a voulu se laisser évacuer qu'à la fin du combat. Trois
« blessures antérieures, trois citations. »

CHANU Jacques-Paul, capitaine au 97ᵉ régiment d'infanterie,
chef d'escadron de gendarmerie.

Chevalier de la Légion d'honneur :

« Excellent officier, venu sur sa demande de la Garde Républicaine.
« A pendant tout l'hiver commandé sa compagnie avec un zèle et une
« compétence au-dessus de tout éloge, donnant à tous l'exemple du
« devoir. A brillamment enlevé sa compagnie à l'assaut le 9 mai 1915.
« A été grièvement blessé. »

CHÂTEL Georges, sous-lieutenant au 28ᵉ régiment d'infanterie.

Ordre de la brigade :

« Jeune officier plein d'allant, s'est dépensé sans compter
« au cours des journées des 10, 11 et 12 août 1918, pour assurer la
« liaison avec l'échelon supérieur dans des conditions périlleuses,
« déployant la plus grande énergie, en particulier dans la nuit du 10
« au 11 août 1918. »

Ordre de la division :

« Jeune officier énergique et plein d'allant. Pendant la période d'atta-
« que du 10 au 20 octobre 1918, a soutenu pendant toute la progression
« le bataillon de 1ʳᵉ ligne du régiment, réduisant de nombreux nids de
« mitrailleuses et permettant par ses mises en batterie rapides la mar-
« che des vagues d'assaut ; déjà cité. »

Ordre de la division :

« A rendu les plus grands services pendant la préparation de l'atta-
« que du Bois des Cocardes par le 3ᵉ bataillon du 24ᵉ régiment d'infan-
« terie ; a permis la progression et la capture de prisonniers. »

CHÂTEL Marcel, sous-lieutenant d'artillerie.

Ordre de la division :

« ...pour sa hardiesse, son dévouement et les services rendus comme
« officier observateur d'artillerie en première ligne. »

CHÊNEREAU, capitaine, puis chef d'escadron d'artillerie.

Deux citations.
Chevalier de la Légion d'honneur.

CHENU Maurice, parti comme simple soldat ; blessé à Courbesseaux, prend part aux combats de Carency et d'Ablain-Saint-
Nazaire.

Ordre du régiment :

« A donné deux fois l'assaut avec un élan superbe, est resté cram-
« ponné aux réseaux de fil de fer et s'est maintenu sur le terrain
« conquis malgré un bombardement intense et des feux de mitrailleu-
« ses de revers. »

Ordre de la division :

« Caporal chef de pièce, déjà blessé le 25 août 1914 comme agent de
« liaison. A contribué par son courage et son sang-froid au succès
« d'une attaque difficile sur une tranchée ennemie ; a été de nouveau
« blessé. »

Nommé sous-lieutenant.

Ordre du corps d'armée :

« A plusieurs reprises, et notamment le 28 octobre 1916 s'est porté en
« avant des premières lignes pour reconnaître le terrain qui ne pouvait
« être vu des observatoires habituels et a rapporté des croquis et des
« renseignements d'un grand intérêt. »

CHENU Pierre, sous-lieutenant de réserve.

« Officier éclaireur de groupe depuis le début de la campagne, a exé-
« cuté avec un sang-froid et une compétence remarquables des recon-
« naissances périlleuses. Vient d'organiser et de diriger pendant les
« combats des 9, 10, 11 mai 1915, les reconnaissances et le service de
« liaison avec la première ligne d'infanterie. »

CHÉRONNET Henri, capitaine au 8ᵉ génie (détachement télé-graphique de la 132ᵉ division, puis du 30ᵉ corps d'armée).

Ordre de la division :

« A établi un réseau très important sur un front très étendu, où tous
« les travaux ont dû être exécutés de nuit et souvent sous le feu de
« l'ennemi ; a dirigé personnellement les équipes les plus exposées
« dans des circonstances critiques, en particulier dans les combats de
« mars et d'avril. »

CLAUDE Marcel, chef d'escadron d'artillerie, attaché à l'état-major de la 2ᵉ armée britannique, commandant le 3ᵉ groupe du 28ᵉ d'artillerie de campagne.

Trois citations dont une à l'ordre de l'armée :

Chevalier de la Légion d'honneur.
Chevalier de l'ordre des Saints-Maurice et Lazare.
Military Cross.
Distinguished Service Order.

CLÉMENT Maurice, capitaine au 9ᵉ d'artillerie.

« A fait preuve d'un sang-froid, d'une insouciance du danger au-
« dessus de tout éloge. Occupant un poste d'observation très dange-
« reux où un officier et un sous-officier venaient d'être tués, atteint
« d'un éclat d'obus, a continué à diriger avec calme le feu de sa bat-
« terie. »

COHEN Marcel.

« Parti au début dans l'infanterie, a été blessé le 19 décembre 1914.
« Passé dans la cavalerie, a fait preuve en toutes circonstances de
« sang-froid et de bravoure. Le 21 mai 1917, n'a pas hésité, malgré un
« violent bombardement, à se précipiter au secours d'un camarade
« blessé. A été atteint de ce fait de deux éclats d'obus à la joue. »

COHEN René.

Décoré de la croix de guerre.

COLLETTE Charles, avocat à la Cour d'appel de Paris. Mobilisé le 2 août 1914, sous-lieutenant au 43ᵉ régiment d'infanterie, nommé lieutenant au 233ᵉ régiment d'infanterie le 2 août 1916 et capitaine le 12 mai 1917.

Ordre de l'armée (22 juin 1915) :

« A entraîné sa section avec la plus belle ardeur à l'assaut des tran-
« chées ennemies, sous un feu violent d'artillerie, de mitrailleuses et
« d'infanterie, a été grièvement blessé. »

Ordre de la division (5 septembre 1916) :

« Officier d'une bravoure remarquable ; a entraîné le 4 septembre
« 1916 sa section à l'assaut des positions ennemies et a réussi, par son
« calme et son courage, à rétablir à notre profit une situation difficile. »

Ordre de la division (12 mai 1917) :

« Officier très brave, d'un sang-froid remarquable ; a pris le com-
« mandement de sa compagnie à deux reprises, avant le combat, et
« l'a vaillamment conduite à l'attaque. Le 16 avril 1917 a contribué
« largement à la conquête d'une position fortement organisée et a
« assuré la conservation du terrain conquis. Déjà blessé. »

Ordre de la division (15 août 1917) :

« Par le soin apporté à la préparation d'une opération de détail, en
« a assuré la complète réussite, qui a permis un bond en avant de
« notre première ligne. »

Ordre de la division (11 mai 1918) :

« Mis à la tête de deux compagnies chargées d'une reconnaissance
« en plein jour, au delà d'une rivière large et rapide, a conçu cette
« opération hardie avec calme et l'a exécutée avec un sang-froid qui
« en a assuré, pour une grande part, la réussite. »

COMPAGNON Jean.

Décoré de la croix de guerre.

CONSTANT-BERNARD Henri-Victor-Marie, élève-architecte à l'Ecole des Beaux-Arts.

Ordre de la division (18 avril 1916) :

« Sous-lieutenant Henri Constant-Bernard, 44ᵉ bataillon de chas-

« seurs : officier très ardent. Pendant l'attaque allemande du 2 avril
« 1916, chargé de reprendre liaison perdue par l'attaque ennemie, s'est
« porté courageusement dans la direction indiquée, s'est trouvé brusque-
« ment face à face avec un Allemand qu'il a abattu d'un coup de cara-
« bine. »

Ordre de l'armée (25 octobre 1916) :

« Jeune et courageux officier dont l'ardeur au combat fait l'admi-
« ration de tous, s'est trouvé pendant les combats des 13 au 20
« septembre en tête de toutes les attaques menées par les grenadiers
« ou les diverses fractions de sa compagnie, donnant ainsi le plus bel
« exemple de bravoure enthousiaste et de mépris absolu du danger ;
« légèrement blessé. »

Ordre du bataillon (9 mai 1917) :

« Crâne officier ayant de l'allant et du coup d'œil. Au cours de
« l'avance, depuis le 17 mars, a exécuté de nombreuses reconnaissances
« hardiment poussées jusqu'au contact de l'ennemi. »

Chevalier de la Légion d'honneur (12 janvier 1919) :

« Brillant officier, passé dans l'infanterie sur sa demande, s'est
« distingué au milieu des plus braves. Fait prisonnier, grièvement
« blessé a été rapatrié. A rendu, dès son retour en France, les plus
« grands services et a fourni un travail acharné. »

« Excellent officier, d'une bravoure et d'un allant légendaires au
« bataillon. Le 8 juillet 1917, attaqué au Chemin-des-Dames par
« l'ennemi, après une préparation d'artillerie d'une extrême violence,
« a résisté courageusement à la tête de sa compagnie jusqu'au moment
« où, grièvement blessé, il a été fait prisonnier. »

CONTAMIN Pierre, élève à l'Ecole Centrale, sous-lieutenant
d'artillerie. Cité à la division en mars 1915, nommé lieutenant en
juillet 1916. Blessé en août 1916.

CONTAMIN Robert, lieutenant de vaisseau.

Chevalier de la Légion d'honneur :

« S'est particulièrement distingué par son courage et son sang-froid
« à l'affaire de Coco-Beach, dans laquelle la canonnière « *Surprise* »
« a assuré la mise à terre des troupes destinées à conquérir le
« Cameroun. »

Ordre du corps d'armée :

« Officier remarquable par ses qualités d'organisation, de sang-froid,
« d'énergie et d'audace, a dirigé personnellement des reconnaissances
« nombreuses et méthodiques des lignes ennemies. Grièvement blessé le
« 5 novembre 1916 hors de nos tranchées, a fait preuve d'un calme et
« d'un mépris de la douleur dignes d'être donnés en exemple à tous. »

Ordre de la division :

« Officier énergique, actif, d'un courage exemplaire, beaucoup
« d'ascendant sur ses hommes, chez lesquels il a su développer au plus
« haut point l'esprit offensif. Le 23 avril, lors d'une attaque ennemie
« accompagnée d'émissions de gaz, avait su dès la veille prendre toutes
« les dispositions. Le jour de l'attaque a dirigé la défense d'une
« manière remarquable, gardant le plus grand sang-froid malgré un
« commencement d'intoxication. A obligé l'ennemi supérieur en nombre
« à rentrer dans ses lignes. S'était déjà distingué le 6 février.
« Deux citations, deux blessures. »

COSNARD Lucien, adjudant au 501ᵉ régiment d'artillerie
d'assaut.

Ordre du corps d'armée (15 novembre 1918) :

« Commandant d'échelon, aussi brave que compétent, s'est dépensé
« sans compter au cours de la journée du 8 octobre 1918 pour assurer
« le dépannage des chars et le transport des blessés, venant, sous les
« tirs de barrage, organiser lui-même le travail. »

COSTE Daniel, sous-lieutenant au 288ᵉ régiment A. L. T. :

« Jeune officier plein d'ardeur, toujours désireux de missions de
« reconnaissance et d'observation dans les premières lignes ; a rendu
« de grands services à son groupe comme officier orienteur ; s'est par-
« ticulièrement distingué comme officier de batterie dans l'attaque du
« 8 août. »

COUBAND Henri, aspirant au 105ᵉ R. A. L. :

« Au cours de l'attaque du 15 juillet, s'est porté spontanément sous
« le bombardement violent au secours de canonniers blessés en servant
« leur pièce ; a ensuite brillamment secondé son commandant d'unité
« dans l'occupation des positions de batteries successives, le lieutenant
« de sa batterie ayant été tué. »

COURIOT Maurice, sous-lieutenant E. M. au 109ᵉ d'artillerie lourde.

Ordre du régiment (mars 1917) :

« D'une bravoure tranquille, d'une endurance peu commune, d'un
« dévouement à toute épreuve, a rendu des services signalés en cons-
« truisant à plusieurs reprises, notamment du 20 au 25 mars 1916,
« sous le feu ennemi, dans les conditions les plus pénibles et les plus
« dangereuses, des observatoires avancés pour l'artillerie. »

Promu lieutenant.

Ordre de l'artillerie du 7ᵉ corps :

« Officier des plus distingués ayant fait preuve de qualités exception-
« nelles, de calme et de méthode pendant les combats d'avril 1917
« devant Reims. D'une activité inlassable, a imprimé à tout son entou-
« rage son goût pour l'observation et a très souvent fourni les
« renseignements les plus précis sur les batteries ennemies créées, en
« action dans le secteur C. A. et des corps voisins. »

COURTOIS-SUFFIT Pierre, lieutenant, observateur à l'esca-drille M. F. 63.

« Brillant officier observateur, ayant un sentiment très élevé de son
« devoir militaire. Depuis six mois, n'a exécuté que des missions
« lointaines dans une région où l'aviation ennemie est particulièrement
« active. A livré de nombreux combats, notamment les 17, 23, 29 jan-
« vier, le 18 mars et le 25 avril 1916. Au cours de ce dernier combat, a
« eu son avion gravement atteint et son moteur arrêté par une balle.
« A pu rejoindre les lignes en vol plané, grâce à un vent favorable ;
« a fait une chute grave à l'atterrissage. »

COURTOIS-SUFFIT Roger, adjudant-pilote :

« Excellent pilote, très allant. A mis au point un appareil indi-
« cateur de pente latérale permettant de voler à travers la brume et
« les nuages. A tenu à essayer lui-même, à maintes reprises, tant de
« jour que de nuit, cet appareil et ce dans des circonstances atmos-
« phériques rendant ces essais particulièrement périlleux. »

COUTANT Paul-Pierre-Georges, lieutenant au 7ᵉ chasseurs à cheval, capitaine à l'état-major du 35ᵉ corps d'armée.

Deux citations à l'ordre du corps d'armée.
Nommé chevalier de la Légion d'honneur.

COUTROT Jean, sous-lieutenant au 38ᵉ d'artillerie.

Chevalier de la Légion d'honneur :

« Jeune officier très brillant, sous tous les rapports, admirable
« d'entrain et de vigueur ; s'est fait, dès son arrivée au corps, une
« réputation de bravoure poussée jusqu'à la témérité. N'a jamais
« cessé de donner l'exemple. Atteint le 28 septembre 1915, d'un éclat
« d'obus qui a nécessité l'amputation de la cuisse droite. »

COUVREUR Jacques, sergent-observateur, 83ᵉ compagnie d'aérostiers.

Ordre de la division :

« A rendu à l'artillerie et à l'infanterie des services signalés, tant
« dans les exercices de liaisons optiques que dans les réglages et contrôles
« de tir. En observation à des points dangereux dans des conditions
« atmosphériques défavorables et souvent très pénibles, a toujours
« accompli les missions qui lui ont été confiées, avec un courage, un
« sang-froid et une compétence remarquables. »

DAGUILHON Lucien, soldat au 56ᵉ bataillon de chasseurs à pied.

Ordre de la division :

« Jeune chasseur d'un courage et d'un entrain au-dessus de tout
« éloge, a fait preuve en maintes circonstances d'un mépris complet
« du danger. Comme observateur s'est particulièrement distingué au
« combat du 30 mars 1918 ; est parvenu par ses renseignements d'une
« haute précision à faire échouer deux tentatives d'attaques et à faire
« détruire à leur arrivée d'importants renforts ennemis. »

DAUBIAN-DELISLE Pierre, sous-lieutenant au 167ᵉ régiment d'infanterie.

Ordre de la brigade (15 juin 1915) :

« A fait preuve de calme, de sang-froid et de belles qualités militai-
« res en maintes circonstances. S'est fait remarquer spécialement par
« son allant et son courage les 21, 22, 23 et 27 septembre 1914.
« Le 27 septembre 1914 a, par son attitude ferme et résolue, maintenu
« sa section au combat sous un violent bombardement d'artillerie. A
« été blessé. »

Décoré de l'Etoile de Roumanie.

DAVID Jacques, sous-lieutenant au 88ᵉ R. A. L.

Décoré de la croix de guerre.

DAŸDÉ Jacques.

Décoré de la croix de guerre.

DAŸDÉ René.

Décoré de la croix de guerre.

DEBUISSON René, capitaine au 32ᵉ régiment d'artillerie de
campagne (1914-1915), capitaine à l'état-major de l'artillerie du
36ᵉ corps (1915-1916), capitaine à l'état-major du grand parc
d'artillerie de l'armée de Verdun (1916-1918).

*Ordre de l'artillerie du groupement Sud du 36ᵉ corps (10
février 1916) :*

« Affecté au début de la guerre au commandement d'une section de
« munitions, a fait preuve pendant les combats d'août et septembre
« 1914, en Belgique et sur la Marne, d'énergie, de sang-froid et de
« dévouement en ravitaillant dans des conditions difficiles et péril-
« leuses les troupes engagées. Rend, à l'état-major d'artillerie du
« groupement Sud, où il a ensuite été affecté, les services les plus
« appréciés, y apportant le plus grand dévouement, ses belles qualités
« d'intelligence et d'esprit de méthode. »

Chevalier de la Légion d'honneur (25 décembre 1916) :

« Officier énergique et plein d'allant, a rendu les meilleurs services
« dans les postes qui lui ont été confiés depuis le début des hostilités. »

DELESTRE Marcel, médecin-chef du 4ᵉ régiment de zouaves, médecin-chef d'ambulance divisionnaire du 2ᵉ corps colonial, médecin-chef du centre de réforme de Nantes.

Chevalier de la Légion d'honneur.

DELLOYE Jean.

Ordre de l'armée :

« Excellent soldat engagé volontaire, s'est fait sans cesse remarquer
« par sa bravoure allant jusqu'à la témérité. Grièvement blessé à son
« poste de combat le 26 juillet. »

Médaille militaire.

DELOFFRE Léon.

Chevalier de la Légion d'honneur.

DELPY André.

Ordre de la brigade :

« Engagé volontaire pour la durée de la guerre, a montré une
« bravoure et un dévouement dignes des plus grands éloges, en répa-
« rant, pendant la période du 21 février au 3 mars 1916, de jour et de
« nuit, les lignes téléphoniques constamment rompues par la violence
« d'un bombardement sans précédent. »

DENIS Georges-Gustave, capitaine d'artillerie (état-major de la 174ᵉ brigade d'infanterie territoriale).

Ordre de la division (24 janvier 1915) :
« Chargé de missions souvent périlleuses s'en est toujours acquitté
« avec entrain et une belle insouciance du danger. »

Ordre de la division (23 mai 1915) :
« A fait preuve du plus grand courage pendant la nuit du 22 avril
« en allant aux endroits les plus exposés pour se rendre compte d'une
« situation devenue critique. Déjà cité à l'ordre de la division. »

Chevalier de la Légion d'honneur (1ᵉʳ avril 1917) :
« Au front depuis le début de la campagne, fait preuve de beaucoup

« de calme, de sang-froid et d'esprit pratique dans l'accomplissement
« des missions qui lui sont confiées, rapportant toujours, sur la situa-
« tion, même dans les moments les plus critiques, des renseignements
« très intéressants et très précis. »

Chevalier de l'Ordre de Léopold. Croix de guerre belge.

DÉTROYAT Maurice, capitaine commandant une S. M. A.,
une batterie de 75, chef d'escadron commandant un groupe de 75,
E. M. du général Foch, chef d'état-major du général Maurin, lieutenant-colonel, commandant le 283ᵉ R. A. L.

Une citation au corps d'armée, chevalier de la Légion d'honneur.

DIDELET Henri, capitaine à la 5ᵉ batterie du 2ᵉ régiment
d'artillerie.

Ordre du régiment :

« Se trouvant dans un fort bombardé par des obus du plus gros
« calibre, a coopéré, au péril de sa vie, au sauvetage des hommes de la
« garnison atteints par l'oxyde de carbone. »

Ordre de l'armée (5 décembre 1915) :

« Voyant les batteries appelées par le chef d'escadron arrêtées par
« une mitrailleuse restée à 200 mètres dans une tranchée de troisième
« ligne, a fait mettre une pièce en batterie, a détruit la mitrailleuse et
« a entraîné le groupe en avant. S'est ensuite porté audacieusement
« avec sa batterie à 800 mètres des lignes d'infanterie, l'a maintenue
« sous un violent bombardement. »

Chevalier de la Légion d'honneur (9 décembre 1915) :

« A montré pendant les combats du 25 septembre au 12 octobre
« 1915 une bravoure, un mépris du danger et un allant remarquables.
« Le 25 septembre, arrêté par une mitrailleuse, l'a détruite à coups de
« canon ; puis, avec une crânerie admirée de tous, a placé sa batterie
« derrière les premières lignes d'infanterie, apportant à celles-ci un
« secours et un réconfort puissants. A aussi contribué à arrêter net
« une contre-attaque ennemie. »

Ordre de la division :

« Capitaine d'artillerie, détaché à l'état-major de l'artillerie de la
« division, a organisé le service dans des circonstances difficiles, avec

« la plus grande activité et le plus entier dévouement. Chargé de plusieurs
« reconnaissances sur le front, y a fait preuve de connaissances techni-
« ques approfondies, d'un coup d'œil très sûr et d'un sens tactique
« aiguisé, quatrième citation. »

DOMANGE (Eugène-Louis), 43ᵉ régiment d'artillerie, 28ᵉ régiment d'artillerie, capitaine commandant la 5ᵉ batterie du 35ᵉ régiment d'artillerie de campagne.

Ordre de la 22ᵉ division d'infanterie (décembre 1916) :

« Officier de territoriale d'un entrain et d'une énergie remarquables.
« Etant au Parc, a commandé du 11 mars au 26 juillet 1915 une com-
« pagnie d'artilleurs, qui faisait le service d'infanterie aux tranchées de
« première ligne, dirigeant lui-même les patrouilles et les équipes de
« pose de fil de fer. Passé sur sa demande à une batterie de 75, sous
« Verdun, le 2 et 3 avril 1916, envoyé en liaison avec l'infanterie, a
« rempli complètement sa mission en parcourant pour cela en plein
« jour un terrain battu par des tirs violents d'infanterie et d'artil-
« lerie. »

Ordre de l'armée (28 février 1918) :

« A donné, comme commandant de batterie, les plus beaux exemples
« de courage et de dévouement, notamment le 20 mai 1917, à Heur-
« tebize, où, s'étant rendu pour un réglage dans la tranchée de première
« ligne pendant une attaque ennemie, il assura de sa personne, sous
« un violent bombardement, la liaison entre le bataillon attaqué et le
« colonel commandant le sous-secteur. »

Chevalier de la Légion d'honneur.

DORIZON Jean, sous-lieutenant au 18ᵉ bataillon de chasseurs
à pied.

« Etant chef de poste d'écoute avancé à 40 mètres de l'ennemi, a
« pris de judicieuses dispositions à l'approche d'une patrouille, a blessé
« d'une grenade le chef de la patrouille et a fait preuve d'une grande
« bravoure en franchissant le réseau pour aller le chercher à proxi-
« mité du poste d'écoute allemand. »

« Officier d'élite, placé avec sa section en soutien d'une compagnie
« d'attaque, s'est spontanément porté en avant pour enlever un bois
« devant lequel nos éléments de première ligne étaient arrêtés ; a été

« grièvement blessé à la tête de sa troupe au moment où il parvenait
« sur la position. »

Nommé chevalier de la Légion d'honneur.

DREYFUSS Stanley, ancien élève de l'Ecole Polytechnique.

Deux citations.

DROUIN Dominique, maréchal des logis, 5ᵉ dragons, 4ᵉ
escadron.

« Sous-officier très brave. A fait preuve, au cours d'une récente atta-
« que, du plus beau sang-froid et d'une ardeur communicative. A
« contribué, par son activité et son intelligente initiative, à l'installation
« et à la défense d'un centre de résistance que l'ennemi n'a pu aborder.
« A été légèrement blessé. »

Médaille militaire.

DROUIN Jacques, sous-lieutenant au 45ᵉ régiment d'artillerie.

Deux citations.

DUCOMMUN Emile, aspirant au 102ᵉ régiment d'artillerie
lourde.

« Plein d'ardeur et de dévouement, observateur hardi et attentif. A
« fourni des renseignements précieux, et notamment les 12 et 14 avril
« 1916. Promu sous-lieutenant le 15 avril 1916. »

Chevalier de la Légion d'honneur.

DUPONT Edmond-Ernest-Edouard, lieutenant, puis capitaine
d'artillerie, état-major du 11ᵉ corps d'armée.

Une citation à l'ordre du corps d'armée.
Chevalier de la Légion d'honneur.

DURUY Albert, caporal au 1ᵉʳ zouaves.

Ordre du régiment (20 avril 1917) :

« A l'attaque du Mont-Cornillet, s'est particulièrement distingué en
« entraînant ses hommes à l'assaut d'un blockhaus ennemi puissamment
« organisé. Gradé d'un courage et d'un sang-froid admirables. Engagé
« de la classe 1918, en 1915, a toujours montré le meilleur exemple et
« donné toute satisfaction à ses chefs. »

Ordre du régiment (novembre 1917) :

« Sergent DURUY : Le 19 octobre, au cours d'un violent bombarde-
« ment sur notre première ligne, faisant prévoir l'imminence d'un coup
« de main ennemi, s'est promené sur le bord du parapet de la tran-
« chée en recommandant à ses hommes le calme et la prudence, rappe-
« lant à chacun la conduite à tenir en cas d'attaque. A puissamment
« secondé son chef de section pour faire échouer la tentative adverse.
« Excellent sous-officier, d'un cran et d'un allant admirables, a fait
« l'admiration de tous ses hommes et des gradés par sa bravoure attei-
« gnant souvent la témérité, toujours au premier rang pour les mis-
« sions périlleuses. »

Ordre de l'armée (16 septembre 1918) :

« Gradé d'un rare courage, a mené heureusement avec sa section un
« combat excessivement dur pour la conquête d'un objectif important.
« Blessé, n'a pas voulu être évacué. A repris le commandement de sa
« section pour continuer la lutte. »

Nommé chevalier de la Légion d'honneur.

DUTAUZIET FRANÇOIS, aspirant à la 14ᵉ batterie du 2ᵉ
R. A. M.

Médaille militaire :

« Sous-officier courageux et plein d'entrain, ayant fait preuve du
« plus grand sang-froid dans des circonstances difficiles. A été griève-
« ment blessé le 8 février 1918 à la position de la batterie. »

DUVAL RENÉ.

Ordre du 21ᵉ C. A. (21 décembre 1915) :

« Attaché depuis le début de la mobilisation à l'état-major de l'artil-
« lerie du 21ᵉ C. A., ne cesse d'y rendre de précieux services, grâce
« à son intelligence, son activité, son endurance et son dévouement
« absolu. A rempli plusieurs fois des missions sur des terrains violem-
« ment battus par l'artillerie ennemie. »

Ordre de la VIe armée (30 novembre 1917) :

« Au début de la campagne, en Lorraine et sur la Marne, a fait
« preuve de remarquables qualités d'énergie et de savoir, dans les mis-
« sions qui lui furent confiées. Pendant les batailles d'Artois, de Ver-
« dun, de la Somme et surtout de l'Aisne (23 octobre 1917), a rendu
« d'inappréciables services pour la mise en œuvre d'une artillerie consi-
« dérable. S'est particulièrement distingué par son sang-froid et son
« grand sens pratique au cours d'importantes reconnaissances exécutées
« sous de violents bombardements. »

D'EICHTHAL ROBERT, engagé volontaire au 30e régiment
d'artillerie, le 16 août 1916, aspirant (1917) et sous-lieutenant au
237e régiment d'artillerie le 1er janvier 1918.

Ordre du régiment :

« Chargé d'assurer la liaison avec l'infanterie au cours d'une journée
« d'une violente bataille, a rempli sa mission avec décision en mainte-
« nant constamment son groupe au courant de la situation de l'infan-
« terie. »

Ordre de la division :

« Le 4 avril 1918, au moment d'une violente attaque, s'est porté à
« cheval en première ligne et a rapporté avec une intelligence et une
« rapidité remarquables des renseignements précieux. »

Ordre du corps d'armée :

« Jeune officier du plus brillant courage et d'un allant superbe ; dans
« la soirée du 1er septembre, a parcouru toute la 1re ligne sur le front
« de la division, rapportant ainsi sur la situation des renseignements
« précis, grâce auxquels il a été possible de faire occuper aux batteries
« des emplacements avancés d'où elles ont pu efficacement appuyer
« l'infanterie au cours de l'attaque du 2 septembre. »

ESTIER FRANÇOIS, grièvement blessé alors qu'il accompagnait
son officier en première ligne.

Cité à l'ordre du corps d'armée.

EVRARD PIERRE, deux citations ; blessé.

FAILLIOT Jacques, de la section automobile T. M. 112, 6ᵉ escadron du train des équipages.

Ordre de la direction des services automobiles :

« Officier remarquable par son activité et son dévouement. S'est
« particulièrement signalé du 21 au 31 mars 1918 par ses courageuses
« initiatives, se dépensant sans compter pour assurer la circulation des
« convois automobiles sur des routes violemment bombardées. »

FALIZE Jean, adjudant-chef au 1ᵉʳ groupe transport-automobile. Adjoint au capitaine commandant.

« A fait preuve de dévouement, de sang-froid, de mépris du danger,
« notamment dans la nuit du 27 au 28 septembre 1915 à Arras, au
« cours de l'enlèvement par camions automobiles d'une batterie de 155,
« opération effectuée sous le feu de l'ennemi. »

FALIZE Pierre, sous-lieutenant au 86ᵉ régiment d'infanterie, état-major de l'armée.

Ordre de la division :

« Officier aussi brave qu'énergique. Au cours des journées des 16 et
« 19 avril 1917, a conduit sa section avec le plus grand courage, ani-
« mant ses hommes par son exemple, son calme et son mépris du
« danger, sous les bombardements les plus intenses d'obus de gros
« calibre comme sous le feu des mitrailleuses ennemies. »

FARKOA Henri.

Meritorious service Medal.

FEREMBACH René, sous-lieutenant au 20ᵉ régiment d'infanterie :

« A chargé à la tête de sa section, à l'assaut du 30 mai 1915, sur
« une tranchée ennemie fortement organisée. Arrivé le premier, a lutté
« le revolver en main et dirigé un violent combat de grenades. Est
« tombé la mâchoire fracassée et, malgré sa blessure, a continué à
« commander jusqu'à épuisement de ses forces. »

FERRARY Jean.

Croix de guerre et Saint-Stanislas.

FEUILLÂTRE Eugène, lieutenant à l'état-major de l'artillerie, 102ᵉ division. Capitaine commandant au 61ᵉ d'artillerie, 42ᵉ division, 1ʳᵉ S. M. I.

Citation à l'ordre de la 41ᵉ division.
Chevalier de la Légion d'honneur.

FLANDIN Charles, aide-major au 32ᵉ régiment d'artillerie.

« S'est fait remarquer pendant toute la campagne par son dévoue-
« ment absolu et son mépris du danger, notamment le 24 avril et le
« 2 mai 1915, où il n'hésita pas à se porter au milieu des batteries de
« tir soumises à un violent bombardement. »

Chevalier de la Légion d'honneur.
Distinguished Service Order.

FLORAND Jacques, médecin auxiliaire au 11ᵉ régiment du génie.

Le 17 décembre 1914, lors de l'attaque de Notre-Dame-de-Lorette, s'est porté dans les tranchées de première ligne pour assurer avec rapidité les premiers secours aux blessés ; atteint par l'explosion d'un obus de gros calibre et forcé de revenir en arrière une première fois, y est retourné les jours suivants pour assurer sa mission.

Médaille militaire :

« A prodigué sans compter ses soins aux blessés, jusqu'en première
« ligne sous les obus et les balles. »

Le 14 mai 1915 a été gravement blessé par l'éclatement d'un obus.

Médaille de St-Georges de Russie.

FLORAND Jean.

Ordre du régiment (avril 1918) :
« Brigadier d'une grande bravoure, a rapporté des renseignements
« très importants sous le feu violent de l'ennemi. »

FLORAND Pierre, sous-lieutenant au 8ᵉ bataillon de chasseurs à pied.

Ordre de la brigade :

« Maréchal des logis très brave et très courageux, a secondé ses chefs
« en maintes circonstances avec beaucoup de zèle et d'intelligence ; a
« transmis des ordres importants sur la ligne de feu pendant les jour-
« nées des 25, 26 et 27 septembre 1916, au milieu des bombardements
« et des feux de mousqueterie des plus intenses. »

Ordre de la division (27 avril 1917) :

« Sous-lieutenant Pierre FLORAND, a pris sous le feu, le 16 avril
« 1917, le commandement d'une compagnie de mitrailleuses, dont les
« chefs étaient tombés, l'a réorganisée, et assuré la défense du terrain
« conquis avec un calme et un sang-froid parfaits. »

Ordre de la division (30 août 1917) :

« Commandant une compagnie de mitrailleuses, a su habilement dis-
« poser ses sections et organiser des tirs sur les avions et les pistes
« ennemies. Toujours sur la brèche, a donné pendant l'attaque du
« 20 août 1917 de nouvelles preuves de courage et d'esprit d'organi-
« sation. »

Ordre du bataillon (15 octobre 1917) :

« Pierre FLORAND, sous-lieutenant à la C. M. 2. Officier mitrailleur
« d'une bravoure exemplaire, a montré, au cours de l'action du 26, les
« plus belles qualités d'énergie et de sang-froid. »

Ordre de la division (août 1918) :

« Officier d'une bravoure et d'un calme inaltérables ; au front depuis
« le début de la campagne, venu comme volontaire dans les chasseurs,
« a toujours montré un mépris complet du danger et manifesté un
« esprit offensif très ardent, s'est particulièrement distingué au cours
« des dernières affaires en entraînant superbement son peloton à
« l'assaut. »

Chevalier de la Légion d'honneur.

FOURÈS Pierre, soldat au 27ᵉ dragons.

Ordre du régiment :

« Blessé en prenant position avec sa section le 10 novembre 1914,
« a refusé d'être évacué. »

Ordre de la division :

« Conducteur d'auto-mitrailleuse d'un grand sang-froid ; le 18 octo-
« bre 1918, a fait preuve d'un dévouement remarquable, en contribuant
« pour une large part à sauver le matériel du groupe sous un bombar-
« dement des plus violents. »

FOUSSÉ HENRI, caporal au 79ᵉ régiment d'infanterie.

Ordre de la brigade :

« Gradé énergique et courageux. Blessé le 16 juin 1915, a toujours
« fait preuve de sang-froid et de courage dans l'exécution des ordres
« qui lui ont été donnés. »

Réformé à la suite de sa blessure (amputation de trois doigts de
la main droite).

FOUSSÉ PIERRE, sous-lieutenant mitrailleur au 81ᵉ régiment de
zouaves.

Ordre du corps d'armée :

« Officier d'un allant et d'un entrain remarquables : a porté sa sec-
« tion en avant sous un feu violent d'infanterie, a fait mettre en batte-
« rie et ouvrir le feu sur la tranchée ennemie pour permettre à notre
« infanterie de progresser. Blessé pendant cette opération. »

FRANCO JEAN-LOUIS, caporal.

« Engagé volontaire de la classe 1918. Excellent soldat, très coura-
« geux, doué d'un sang-froid remarquable. A puissamment contribué,
« par un tir très efficace, à arrêter une violente attaque ennemie. »

FRANK JACQUES, sous-lieutenant au 248ᵉ régiment d'infanterie.

Ordre de la division (7 août 1918) :

« Jeune officier très brave, d'un entrain remarquable, qui a pris part
« à de nombreux coups de main. Le 22 juillet 1918, à la tête d'un
« groupe participant à une opération, a pénétré dans les lignes enne-
« mies, nettoyé la zone qui lui était assignée, et ramené un prisonnier
« et du matériel. »

Ordre du régiment (24 août 1919) :

« Officier d'un allant et d'une bravoure remarquables. Le 4 août
« 1918, a exécuté en plein jour, avec un groupe de volontaires, un coup
« de main particulièrement audacieux sur un point occupé par l'ennemi
« et situé à plus de 1.500 mètres de nos lignes. S'en est emparé et s'y
« est maintenu malgré une forte réaction de l'artillerie lourde ennemie. »

Chevalier de la Légion d'honneur.

« Jeune officier d'une bravoure exceptionnelle. Après s'être de nou-
« veau distingué dans les affaires des 15, 16 et 17 août 1918, est parti
« le 7 septembre suivant pour effectuer, à la tête d'un groupe de volon-
« taires, une liaison importante. En cours d'exécution, la situation
« s'étant modifiée, n'a pas hésité à dépasser les limites de sa mission
« pour aller chercher, au plus fort du barrage ennemi, le renseigne-
« ment qui devait permettre à son régiment de s'engager ultérieurement
« dans les meilleures conditions. Est revenu criblé de blessures, 1 bles-
« sure antérieure, 2 citations. »

FRANKEL Georges. Dans l'aviation depuis 1915. 3 fois cité
à l'ordre du jour, les 31 mars, 13 juillet, 29 octobre 1916.

Promu sous-lieutenant sur la proposition suivante :

« Très bon pilote, beaucoup de sang-froid et de calme. Plein
« d'entrain et d'allant. Toujours prêt à accomplir toutes les missions ;
« a eu très souvent son appareil très sérieusement atteint par le feu de
« l'ennemi. En toute circonstance, a toujours fait preuve d'énergie, de
« courage et de sang-froid. »

Dernière citation :

« Excellent pilote. A encore fait preuve de la plus belle énergie au
« cours des attaques de Champagne et de Verdun. Le 20 août 1917, en
« dépit des avions ennemis, a permis à son observateur d'exécuter pen-
« dant l'attaque une neutralisation parfaite des forces ennemies. »

DE FRESCHEVILLE Henri.

Ordre de la division :

« XX... et sous-lieutenant De Frescheville, qui ont donné de jour
« et de nuit les plus beaux exemples de courage, de dévouement
« et d'intelligente initiative. »

DE FRESCHEVILLE Louis, lieutenant au 59ᵉ régiment d'artillerie.

Ordre du 21ᵉ corps d'armée :

« Le 4 mars 1915, exposé pour la première fois aux obus ennemis,
« s'est fait remarquer par son calme et sa bravoure, donnant ainsi le
« plus bel exemple au personnel de sa section qui subissait un tir bien
« réglé et très efficace de l'artillerie ennemie. Le 5 mars, pendant l'at-
« taque allemande, s'est rendu à un poste d'observation très exposé,
« pour observer le tir de sa section en liaison avec l'infanterie. »

DE FRESCHEVILLE Pierre, sous-lieutenant au 6ᵉ régiment du génie.

Cité à l'ordre de la division et de l'armée.

« N'a cessé, depuis le commencement d'octobre 1914, de se prodi-
« guer dans l'exécution des travaux de première ligne dont il avait
« la direction ; il y a montré le plus grand courage et un sentiment
« profond du devoir. »

FRIED Jean, engagé volontaire en 1915, promu aspirant le 1ᵉʳ juillet 1916, blessé à Bouchavesnes le 11 octobre 1916, promu sous-lieutenant, puis lieutenant.

Croix de guerre.

FRIEDBERG Fernand, maréchal des logis au 6ᵉ régiment d'artillerie à pied. Au front depuis le début de la campagne. Blessé le 30 juin 1915. Reparti sur le front le 13 octobre 1915.

Sous-lieutenant à la 204ᵉ batterie du 274ᵉ régiment d'artillerie.

Ordre de la division :

« Officier plein d'entrain, dont l'ardeur et la bravoure au feu sont
« l'admiration de tous. Au cours des opérations du 16 au 22 octobre
« 1917, a réglé le tir de ses pièces d'observatoires avancés soumis au
« feu violent de l'ennemi. Les 23 et 24 octobre a accompagné l'infan-
« terie dans sa progression pour utiliser ou détruire le matériel cap·
« turé. A fait le coup de feu avec les fantassins, et, par deux fois, les

« a dépassés pour mettre hors de service le matériel de deux batteries
« de 77. Blessé au cours de la campagne. »

Sept citations, dont quatre à l'ordre de l'armée.

FUMIÈRE PIERRE.

Ordre de la brigade (2 octobre 1915) :
« Attitude très crâne à l'attaque d'une barricade ; blessé légèrement
« une première fois, a continué à combattre ; a été blessé une deuxième
« fois. »

GALICHET WILLIAM-MAURICE, brigadier d'artillerie, blessé le 11 avril 1917, devant le fort de Brimont.

Ordre de l'artillerie du 7e corps :
« Brigadier très brave, très dévoué, a toujours rempli ses fonctions
« avec zèle et intelligence, grièvement blessé à son poste de combat. »

GASTINE-RENETTE PAUL, lieutenant au 22e régiment d'artillerie à pied, puis au 6e régiment d'artillerie à pied.

Cité à l'ordre du régiment.
Médailles d'honneur.

GEISSMANN MARC-ROGER.

Ordre du 7e corps d'armée :
« A montré pendant les opérations une activité et un dévouement
« hors ligne. De jour comme de nuit a parcouru les lignes pour se
« rendre compte de l'état des dépôts et de la marche des ravitaille-
« ments en munitions, vivres et matériel, avec une insouciance du
« danger, qui, à plusieurs reprises, a failli lui coûter la vie. »

Croix d'officier de Sainte-Anne avec glaives et rosette.
Croix de St-Stanislas avec glaives et rosette.

GÉNY LÉON, prévôt d'armée en 1916 et 1917, colonel, chef de la 18e région de gendarmerie et président du Conseil de guerre, Bordeaux (1918).

Promu officier de la Légion d'honneur.

GILIBERT Charles, capitaine.

Ordre du 7ᵉ corps d'armée (28 septembre 1916) :

« Chargé à l'état-major de l'artillerie de la direction du S. R. A. du
« corps d'armée, a remarquablement bien organisé ce service. Très
« méthodique dans son travail, ayant l'intelligence des situations,
« sachant classer et interpréter les renseignements recueillis, il a pu
« donner aux différents commandements de l'artillerie, à Verdun et sur
« la Somme, les indications les plus utiles sur les positions de l'enne-
« mi et a ainsi contribué dans une large mesure à l'efficacité du tir des
« batteries. Sur le front depuis le début de la campagne, il a donné la
« preuve de son sang-froid et de son courage dans de nombreuses
« reconnaissances faites sous le feu de l'ennemi. »

Chevalier de la Légion d'honneur.

GILLES SAINT-GERMAIN René.

Décoré de la croix de guerre.

GOBERT André.

Chevalier de la Légion d'honneur. 6 citations. Military Cross.

GODFERNAUX Maurice, sous-lieutenant.

Ordre du corps d'armée (16 mai 1918) :

« Officier d'une valeur et d'une bravoure incontestables. S'est dis-
« tingué dans plusieurs opérations et particulièrement le 9 mai 1918,
« en obtenant de sa section un magnifique rendement sous un violent
« bombardement ennemi. »

**GOIZET Louis-Jules, médecin-chef d'ambulance, médecin-chef
du 131ᵉ régiment d'infanterie, médecin-chef d'hôpital.**

Ordre de la division (27 octobre 1916) :

« Le médecin-major de deuxième classe Goizet Louis, chef de ser-
« vice du 131ᵉ. Chef de service dans un régiment de 1ʳᵉ ligne, fait
« preuve de grandes qualités professionnelles. De grand sang-froid,
« d'un dévouement absolu, plein d'entrain et de belle humeur, a donné
« à de nombreux blessés les soins les plus attentifs et les plus éclairés,

« tout en leur procurant un puissant réconfort moral. A poursuivi une
« lourde tâche à la satisfaction de tous pendant les opérations du
« 26 septembre au 9 octobre 1916, en restant impassible au milieu des
« plus violents bombardements. »

GONFREVILLE Yves, aspirant à la 3ᵉ batterie du 13ᵉ régiment
d'artillerie.

« Malgré son extrême jeunesse, son arrivée toute récente au front, a
« eu une attitude superbe sous les plus violents bombardements, provo-
« quant ainsi l'admiration des plus endurcis. A rendu les services les
« plus intelligents et les plus utiles à son commandant de batterie
« privé de ses deux lieutenants. »

Promu sous-lieutenant.

GOUDCHAUX Paul, de la 28ᵉ batterie du 288ᵉ R. A. L.

« Brigadier d'un calme et d'un sang-froid remarquables. A coopéré
« dans une large mesure au maintien de l'ordre sous les feux les plus
« violents, en particulier le 16 octobre 1917, où, par sa ferme attitude,
« il a donné à tous le plus bel exemple de bravoure et de mépris du
« danger. »

GRANGIER DE LA MARINIÈRE Robert, lieutenant au 5ᵉ
régiment de cuirassiers à pied.

Ordre du corps de cavalerie :
« Après avoir fait preuve de brillantes qualités d'entrain et d'ini-
« tiative dans les reconnaissances exécutées les 8, 18 et 20 octobre 1914,
« a, par son énergie au combat du 6 novembre 1914, maintenu son pelo-
« ton sous un feu violent, malgré le retrait des éléments voisins. »

Ordre du corps d'armée :
« Officier remarquable par son sang-froid, son initiative et sa bra-
« voure. Chargé, le 26 février 1917, de l'exécution d'un coup de main,
« s'est emparé de trois postes ennemis, a ramené des prisonniers, et,
« bien que blessé, a maintenu sa troupe dans les positions conquises,
« malgré un violent bombardement. »

Ordre du régiment :
« Très bon officier, calme et vigilant. Après avoir maintenu son

« peloton à son poste pendant une tentative de coup de main et sous
« un violent bombardement, est sorti, à peine le calme rétabli, et a
« vérifié dans des circonstances périlleuses son réseau de fil de fer don-
« nant ainsi le meilleur exemple à tous. »

*Chevalier de la Légion d'honneur, Chevalier de l'Aigle Blanc (Serbie),
de l'ordre du Sauveur (Grèce), Médaille militaire et croix de guerre
helléniques.*

Ordre du 4ᵉ régiment de hussards :

« Officier plein d'entrain et d'initiative, qui a donné maintes preuves
« d'un beau courage. Blessé, plusieurs citations. »

GRIMAUD PIERRE, soldat au 4ᵉ cuirassiers à pied.

Ordre du régiment :

« Jeune soldat très énergique, le 24 mars 1918 a arrêté momentané-
« ment la progression ennemie en lançant jusqu'à la dernière grenade
« à sa disposition ; le 25 mars 1918, a pris part à une patrouille et a
« rapporté des renseignements très précis ; a fait preuve de belles
« qualités militaires. »

GUIEYSSE CHARLES, capitaine commandant aux 12ᵉ et 14ᵉ R.
A. C.; chef d'escadron, commandant de groupe au 263ᵉ R. A. C. et au
101ᵉ ; lieutenant-colonel au 101ᵉ R. A. L.

Deux citations.
Chevalier de la Légion d'honneur.

GUILLAUME VICTOR-CHARLES.

Médaille militaire :

« Caporal à la 4ᵉ compagnie du 164ᵉ régiment d'infanterie, excellent
« gradé, très méritant à tous égards ; blessé grièvement le 7 juin 1915
« dans l'accomplissement de ses devoirs. Enucléation de l'œil gauche.
« Croix de guerre avec palmes. A reçu 7 blessures le 7 juin 1915. »

GUILLEBOT DE NERVILLE FRANÇOIS, aspirant au 82ᵉ régiment d'artillerie lourde.

Ordre du corps d'armée :

« Depuis un mois sur le front, a sans cesse donné l'exemple d'un
« calme et d'un sang-froid admirables et notamment sous les bombar-
« dements des 25 et 26 avril 1917. Blessé d'un éclat d'obus le 26 avril
« sur la position de la batterie a refusé de se laisser évacuer. »

GUILLIERME Robert-Jean, sous-lieutenant observateur à
l'escadrille Br. 274.

Ordre de la division :

« Observateur d'élite, a réalisé dès ses premiers vols des missions
« d'artillerie et d'infanterie aussi périlleuses que difficiles. Pendant tout
« le mois de mai 1918 et particulièrement dans la journée du 20,
« a fourni au commandement des renseignements précieux en survolant
« les lignes à très faible altitude. »

Ordre de la brigade :

« Observateur plein de courage et de sang-froid. Dans la journée du
« 12 septembre 1918, veille d'une attaque, s'est déclaré volontaire
« pour accomplir une mission de la plus haute importance. A demandé
« à repartir le soir même, malgré le feu violent de l'artillerie et la
« présence de nombreux avions ennemis, pour avoir des renseignements
« qu'il n'avait pu recueillir dans son premier vol. »

Ordre de l'armée :

« Le 13 octobre 1918 a ravitaillé malgré la brume un bataillon
« d'infanterie isolé. Le 22 octobre, dans la forêt de Berjaumont, a
« obligé un *drachen* ennemi à descendre. Le 6 novembre, a fait 80 kilo-
« mètres dans la pluie et à moins de 50 mètres de hauteur, pour
« jalonner l'avantage de notre infanterie sur Vervins, mitraillé les
« troupes allemandes en retraite et fait acclamer les cocardes françai-
« ses par les populations des villages, sur le point d'être délivrés. »

HALPHEN Jacques, capitaine au 203ᵉ R. A. L.

Chevalier de la Légion d'honneur.

HANICQUE Paul, adjudant au 28ᵉ régiment d'infanterie.

Ordre du régiment (18 mars 1916) :

« Très belle conduite au combat du 21 février 1916. A fait preuve

« depuis le début de la campagne d'un grand dévouement dans ses
« fonctions d'agent de liaison. »

Ordre de la division :

« Sous-officier d'un dévouement au-dessus de tout éloge. Pendant
« les combats de juin 1917, plusieurs agents de liaison ayant été tués,
« s'est à de nombreuses reprises offert pour les remplacer et a porté
« lui-même des ordres sous les bombardements les plus violents. »

Ordre du corps d'armée :

« Chef de section d'un grand courage, s'est particulièrement distingué
« le 19 octobre 1918 en entraînant sa section à l'assaut d'un ouvrage
« ennemi où il est entré un des premiers sous un feu violent de
« mitrailleuses ; a été blessé au cours de la contre-attaque ennemie. »

HAUET Paul, capitaine-adjoint au directeur du Grand parc de
l'armée d'Alsace, commandant de l'artillerie de tranchée de la
VIe armée, commandant le 178e régiment d'artillerie de tranchée,
chef d'état-major du Général inspecteur général des munitions aux
armées.

Ordre de la 6e armée (3 novembre 1915) :

« Chargé de la mise au point des engins de combat, constamment
« dans les tranchées de première ligne, pour les mettre lui-même en
« action, ne cesse de donner l'exemple du courage, et par son ingé-
« niosité et son activité contribue grandement à infliger à l'ennemi des
« pertes sérieuses. »

Ordre de l'artillerie de la 6e armée (10 décembre 1916) :

« Officier supérieur de haute valeur. Commandant l'artillerie de
« tranchée d'une armée. A fourni au début de l'offensive de la Somme,
« un effort personnel considérable pour installer les batteries en pre-
« mière ligne et les ravitailler, parcourant les tranchées d'un bout à
« l'autre du front, inspirant à tous l'ardeur et la confiance dans le
« succès par son attitude énergique et son inlassable activité. »

Ordre de la 6e armée (30 novembre 1917) :

« Commandant l'artillerie de tranchée d'une armée en opérations, a
« su, avec une maîtrise remarquable, en organiser le déploiement et en
« coordonner l'action. Parcourant sans cesse les premières lignes pour
« stimuler et guider son personnel, donnant à tous un bel exemple
« d'activité et de crânerie, a sa large part dans l'excellent travail de

« destruction que l'artillerie de tranchée a accompli au cours de la
« bataille de la Malmaison, 23-26 octobre 1917. »

Promu officier de la Légion d'honneur (4 mai 1916) :

« A rendu depuis le début de la campagne des signalés services par
« son esprit de décision, son activité inlassable, sa compétence technique,
« la souplesse et la vivacité de son intelligence. »

HAUSER DANIEL, aspirant au 230ᵉ régiment d'artillerie.

Ordre du régiment :

« Agent de liaison auprès d'un chef de bataillon, a rempli sa mis-
« sion avec intelligence et bravoure, se montrant aux fantassins ;
« s'est offert spontanément au chef de bataillon pour assurer des liai-
« sons délicates et faire des observations quand des vides se sont fait
« sentir. »

Ordre du corps d'armée :

« Vient d'assurer pendant 4 jours la liaison auprès d'un bataillon
« d'infanterie, s'est porté en avant avec les vagues d'assaut pour être
« mieux à même de recueillir des renseignements ; le chef de bataillon
« n'ayant plus de liaisons, s'est offert pour porter des ordres. »

Promu sous-lieutenant le 15 septembre 1918.

HÉMENT GASTON.

Décoré de la croix de guerre.

HENNERICK, lieutenant d'artillerie lourde.

Deux citations.

HENRI-BEAU EMMANUEL.

Ordre du 243ᵉ régiment d'artillerie :

« Canonnier énergique et de grand sang-froid. Le 16 avril 1917,
« bien que grièvement blessé par un éclat d'obus de gros calibre qui
« avait enseveli plusieurs de ses camarades, a conservé toute sa bonne
« humeur et ne s'est laissé soigner qu'après le dégagement de tous
« ses camarades. »

HENRI-BEAU Gérard.

Cité le 24 mars 1918 :

« A toujours accompli son devoir avec bravoure ; s'est particulière-
« ment distingué dans les combats du nord de Soissons, le 20 mars
« 1917, en assurant comme agent de liaison monté, la transmission des
« ordres sous de violents bombardements. »

Cité le 30 juillet 1918 :

« Sous-officier plein de dévouement et d'esprit du devoir, s'est pro-
« digué dans les combats du 16 au 18 juillet 1918, pour assurer le bon
« rendement de sa demi-section, après la mort de l'officier comman-
« dant la section, donnant ainsi à sa troupe le plus bel exemple de
« moral. »

HENRI-ROBERT Albert-Jacques, sous-lieutenant :

« Jeune officier actif et dévoué ; s'est engagé à 17 ans, et, depuis
« 3 ans, a fait preuve de belles qualités militaires : officier d'antenne
« au groupe, a dirigé avec succès des réglages dans des conditions
« difficiles. »

HERMELIN, capitaine d'infanterie.

Deux citations.

HOMOLLE Michel, lieutenant au 44ᵉ régiment d'artillerie.

Ordre de l'armée :

« Toujours prêt à se dévouer pour les missions périlleuses. A réparé
« sous un feu violent la ligne téléphonique des tranchées et a réussi à
« rétablir la communication coupée, au cours de la préparation de
« l'attaque du 7 mars. Blessé au combat, le 29 septembre 1914, il est
« revenu le 12 octobre, à peine guéri. »

HUGOT Pierre.

Décoré de la croix de guerre.

HUMBERT Henri, capitaine au 6ᵉ régiment d'artillerie.

Ordre de la division :

« Venu sur sa demande du parc d'artillerie au 2ᵉ groupe du 35ᵉ en
« octobre 1914, a depuis rempli les fonctions d'orienteur avec un zèle
« et un dévouement constants et un haut sentiment du devoir ; s'est
« plus particulièrement distingué à l'attaque du 25 septembre dans une
« reconnaissance exécutée sous le feu. »

Ordre de la division :

« Modèle de bravoure et d'abnégation, d'une activité inlassable et
« cherchant toujours le mieux ; se montre depuis 18 mois et dans les
« circonstances les plus difficiles, un commandant de batterie d'une
« compétence rare et d'un courage à toute épreuve. »

Nommé chevalier de la Légion d'honneur.

HUMBERT Louis, sous-lieutenant au 20ᵉ régiment de dragons,
détaché à l'état-major ; 152ᵉ division d'infanterie.

Ordre de la division :

« A rempli parfaitement, pendant la préparation et l'exécution des
« attaques du 1ᵉʳ au 26 septembre, les missions qui lui ont été confiées,
« se rendant sur les points les plus dangereux, quels que soient les
« feux de l'ennemi. A su toujours apprécier sainement la situation et
« rapporter les renseignements les plus complets. »

Promu lieutenant.

HUMBERT Manuel, lieutenant au 8ᵉ régiment d'artillerie.

Ordre de la division :

« N'a cessé d'assurer, les 9, 10, 11 et 12 mai 1915, avec sang-froid,
« bravoure et sagacité, la liaison de son groupe avec les éléments de
« première ligne les plus avancés, pendant leur progression à travers
« les tranchées ennemies et même au delà. »

Nommé chevalier de la Légion d'honneur.

JACQUILLAT François, lieutenant au 243ᵉ régiment d'artillerie de campagne, 3 citations.

Ordre du régiment :

« Jeune officier d'une grande valeur morale, toujours prêt à se por-

« ter avec entrain aux postes les plus dangereux ; s'est particulière-
« ment distingué par son attitude sous les très violents bombarde-
« ments auxquels était soumise sa batterie au cours des opérations du
« 7 avril 1917. »

« Officier d'un allant magnifique ; dans les rudes journées du 9 au
« 14 juin 1918, a fait preuve d'une grande résistance morale, assurant
« son service d'orienteur du groupe, malgré les plus dures difficultés,
« sous un violent bombardement et dans les circonstances les plus
« périlleuses. »

Ordre du corps d'armée :

« Officier orienteur d'un allant magnifique et d'une expérience
« consommée ; alors que toutes les liaisons étaient rompues, s'est, à
« plusieurs reprises, porté aux premières lignes par l'itinéraire obligé
« d'une longue chaussée soumise à un tir violent et continu d'interdic-
« tion ; a pu ainsi rapporter au groupe, dans le temps le plus court,
« la situation exacte de notre infanterie. »

Chevalier de l'Etoile de Roumanie.

JAGERSCHMIDT J EAN, inspecteur des forêts, attaché comme
capitaine à l'état-major de la 91ᵉ brigade, nommé commandant.

Ordre de la brigade :

« Au front depuis le 7 juin 1915, officier de complément d'une
« valeur et d'un mérite tout à fait hors de pair, faisant constamment
« preuve d'une activité, d'un zèle et d'un dévouement à toute épreuve,
« animé des sentiments les plus élevés, et imbu au plus haut point de
« l'esprit du devoir, s'est mis très rapidement, très complètement au
« courant de ses fonctions d'officier d'état-major. D'une bravoure
« calme et souriante, n'hésite jamais à se rendre aux points les plus
« dangereux dans les très nombreuses inspections qu'il fait dans les
« tranchées. »

« Pendant la période du 11 au 23 mai 1916, sous un bombardement
« constant et d'une extrême violence, a organisé et dirigé le service
« des liaisons dans des conditions particulièrement difficiles ; par son
« activité et son initiative intelligente, a été l'auxiliaire le plus dévoué
« et le plus précieux du colonel commandant la brigade. »

Chevalier de la Légion d'honneur (18 septembre 1916) :

« Officier d'une haute valeur morale, qui a toujours fait preuve d'un
« dévouement inlassable et d'une bravoure exceptionnelle : a été blessé

« très grièvement le 14 septembre 1916 en se rendant au poste de
« commandement de la brigade ; déjà deux fois cité à l'ordre. »

JAMET Edmond, engagé volontaire. A fait Corfou, Salonique,
tous les secteurs français, caporal au 6ᵉ bataillon de chasseurs
alpins. Croix de guerre. Médaille militaire, trois citations, plusieurs
blessures.

JASSADA Albert.

« Excellent soldat, agent de liaison de premier ordre, a assuré
« l'information dans une région battue constamment par des rafales de
« mitrailleuses. »

« Excellent caporal, volontaire pour les patrouilles, qu'il accomplit
« avec courage et sang-froid. Blessé dans un petit poste, alors que,
« croyant à une attaque, il observait par-dessus le parapet sous le bom-
« bardement ennemi. »

JOLIET Charles, capitaine d'infanterie territoriale (1914-1915),
commandant en second de l'Ecole d'aviation militaire d'Etampes
(1916-1918).

Deux citations.
Chevalier de la Légion d'honneur.

JOLTRAIN Edouard.

Cité à l'ordre du jour le 26 août :
« Médecin de très grande valeur, joint aux qualités scientifiques les
« plus brillantes une activité inlassable, un zèle et un dévouement de
« tous les instants. Sur le front depuis le début de la campagne, a rendu
« des services exceptionnels comme médecin traitant dans une ambu-
« lance transformée en hôpital de contagieux, et où de nombreux mala-
« des lui ont dû la vie. »

Nommé chevalier de la Légion d'honneur.

JORDAN Philippe, lieutenant-colonel d'artillerie.

Chevalier de la Légion d'honneur.

JOUINOT-GAMBETTA Léon, général de cavalerie.

Ordre de l'armée d'Orient (30 octobre 1918) :

« Au cours d'une manœuvre audacieuse et habile, faisant preuve
« d'un bel esprit offensif, est passé à travers les rochers et les forêts
« impraticables de la Gofmica-Planina. A réussi à s'emparer d'Uskub
« sur les derrières de la XIᵉ armée bulgare, puis, après la capitulation
« de cette armée, poursuivant l'ennemi sans répit, a poussé ses esca-
« drons jusqu'au Danube. S'est emparé de nombreux prisonniers et
« d'un matériel considérable. A ajouté une page glorieuse à l'histoire
« de la cavalerie française. »

Ordre de la 1ʳᵉ armée serbe (4 novembre 1918) :

« Officier général qui, à la tête de la cavalerie française, en Orient,
« a surmonté toutes les difficultés, brisé toutes les résistances, libéré
« par sa marche rapide et la vigueur de ses attaques les territoires de
« la partie est de la Serbie, affirmant en toutes circonstances, en liaison
« étroite avec la 1ʳᵉ armée serbe, sa volonté d'avancer et de vaincre. »

Grand Officier de la Légion d'honneur (23 janvier 1919) :

« D'un brio et d'un entrain remarquables, n'a pas hésité à engager sa
« cavalerie dans un dédale de montagnes. Brisant toutes les résistances,
« a enlevé Uskub de haute lutte après un combat acharné, coupant
« ainsi à l'ennemi sa dernière ligne de retraite. »

Grand officier de l'Ordre de Karageorges serbe.
Grand officier du Sauveur de Grèce.
Grand officier Ouissam Alaouite du Maroc.

JOURNET Jacques-Etienne.

Décoré de la croix de guerre.

JUGE Maurice.

Décoré de la croix de guerre.

JUMEL Marc, brigadier d'artillerie, pilote à l'escadrille n° 97.

« Jeune pilote de chasse qui, dès son arrivée, s'est révélé d'une rare
« audace et d'une grande adresse. Le 18 août 1917 a abattu un avion
« ennemi. »

KAUFFMANN Edouard.

Ordre du 159ᵉ régiment d'infanterie (10 mars 1916) :
« Officier brillant ; s'est tout particulièrement fait remarquer par son
« sang-froid et sa bravoure dans l'occupation d'un saillant de notre
« ligne fortement battu des feux de l'artillerie et des mitrailleuses
« ennemies. »

Ordre du 35ᵉ corps d'armée (14 juillet 1918) :
« Officier pilote ; pendant les opérations récentes a très souvent
« reconnu et mitraillé à basse altitude les colonnes ennemies et a exé-
« cuté des reconnaissances photographiques très réussies. »

Ordre de la IIIᵉ armée (7 août 1918) :
« Officier pilote de chasse. A fait montre dans les nombreux combats
« qu'il a livrés, d'un courage hors de pair. Le 9 juillet 1918 a abattu
« en flammes un avion ennemi. »

KLINGELHŒFER Adolphe, engagé volontaire au 2ᵉ régiment
étranger, lieutenant commandant la section sanitaire anglaise 10.

Une citation à l'ordre de la IIᵉ armée.
Deux citations à l'ordre des 31ᵉ et 164ᵉ divisions.
Military Cross.

Une blessure.

KLINGELHŒFER Christian, capitaine au 1ᵉʳ régiment
étranger.

Une citation à l'ordre de l'armée.
Nommé chevalier de la Légion d'honneur.

Une blessure.

KOCH Pierre, sous-lieutenant d'artillerie, grièvement blessé
devant Thiaumont, le 22 juin 1916.

Chevalier de la Légion d'honneur :
« Jeune officier qui n'a cessé, depuis dix-huit mois, de se faire remar-
« quer par sa bravoure, son sang-froid et son mépris du danger,
« notamment le 26 janvier et le 9 avril 1916. A été grièvement blessé
« au cours du combat du 22 juin. Amputé de la cuisse gauche. »

KULA Pierre, ingénieur E. C. P. Parti sous-lieutenant d'artillerie. Promu lieutenant, puis capitaine d'artillerie à 25 ans.

« A occupé de nuit une position de batterie dans des conditions
« remarquables de rapidité, et n'a pas hésité à se maintenir dans un
« observatoire découvert, sous le feu de l'ennemi, pour régler les pre-
« miers tirs de sa batterie. Le 15 mars 1916, s'est porté spontanément
« au secours du personnel d'une batterie voisine, soumise à un bom-
« bardement violent. Modèle de courage et d'énergie. Quatre citations. »

Chevalier de la Légion d'honneur.

KULA Robert, lieutenant de réserve au 3ᵉ régiment d'artillerie
lourde. Blessé au début de la campagne, a rejoint, à peine guéri ;
s'est maintes fois distingué par son intrépidité. Blessé grièvement,
le 27 janvier, par un éclat d'obus qui tuait deux officiers à ses côtés,
a fait preuve du plus grand courage en continuant le réglage de
son tir et en ne consentant à être emporté qu'après avoir effectué
les tirs d'efficacité.

Nommé chevalier de la Légion d'honneur.

LABOUREUR Maurice.

Nommé chevalier de la Légion d'honneur.

LANGE Jacques, maréchal des logis au 10ᵉ d'artillerie.

« Jeune sous-officier plein d'entrain, recherchant volontiers les postes
« dangereux. Le 8 février 1916, occupé à diriger des travaux au
« moment où sa batterie a été surprise par un violent bombardement,
« n'a songé qu'à faire abriter ses hommes et a été grièvement blessé. »

LAPERGUE Jacques, lieutenant d'artillerie.

Ordre de l'armée :

Le 31 octobre 1916, malgré un temps très défavorable, a exécuté avec
« précision un réglage dont l'importance était du plus haut intérêt pour
« le commandement. Officier observateur très allant, ayant accompli au
« cours des dernières attaques de nombreux réglages d'artillerie dans
« des conditions souvent difficiles. »

Ordre du 1ᵉʳ groupement A. L. V. F. (détachement d'Italie) :

« L'escadrille Espinasse, appelée à apporter son concours aux grou-
« pes de la R. G. A. L. détachée en Italie (mai-juin 1917), s'est parti-
« culièrement distinguée dans toutes les missions qui lui ont été confiées.
« Sous le commandement éclairé et intrépide de son chef, le capitaine
« de Fontenillat, par les brillantes et audacieuses reconnaissances de
« ses énergiques pilotes et observateurs (notamment sous-lieutenant
« d'artillerie LAPERGUE Jacques), qui ont mis l'ennemi en fuite par-
« tout où ils l'ont rencontré, par la prise de nombreuses photographies
« des régions montagneuses à battre, par les réglages précis exécutés
« dans le Trentin au prix de multiples difficultés, cette remarquable
« escadrille a suscité chez nos alliés l'admiration la plus vive et fait le
« plus grand honneur au pays. »

Ordre du 17ᵉ corps d'armée (octobre 1917) :

« Excellent observateur, énergique et consciencieux ; s'est fait
« remarquer au cours des attaques de Verdun ; a toujours accompli
« avec succès les missions qui lui ont été confiées, malgré des condi-
« tions atmosphériques particulièrement défavorables. »

Ordre de la IIᵉ armée :

« Officier observateur de haute valeur, énergique et dévoué. Le
« 16 octobre 1917, au retour d'une mission éloignée, a assuré la conduite
« de son appareil jusqu'à ce que son pilote, qui s'était trouvé mal,
« puisse reprendre les commandes. Le 17 octobre 1917, a rempli dans
« des conditions dangereuses une seconde mission à grande distance
« pendant laquelle il a abattu un avion ennemi. »

Ordre de l'armée :

« Officier observateur de premier ordre, énergique et courageux,
« recherchant toujours les missions périlleuses. A rempli avec une
« conscience remarquable toutes celles qui lui ont été confiées. A sou-
« tenu de durs combats et a abattu un avion ennemi dans ses lignes. Au
« cours d'une reconnaissance photographique à haute altitude, poussée
« à 70 km. dans les lignes ennemies, a été atteint gravement par le froid
« extrême. Quatre citations antérieures. »

Chevalier de la Légion d'honneur (5 juillet 1919) :

« Officier d'une haute valeur morale, énergique, courageux, remplit
« avec conscience les dures missions qui lui sont confiées. Cinq cita-
« tions. »

LAROCHE Charles, capitaine de génie aux armées, chef de bataillon du génie, directeur du service des réparations de l'aviation.

Deux citations à l'ordre de l'armée.
Chevalier de la Légion d'honneur.

DE LASSUS-SAINT-GENIÈS Jacques.

Ordre du 6e corps :
« Officier d'élite, d'un moral très élevé, d'un courage à toute épreuve,
« a été grièvement blessé le 5 novembre 1916 en reprenant en mains le
« personnel d'une pièce très éprouvée sous un violent bombardement. »

DE LA VALLÉE-POUSSIN Ludovic, état-major de l'armée de Champagne (1914-1915), direction des poudres (1915-1919).

Chevalier de la Légion d'honneur (31 juillet 1915).
Officier de la Légion d'honneur (31 décembre 1918). Ordres alliés.

LAVEISSIÈRE Guillaume, engagé volontaire pour la durée de la guerre, capitaine d'artillerie.

Chevalier de la Légion d'honneur (25 décembre 1916).

LAVIGNON Louis, sous-lieutenant de réserve au 61e régiment d'artillerie.

Croix de guerre.

LÉAUTÉ André, 83e régiment d'artillerie lourde, direction de l'aéronautique.

« Officier de valeur qui, en toutes circonstances, a montré le plus
« absolu mépris du danger. Etant en reconnaissance le 26 octobre 1916,
« a été sérieusement blessé à la jambe gauche. »

Nommé chevalier de la Légion d'honneur.

LEBLOND Jean, sous-lieutenant au 30e régiment d'artillerie, blessé le 18 juillet 1918, sur les bords de la Marne.

Ordre de la division :

« Le 18 juillet 1918, au cours d'un tir précis et meurtrier sur sa
« batterie, a dirigé l'évacuation des blessés et des morts avec le plus
« grand dévouement, donnant l'exemple d'un beau courage calme ; tou-
« jours au milieu de ses hommes, a été blessé le même jour par un
« nouveau tir ennemi. »

LE CLERC Henri, caporal de réserve à la 5ᵉ compagnie du 5ᵉ
régiment d'infanterie.

Ordre de la division :

« Très bon gradé, ayant beaucoup de cran ; a été blessé grièvement
« le 15 décembre à l'attaque de Bezonvaux. »

LE CLERC Roger.

Ordre du régiment :

« Médecin auxiliaire, a toujours fait preuve d'une entière abnégation.
« En mars 1917, s'est parfaitement acquitté d'une tâche difficile à
« proximité de l'ennemi dans un poste de secours soumis à de violents
« bombardements. »

LEDUC Georges.

Ordre du régiment :

« Soldat téléphoniste au 287ᵉ régiment d'infanterie. Le 20 mai 1916,
« blessé à son poste, n'a pas voulu le quitter avant d'être relevé et
« après s'être assuré que le service fonctionnait. »

LEFEBVRE Roger.

Ordre du régiment :

« Bon sous-officier, courageux, dévoué, a fait preuve en toutes cir-
« constances du plus grand calme et du plus grand sang-froid dans le
« commandement de sa pièce, en particulier au cours des combats des
« 7, 8 et 9 novembre 1916. »

« Jeune officier plein d'allant et de courage. A dirigé l'installation de
« sa batterie sur une position avancée avec compétence et autorité.

« Pendant l'attaque du 16 août 1917, a rempli à deux reprises les fonc-
« tions de chef de détachement de liaison dans une région constamment
« bombardée. S'est distingué par son calme et sa bravoure. »

LEFRANC Constant, lieutenant, groupe cycliste de la 5ᵉ D. C.

Ordre de la 5ᵉ division de cavalerie :

« Officier de tout premier ordre. Le 9 septembre 1916, son peloton
« ayant à plusieurs reprises subi des pertes à la suite de violents bom-
« bardements par torpilles, s'est toujours porté aux endroits les plus
« exposés aux moments les plus dangereux et a entretenu chez ses
« chasseurs, par sa présence, le moral le plus admirable. »

Ordre du Iᵉʳ corps de cavalerie :

« Officier remarquable par son courage et son sang-froid. Dans la
« nuit du 13 au 14 juillet 1917, sous un bombardement d'une extrême
« violence, a organisé judicieusement sa ligne, l'a parcourue sans cesse
« pour encourager ses hommes, a organisé l'évacuation des blessés,
« s'exposant sans aucun souci de sa personne. A fait l'admiration de
« tous ceux qui l'ont vu. »

Ordre de la Iʳᵉ armée :

« Officier remarquable qui, après avoir dirigé la défense pied à pied
« de ses tranchées et boyaux, ne s'est replié que par ordre et au
« moment où il allait être complètement enveloppé. A emmené avec lui
« le groupe d'hommes qui l'entourait et lui a fait franchir en ordre
« l'étroite zone libre battue à bout portant par les mitrailleuses. »

Chevalier de la Légion d'honneur :

« Admirable officier d'une haute valeur morale. Chargé de tenir coûte
« que coûte une position, l'a organisée et s'y est maintenu malgré un
« violent bombardement et le tir des mitrailleuses ennemies. Ne s'est
« retiré que sur l'ordre de ses chefs, au contact immédiat de l'adver-
« saire et sous des feux de flancs, faisant preuve dans ce mouvement
« d'une remarquable habileté. Trois citations antérieures. »

LEGENDRE Jacques, sous-lieutenant au 58ᵉ régiment d'artillerie.

Ordre du régiment :

« Jeune aspirant, plein d'entrain et de courage, s'est particulièrement
« fait remarquer au cours de l'offensive du 20 février 1918, en allant

« observer, en premières lignes, le tir de sa batterie, chargée de faire
« brèche dans le réseau ennemi. »

Ordre de la division :

« Jeune officier d'un dévouement à toute épreuve : le 11 juin 1918,
« à un moment très critique de la bataille, a établi, avec une
« artillerie voisine complètement isolée, une liaison personnelle
« qui lui a permis de s'orienter exactement et de participer activement
« et utilement au combat : déjà cité. »

Ordre du corps d'armée :

« Détaché dans un observatoire de première ligne au cours de l'of-
« fensive d'août 1918, y est resté 5 jours et 5 nuits dans des condi-
« tions particulièrement périlleuses, n'a pas cessé un moment pendant
« toute cette période d'envoyer des renseignements d'une netteté abso-
« lue, contribuant ainsi pour une large part à la précision et à l'oppor-
« tunité du tir de l'artillerie. »

LEGENDRE Pierre, sous-lieutenant au 504ᵉ régiment d'artillerie d'assaut.

Ordre du régiment :

« Chef de section faisant preuve en toutes occasions de sang-froid,
« de décision et de netteté d'esprit remarquables ; s'est distingué dans
« les tirs de préparation des attaques des 28 août au 5 septembre et
« particulièrement les 12 et 13 octobre pendant lesquels ses deux piè-
« ces ont été enterrées. »

Ordre de l'armée :

« Jeune officier plein de courage et de sang-froid. Le 18 juillet, a
« assuré sous un feu violent de plusieurs mitrailleuses et dans des
« conditions exceptionnellement difficiles le débouché dans un bois de
« deux chars d'assaut. Le lendemain, au cours du combat, ayant son
« char incendié, a aidé avec le plus grand calme l'équipage à sortir,
« n'a abandonné son char qu'après s'être assuré que personne n'était
« en danger. »

LEJONNE Henri-Léopold, médecin divisionnaire, 128ᵉ division d'infanterie ; médecin principal de 2ᵉ classe ; Directeur du
Service de santé de la division d'occupation de Tunisie.

Une citation au 11ᵉ corps d'armée.

Une citation à la 128ᵉ division.
Une citation à la 10ᵉ armée.
Croix de guerre ; promu officier de la Légion d'honneur le 1ᵉʳ janvier 1916.

LEJONNE Paul, aide-major au 34ᵉ régiment d'infanterie territoriale. Centre neurologique de la 8ᵉ région. Ambulance 6/7, 232ᵉ et 252ᵉ régiments d'artillerie.

Ordre de la brigade (11 décembre 1915) :

« Au cours d'un violent bombardement avec émission de gaz
« asphyxiants, a organisé avec un sang-froid absolu et un remarqua-
« ble dévouement les secours dans le secteur envahi par la masse
« gazeuse. Intoxiqué lui-même, a assuré son service jusqu'à l'évacua-
« tion du dernier malade. »

LEMIERRE André, médecin-major de 1ʳᵉ classe. Ambulance 4/53. Etat-major 5ᵉ armée. Chef de laboratoire de bactériologie à Epernay. Médecin consultant de la VIIᵉ armée.

Citation à l'ordre du corps d'armée.
Chevalier de la Légion d'honneur.

LEPRINCE-RINGUET Pierre, lieutenant au 7ᵉ régiment d'artillerie de campagne. Promu capitaine.

Citation à l'ordre du régiment.
Citation à l'ordre du corps d'armée.
Nommé chevalier de la Légion d'honneur.

LERMOYEZ Jacques, interne des hôpitaux de Paris, médecin auxiliaire du groupe cycliste du 29ᵉ bataillon de chasseurs. Blessé dans les tranchées de l'Yser, le 5 novembre 1914.

Cité à l'ordre de l'armée et décoré de la Médaille militaire.

LEROUX Louis, maréchal des logis au 8ᵉ régiment de hussards. Blessé le 15 septembre 1914 à Noyon, agent de liaison au 153ᵉ régiment d'infanterie ; blessé le 30 juillet 1916 devant Maurepas.

Ordre de la brigade.

« Toujours volontaire pour les missions les plus délicates, a rempli,
« sous le feu de l'ennemi, les fonctions d'agent de liaison, puis de chef
« de section. »

Ordre de la division :

« Sous-officier de grande valeur. Au combat du 2 juin 1918, a con-
« duit sa section à l'attaque avec un entrain magnifique, donnant
« ainsi un bel exemple de courage et de bravoure. »

LE ROY D'ÉTIOLLES Éric, 155ᵉ régiment d'infanterie,
6ᵉ boulangerie de campagne, 87ᵉ régiment d'artillerie lourde, 287ᵉ
régiment d'artillerie lourde.

Une citation à l'ordre de la division.

LESTRINGUEZ Pierre, sous-lieutenant au 74ᵉ régiment
d'infanterie, compagnie de mitrailleuses n° 2. Parti comme soldat
de 2ᵉ classe le 2 août 1914, caporal après Charleroi (22 août 1914),
sergent après Guise (4 septembre 1914).

Ordre de l'armée.

« Sous-officier exemplaire, fait preuve du plus grand courage :
« blessé le 6 septembre 1914, a refusé de se laisser évacuer pour con-
« tinuer à combattre. »

Blessé le 15 septembre 1915. Retourné au feu.

Ordre du corps d'armée (25 septembre 1915) :

« Sous-officier d'un courage et d'une énergie dignes de tous éloges,
« s'est emparé, à la tête de sa section, d'un petit poste ennemi, tuant
« un Allemand de sa main. »

Ordre du corps d'armée (15 avril 1916) :

« Sous-officier d'une bravoure et d'un sang-froid admirables, a
« rétabli, sous un bombardement furieux, ses pièces démontées et brisé
« net l'élan des vagues ennemies par la précision et la rapidité de son
« tir. »

Nommé sous-lieutenant sur le champ de bataille le 26 avril 1916.
Blessé le 22 mai 1916 à l'assaut du fort de Douaumont.

LETOREY Robert, ingénieur. Blessé au bras, nommé sergent sur le champ de bataille, retourné au front comme mitrailleur-aviateur.

LÉVY Raymond, sergent au 19ᵉ régiment d'infanterie.

Décoré de la croix de guerre.

LÉVY-HAUSSMANN Jacques.

Une citation à l'ordre de l'armée.

LÉVY-SIMONS Raymond, maréchal des logis au 32ᵉ régiment d'artillerie.

« A fait preuve de courage et du plus grand sang-froid aux combats
« combats des 1ᵉʳ et 2 mai 1915 ; a assuré à bicyclette, sous un feu
« intense de l'artillerie allemande, la communication entre la batterie et
« les tranchées de première ligne pendant l'interruption des commu-
« nications téléphoniques. »

LEVYLIER Jacques.

Cité à l'ordre de la 32ᵉ division d'infanterie.

LIPMANN Lucien.

*Décoré de la croix de guerre et nommé chevalier de la Légion
d'honneur.*

LOCHERER Jacques, capitaine d'artillerie.

Croix de guerre. Etoile de Roumanie.

LUCIUS Paul, lieutenant au 58ᵉ régiment d'artillerie, parti à la mobilisation avec la 2ᵉ section de parc du groupe de sections du 18ᵉ corps d'armée (Lorraine-Champagne). Capitaine en janvier 1916, nommé à l'état-major du grand parc de la 4ᵉ armée pour créer un atelier de réparations. Inspecteur du matériel de la 4ᵉ armée (janvier 1917), nommé à l'état-major de la D. E. S. (4 mars 1917), à l'état-major des groupes d'armées Pétain (4ᵉ Bureau) puis du groupe des armées Fayolle.

Chevalier de la Légion d'honneur.

MAIRET François, sous-lieutenant d'artillerie.

Ordre de la division :

« A exécuté au cours des opérations actuelles depuis le 15 août 1916,
« et en particulier les 29 août et 3 septembre, des reconnaissances
« d'objectif avec un courage et un jugement remarquables. N'a pas
« hésité le 17 septembre à s'installer dans une zone très bombardée
« pour situer avec précision une tranchée ennemie et pour régler ensuite
« le tir sur cette tranchée. A reçu une blessure qui a entraîné la
« perte d'un œil. »

Chevalier de la Légion d'honneur.

MALRIC, chef d'escadron au 1ᵉʳ cuirassiers.

Médaille militaire. Chevalier de la Légion d'honneur. Médaille coloniale. Six ordres étrangers.

MANONCOURT Antoine, capitaine au 17ᵉ régiment d'infanterie territoriale,

Ordre du régiment :

« Officier de grand mérite. Le 27 septembre 1914, assura la
« retraite du régiment, alors qu'il commandait l'arrière-garde. A fait
« preuve pendant plus de deux ans, d'un inlassable dévouement et
« d'une grande énergie. »

MARCHAND Joseph, médecin-auxiliaire au 150ᵉ régiment d'infanterie.

Ordre du régiment :

« A fait preuve pendant la période du 24 au 30 mai 1916, du zèle
« le plus courageux et d'un dévouement absolu en soignant sur la ligne

« de feu, pendant plusieurs nuits et plusieurs jours consécutifs, les
« blessés de son bataillon, sous le bombardement le plus violent. »

Ordre du régiment :

« Au cours d'une violente attaque allemande, a fait preuve de cou-
« rage et d'un grand dévouement en prodiguant en première ligne ses
« soins aux blessés du bataillon. »

Ordre de la brigade :

« Médecin très actif, sérieusement intoxiqué au cours d'un bombar-
« dement par obus à gaz, alors qu'il était seul médecin du bataillon ;
« n'a pas voulu être évacué et a continué à assurer son service dans
« des circonstances difficiles, donnant ainsi une belle preuve de
« dévouement. »

MARET Jean-Paul.

Ordre du régiment :

« Le 1ᵉʳ juin 1915, renversé par les matériaux projetés par un obus
« tombé près de lui, a conservé tout son calme et a tenu à terminer sa
« mission, quoique très fortement contusionné à la face et souffrant
« beaucoup des yeux. »

« Jeune officier très dévoué et plein d'allant. Le 20 octobre 1917, la
« batterie étant en action et soumise à un violent bombardement, n'a
« cessé de circuler entre les pièces, assurant ainsi la transmission et la
« vérification constante des ordres. »

MARINIER Eugène, caporal au 61ᵉ bataillon de chasseurs à
pied.

Ordre de la division :

« Arrivé nouvellement au bataillon, s'est particulièrement distingué
« en conduisant bravement à l'assaut une escouade qui lui était
« confiée. »

MARQ Henri, aspirant au 124ᵉ régiment d'infanterie, blessé le
25 septembre, à Auberive-sur-Suippes, par un éclat d'obus qui lui
a traversé la poitrine et brisé le bras droit.

Ordre de la division :

« Officier de grande valeur, modèle de courage et de sang-froid ;
« au front depuis le début de la campagne. Du 3 au 10 avril 1917, a
« su maintenir sa compagnie sur ses positions, malgré de violents bom-
« bardements. A été blessé en se portant près d'une section qui venait
« de subir des pertes sensibles. Déjà cité. »

MARQUEZ Y ESTEBAN Lucien, lieutenant au 41ᵉ d'infanterie, passé au 15ᵉ régiment d'infanterie, et promu capitaine.

Chevalier de la Légion d'honneur (8 octobre 1916) :

« Excellent officier, d'un courage, d'une activité et d'un entrain
« au-dessus de tout éloge. Atteint le 29 juillet 1915 d'une très grave
« blessure à son poste de commandement. »

MARTEL Léon.

*Lettre officielle de félicitations du Maréchal Pétain pour services
volontaires rendus au cours de la guerre.*

MARTIN Olivier, aspirant d'artillerie, escadrille M. F. 55,
nommé sous-lieutenant.

« Le 22 septembre 1915, a attaqué résolument, à coups de mitrail-
« leuses, un avion de chasse ennemi. A continué la lutte, bien que son
« propre avion eût reçu 7 balles de mitrailleuse ; a atteint à son tour,
« l'avion ennemi qui a piqué et atterri brusquement dans ses lignes. »

Ordre du corps d'armée (cité avec le pilote Violet) :

« Au cours de l'exécution d'une mission aérienne, ont tenu tête à
« deux avions ennemis qui les attaquaient et ont contraint un de ces
« avions à rentrer dans les lignes adverses, après une lutte durant
« laquelle leur appareil a été atteint de plusieurs balles. Bien qu'ayant
« épuisé leurs munitions, n'en ont pas moins poursuivi, après le
« combat et jusqu'à l'achèvement complet, l'accomplissement de la mis-
« sion dont ils étaient chargés. »

Ordre de l'armée (13 novembre 1916) :

« Observateur du plus grand mérite, le sous-lieutenant Martin a
« exécuté de nombreux réglages réussis pour le compte de l'artillerie
« lourde. Depuis cinq mois dans le secteur de Verdun, il a rendu, par

« sa persévérance dans l'accomplissement de ses missions, les plus
« grands services. Pendant l'attaque du 24 octobre, survolant les lignes
« à très faible altitude, a eu son appareil atteint de plusieurs
« balles. »

Ordre de la division (13 mai 1917) :

« Officier remarquable ; depuis dix-huit mois à l'escadrille, 309
« heures de vol, a toujours obtenu dans ses missions un rendement
« maximum. Son courage et sa ténacité ont été un exemple pour
« tous. »

MARTINEAU ANDRÉ, sous-lieutenant, puis successivement lieutenant, capitaine, commandant de compagnie et capitaine adjudant-major.

*Décoré de la Légion d'honneur, de la croix de guerre avec cinq cita-
tions ; deux fois blessé, en août 1914 et en avril 1917.*

MARTINEAU RENÉ, parti comme sous-lieutenant, promu lieutenant le 20 mai 1915.

Ordre de la division :

« Blessé le 24 août en se portant à la tête de sa section à l'attaque,
« a demandé à rejoindre le front, incomplètement guéri. N'a cessé,
« depuis le 13 septembre, de faire preuve des plus sérieuses qualités
« militaires. Commandait sa compagnie lors des combats de Beuvrai-
« gnes (Oise) et a donné en cette circonstance le plus bel exemple de
« crânerie, de courage, de sang-froid imperturbables. »

Promu capitaine après notre offensive en Champagne.

*Nommé chevalier de la Légion d'honneur pour avoir entraîné sa compa-
gnie a l'attaque les 25 et 26 février 1916, au lieu dit : « Le Bonnet d'Evêque », pris 200 mètres de tranchée, 2 mitrailleuses et fait 80 prisonniers.*

MARX JACQUES-OCTAVE, service auxiliaire, R. A. T., classe
1892, secrétaire d'état-major, 20ᵉ section, passé volontairement dans
le service armé, affecté sur sa demande au 20ᵉ régiment de chasseurs à cheval.

Ordre du régiment (13 octobre 1917) :

« Malgré son âge a demandé à servir sur le front à côté de son fils,
« pour partager avec lui les fatigues, les épreuves et les dangers
« de la guerre. Dans la Somme, sur l'Aisne et à Verdun, a partout
« donné de beaux exemples d'abnégation, de sang-froid et de
« bravoure. »

MASSENET Jean-Auguste-Achille, brigadier de la classe
1917, 21ᵉ batterie du 43ᵉ régiment d'artillerie :

« Engagé volontaire pour la durée de la guerre, plein d'entrain et
« de vaillance, a été le 1ᵉʳ juillet 1917 intoxiqué par les gaz, puis
« renversé et contusionné par un obus de gros calibre ; s'est porté
« malgré tout au secours de son capitaine blessé, refusant tout secours
« pour lui-même. A été évacué malgré lui, sur l'ordre formel du
« médecin. »

MASSENET Marcel, parti comme aspirant, promu sous-lieutenant au 11ᵉ d'artillerie.

Ordre de la division :

« S'est signalé par son énergie et son sang-froid pendant les opéra-
« tions de Champagne, et, depuis son arrivée dans le secteur, a rendu
« les plus grands services par des observations journalières dans les
« tranchées de première ligne. Le 19 février 1916, a été grièvement
« blessé à la tête et à l'épaule près d'un poste d'observation, d'où il
« réglait les tirs de sa batterie. »

Ordre du corps d'armée :

« Jeune officier d'une haute valeur morale, qui a fait maintes fois,
« dans les moments les plus critiques, ses preuves d'énergie et de
« bravoure. Le 5 juin 1917, cinq travailleurs d'un détachement qu'il
« commandait dans des conditions difficiles ayant été blessés par un
« projectile, a fait face à la situation avec une intelligence, un courage
« et une énergie dignes des plus grands éloges. »

MASSON Wilfrid.

Médaille d'argent de la Reconnaissance française.

MASURE Maurice.

« Téléphoniste d'un grand dévouement. Au cours de la nuit du 25
« au 26 juillet 1917, a su maintenir les liaisons téléphoniques, malgré
« de violents bombardements d'obus toxiques et de gros calibre. »

MATTER Jean, blessé.

Décoré de la croix de guerre.

MAUMET Henri, capitaine commandant la 3ᵉ compagnie du
12ᵉ bataillon de chasseurs alpins.

Ordre de l'armée (10 août 1914) :

« S'est particulièrement distingué dans les combats du 4 au
« 10 août. »

Ordre de l'armée (décembre 1915) :

« Officier remarquable d'allant, de bravoure et d'enthousiasme. A
« enlevé le 10 août 1914, avec quelques chasseurs, une section de
« mitrailleuses et ses servants. Le 28 décembre 1915, s'est élancé à
« la tête de sa compagnie à l'assaut d'une position fortement organi-
« sée, enlevant rapidement et complètement l'objectif désigné. »

Ordre de l'armée (septembre 1916) :

« Officier remarquable par son courage et son énergie. Le 20 juil-
« let 1916, commandant une compagnie de première ligne, l'a enlevée
« d'un superbe élan, l'a portée à l'attaque d'une position ennemie for-
« tement organisée et défendue avec opiniâtreté, qu'il a enlevée. A
« permis la progression de toute la ligne, arrêtée un instant par des
« tirs de mitrailleuses. »

Chevalier de la Légion d'honneur (2 mars 1915).

MAUNOURY Jean, classe 1917, engagé volontaire (mars
1915), admis à Fontainebleau, aspirant en février 1916. Promu
sous-lieutenant au 44ᵉ régiment d'artillerie.

Ordre du régiment :

« A fait preuve comme observateur et comme agent de liaison, de
« sang-froid et de courage dans plusieurs circonstances particulière-
« ment dangereuses. Désigné en particulier le 15 mai comme agent de
« liaison près du colonel commandant le secteur, s'est rendu à son

« poste sans hésiter, avec un beau mépris du danger, sous un bombar-
« dement très violent. »

MAYER ARMAND, ancien élève de Polytechnique. Sous-lieutenant, a passé lieutenant.

Trois citations.

MAZE DANIEL.

Chevalier de la Légion d'honneur.

Ordre du régiment (13 juillet 1917) :

« Venu au front sur sa demande, de la Garde Républicaine. Etant
« lieutenant a, dans des circonstances difficiles, commandé sa com-
« pagnie avec énergie et autorité, par son attitude personnelle, a su
« obtenir de ses hommes sous de violents bombardements un effort
« considérable soutenu. »

Ordre de la VIe armée (21 octobre 1917) :

« Officier donnant en toutes circonstances l'exemple de la plus par-
« faite bravoure et des meilleures qualités militaires. A été grièvement
« blessé le 10 août 1917, sous un très violent bombardement d'artille-
« rie lourde ennemie, alors qu'avec un grand mépris du danger, il pre-
« nait les mesures que comportait la situation. »

Ordre de la 132e division d'infanterie (10 juin 1918) :

« Commandant la gendarmerie de la place de Reims, s'est dépensé,
« jour et nuit, pendant six mois, pour assurer sous le feu constant
« de l'ennemi, un important service d'ordre qu'il a dirigé avec une
« méthode, une activité et un courage remarquables. Le 29 mai 1918,
« ayant eu deux gendarmes grièvement blessés à ses côtés, a continué
« son service sous un bombardement intense jusqu'à ce qu'il ait reçu
« l'ordre de se replier. »

MAZEROLLE LOUIS, chef de bataillon du génie, lieutenant-
colonel du génie, chef du service des débarquements et camion-
nages du camp retranché de Paris, directeur du service du port de
Paris, Directeur du bureau national des charbons.

Cité à l'ordre de la Direction des transports.
Cité à l'ordre de l'Inspection générale du ravitaillement.
Promu officier de la Légion d'honneur.

MAZZOLI Georges.

Ordre du régiment :

« Bon soldat, qui a toujours donné toute satisfaction à ses chefs.
« Blessé à la tête le 3 août 1915. Enucléation de l'œil gauche. »

Médaille militaire.

MELCHISSEDEC André, engagé volontaire, sergent au 249ᵉ
régiment d'infanterie, blessé grièvement, réformé n° 1.

Ordre du régiment (29 novembre 1914) :

« Engagé volontaire pour la durée de la guerre, a été blessé d'une
« balle allemande au maxillaire supérieur ; cette blessure est peu grave.
« MELCHISSÉDEC se tenait admirablement au feu, il a été blessé brave-
« ment en voulant tirer sur les ennemis qui nous tiraient dessus avec
« violence. »

Ordre de l'armée (21 février 1915) :

« Engagé volontaire, sergent au 249ᵉ régiment d'infanterie, a fait
« preuve d'un entrain, d'une énergie et d'un courage de tous les ins-
« tants. Grièvement blessé dans les tranchées, a subi l'énucléation de
« l'œil droit, dont il supporte la perte avec la plus patriotique
« résignation. »

Médaille militaire.

MELLON Henri, promu capitaine.

*Cité deux fois à l'ordre du jour, nommé chevalier de la Légion
d'honneur, deux fois blessé.*

MENEAU Louis, sous-lieutenant, chef du service radiotélégraphique de la 29ᵉ division d'infanterie.

Ordre de la division :

« Officier particulièrement compétent et consciencieux ; chef d'un
« service important dont il a obtenu les meilleurs résultats, malgré les
« plus grandes difficultés, toujours prêt à payer de sa personne. Le 5
« septembre 1918, sous un violent bombardement, s'est porté aux
« postes radio avancés de la D. I. pour assurer dans un moment cri-
« tique le bon fonctionnement de ces postes. »

Ordre de la division :

« Officier dévoué et consciencieux. A toujours fait preuve d'ini-
« tiative et de sang-froid, notamment au cours de nombreuses recon-
« naissances effectuées dans des zones violemment bombardées lors des
« attaques du moulin de Laffaux en septembre 1918, et au cours de
« la poursuite de l'ennemi, du 4 au 11 novembre 1918. »

MERCIER Philippe, 282ᵉ régiment d'A. L. T. Etat-Major.

Ordre du régiment :

« Arrivé comme aspirant au régiment, ayant pris part comme tel
« aux opérations du second semestre 1918, a été employé à plusieurs
« reprises comme officier orienteur et observateur ; a rendu partout les
« plus utiles services à son unité, faisant preuve en toutes circons-
« tances des meilleures qualités de courage, d'initiative et de sang-
« froid. »

MERLE D'AUBIGNÉ Guy.

« Soldat très brave ayant un grand sang-froid ; faisait partie, sur
« sa demande, le 16 avril 1917, d'une équipe d'observation qui a
« suivi les vagues d'infanterie. S'est porté spontanément, le 2 mai 1917,
« à sa pièce, pendant un violent bombardement, pour éteindre un incen-
« die provoqué par le feu ennemi. »

METTETAL Robert.

Croix de guerre.

MEUNIÉ Jean, soldat au 67ᵉ régiment d'infanterie.

Ordre du régiment (23 mai 1916) :

« Guetteur sur le parapet du boyau accédant au poste de comman-
« dement du chef de bataillon, a rempli ses fonctions avec sang-froid
« et intelligence pendant une forte émission de gaz asphyxiants et un
« violent bombardement. »

MEYER Jean, médecin aide-major.

*Médaille militaire, 3 citations à l'ordre de l'armée, 7 autres diverses
à l'ordre du régiment et du corps d'armée.*

Ordre du régiment (4 mai 1915) :

« Soldat infirmier. Le 1er mai, pendant un bombardement qui
« obligeait tout le monde à se terrer dans les abris, est allé, comme
« volontaire, chercher un blessé, sous le feu, à travers un boyau, que
« les balles et les obus avaient rendu intenable. Est parvenu à le
« ramener au poste de secours. »

Ordre de la division :

« Médecin-auxiliaire au 154e d'infanterie, a fait preuve de dévoue-
« ment le 25 septembre 1915 en assurant le relèvement et le panse-
« ment de nombreux blessés. A été blessé, en allant le 26 septembre
« reconnaître un emplacement de poste de secours avancé. »

Ordre du corps d'armée :

« Médecin-auxiliaire au 33e d'infanterie coloniale : d'une bravoure
« et d'un dévouement remarquables. S'est dépensé, sans compter,
« pour donner, pendant quatre jours de durs combats, ses soins à de
« nombreux blessés. Avec un mépris complet et absolu du danger, est
« allé, à diverses reprises, s'assurer peronnellement que la relève des
« blessés s'assurait dans de bonnes conditions. »

Ordre du 4e zouaves :

« Du 1er au 10 juillet s'est dépensé sans compter, en allant ramasser
« les blessés sous un bombardement intense. Modèle de dévouement
« et d'abnégation. »

Ordre de l'armée (12 novembre 1917) :

« Médecin sous-aide major au 4e bataillon du 4e régiment de marche
« de zouaves : le 23 octobre 1917, suivant au plus près les vagues
« d'assaut, a relevé et prodigué ses soins aux blessés, sous un violent
« tir d'artillerie et de mitrailleuses. A établi son poste de secours en
« première ligne et s'y est dépensé sans compter, nuit et jour, faisant
« l'admiration de tous par son courage et son dévouement. »

Cité le 13 août 1917 :

« Pendant la période du 1er au 10 juillet, seul médecin au bataillon,
« s'est dépensé sans compter, allant souvent en première ligne pour
« assurer l'évacuation rapide des blessés sans se préoccuper des bom-
« bardements très violents. Médecin d'un grand dévouement et d'une
« grande énergie. »

Ordre du 8e régiment de tirailleurs :

« Le personnel médical du 8e tirailleurs ayant été fortement éprouvé,

« s'est mis à la disposition du régiment et a fait preuve d'un dévoue-
« ment et d'un courage au-dessus de tout éloge. »

Ordre de la 38e division :

« Médecin sous-aide major particulièrement brave et dévoué. Pen-
« dant toute la durée des combats du ..... mars au ..... avril 1918, s'est
« assuré personnellement de la marche des évacuations par de fré-
« quentes visites, conduisant lui-même les équipes de brancardiers
« partout où on signalait un blessé, quelle que fût la violence du tir. »

MÉZIÈRES Raymond, lieutenant au 348e d'infanterie.

Ordre de l'armée :

« Malgré une blessure à la main reçue le 7 septembre, a conservé
« son commandement où il ne cesse de donner les preuves des plus
« belles qualités militaires. »

Nommé chevalier de la Légion d'honneur le 23 novembre 1914.

Promu capitaine en mai 1915.

MICHELET Albert, capitaine commandant la 2e batterie du
3e d'artillerie à pied (1914), chef d'escadron commandant le
5e groupe du 73e régiment d'artillerie lourde (1917).

*Chevalier de la Légion d'honneur. Croix de guerre. Officier de la
Couronne de Belgique. Croix de guerre belge.*

DE MINIAC Guy, sous-lieutenant au 26e d'infanterie (promotion de la Croix au Drapeau). Grièvement blessé le 25 août, en
entrainant sa section à l'attaque, blessure qui a nécessité l'amputation du pied gauche.

Chevalier de la Légion d'honneur.

MIRABAUD Pierre, mobilisé comme sous-lieutenant de réserve
au 54e régiment d'infanterie. Promu lieutenant le 27 juin 1915.
Promu capitaine le 29 avril 1916. Blessé aux Eparges, le
19 mars 1915.

Ordre du régiment (8 octobre 1915):

« Officier de beaucoup d'entrain, a été blessé le 25 septembre 1915,
« en entraînant en avant sa compagnie qui hésitait, prise sous des feux
« de flanc. »

Nommé chevalier de la Légion d'honneur.

MISSOFFE MICHEL, lieutenant au 226ᵉ régiment d'infanterie.

Ordre de la division.

« Officier plein d'énergie et de bravoure. A vigoureusement et per-
« sonnellement enlevé sa compagnie au moment de l'attaque des tran-
« chées allemandes de Carency, le 27 décembre 1914. »

Promu capitaine au 226ᵉ régiment d'infanterie.

Ordre du régiment :

« A pendant quinze mois combattu au 226ᵉ, prenant une part active
« à toutes les opérations confiées au régiment et se distinguant parti-
« culièrement à l'attaque du village d'Ablain-Saint-Nazaire. »

Ordre de la division :

« Depuis vingt mois à l'état-major de la division, a pris part à tous
« les combats, en Artois, devant Verdun, sur la Somme et sur l'Aisne,
« montrant partout les plus brillantes qualités militaires. Officier de
« reconnaissance des plus hardis, recherchant toujours les missions
« périlleuses, a toujours réussi à renseigner complètement et rapidement
« le commandement, même dans les circonstances les plus difficiles, et
« sous les bombardements les plus violents, notamment le 4 et le
« 8 juillet 1917. »

Ordre de la division :

« Officier d'une bravoure remarquable. Le 7 octobre 1917 a continué
« à observer à découvert le terrain en avant de nos lignes, malgré le
« tir d'une mitrailleuse ennemie qui battait le parapet de la tranchée.
« Gravement atteint à la tête, a fait l'admiration de tous ceux qui
« l'entouraient par son calme et son sang-froid. Deux blessures anté-
« rieures. Trois citations. »

Nommé chevalier de la Légion d'honneur.

Ordre du corps d'armée (Capitaine adjudant-major du 42ᵉ bataillon de
« *chasseurs à pied) :*

« Adjudant-major doué des plus belles qualités militaires de cou-

« rage, de dévouement et d'esprit de sacrifice. N'a pas cessé, au cours
« du combat du 30 mars, de traverser le champ de bataille en terrain
« découvert, sous les rafales d'artillerie et de mitrailleuses ennemies,
« pour s'assurer de la solidité de nos positions et réconforter nos
« éléments avancés, engagés dans une lutte des plus meutrières. »

Ordre de la division :

« Un bombardement d'une extrême violence s'étant subitement
« abattu sur le bataillon en position d'attente, a remplacé son chef de
« bataillon, parti en reconnaissance, rétablissant l'ordre, donnant à tous
« l'exemple du calme, du sang-froid et prenant de si judicieuses dis-
« positions qu'il n'a eu que deux chasseurs blessés.

Promu officier de la Légion d'honneur.

MOLES Raymond, médecin-auxiliaire au 372ᵉ R. I. (Armée
d'Orient).

Croix de guerre.

MONCHICOURT Charles, lieutenant au 120ᵉ d'artillerie
lourde, capitaine au 89ᵉ régiment d'artillerie.

Ordre de l'armée (20 septembre 1917) :

« Le 3ᵉ groupe du 89ᵉ régiment d'artillerie lourde : sous le comman-
« dement du chef d'escadron Labriet, des capitaines Naslin et
« Monchicourt, s'est signalé comme une unité de combat remar-
« quable, ne le cédant à aucune autre en courage, endurance et
« habileté technique. »

« Engagé dans une lutte d'artillerie extrêmement dure, sur une position
« constamment bombardée par des canons de très gros calibre, n'a jamais,
« malgré des pertes sérieuses, cessé son action, notamment du 18 au
« 20 août 1917 où il a tiré sans répit pendant cinquante heures. A
« contribué par la précision de son tir et l'exploitation judicieuse et
« vigilante de ses observatoires, à la neutralisation efficace de l'artillerie
« ennemie. »

MONNOT DES ANGLES André.

Citation serbe (étoile de Karageorge avec glaive en argent) :

« Observateur de premier ordre ; a rendu les plus grands services
« en Champagne et à Verdun. »

Ordre du corps d'armée :

« Observateur d'élite, a fait preuve depuis deux ans des plus belles
« qualités d'endurance et de courage au cours de nombreuses ascen-
« sions accomplies dans des circonstances difficiles. A repéré et fait
« réduire au silence, le 23 mai 1917, grâce à son sang-froid et à son
« habileté, une batterie de gros calibre. »

MONTEAUX CHARLES, brigadier d'artillerie :

« Engagé volontaire, possède au plus haut degré le sentiment du
« devoir ; gravement intoxiqué, le 29 octobre 1916, a refusé de se
« laisser évacuer, continuant son service et donnant ainsi à ses cama-
« rades le plus bel exemple de courage et d'abnégation. A toujours été
« un précieux auxiliaire pour son chef de service. »

MORIN JACQUES, élève de l'Ecole centrale, maréchal des logis
au 29ᵉ régiment d'artillerie. Blessé le 29 septembre 1916, près de
Belloy-en-Santerre.

Ordre du régiment :

« La batterie ayant subi toute la journée un bombardement d'une
« extrême violence, a déclenché le barrage de sa pièce avec une
« promptitude et un sang-froid remarquables, en dépit du boulever-
« sement général de la batterie. »

Promu sous-lieutenant au 44ᵉ A. C.

Ordre de l'armée (2 octobre 1916) :

« En position depuis plus de deux mois dans une région particuliè-
« rement active, soumis à des bombardements répétés d'obus de tous
« calibres, a montré une énergie admirable et une haute conception du
« devoir. Sous le feu ennemi, avec un complet esprit de sacrifice,
« malgré des pertes élevées en personnel et en matériel, a effectué un
« tir continu de jour et de nuit, satisfait avec précision et rapidité à
« toutes les demandes de barrages et appuyé efficacement et heureuse-
« ment l'infanterie dans ses attaques d'août et septembre 1916. »

Promu lieutenant.

Ordre de la 124ᵉ division d'infanterie :

« Jeune sous-lieutenant, a fait preuve de belles qualités de sang-froid,
« de courage et d'endurance ; pendant les journées des 15 et 16 juil-

« let 1918, sous le bombardement ennemi, s'est prodigué autour des
« pièces, surveillant la bonne exécution des tirs et communiquant à
« tous le plus bel élan de courageux patriotisme. »

MORTIER Pierre, médecin au 5ᵉ régiment d'infanterie (1914),
chef d'hôpital à Falaise, puis au Havre (1915-1916), à la direction
de la santé de la VIᵉ armée, adjoint-directeur aux étapes de D. E.
(1916-1917), au G. Q. G. américain (1917-1918), sous-directeur au
service de santé (1918).

Ordre du 5ᵉ régiment d'infanterie :

« Médecin ayant une haute conception du devoir : le 22 août 1914,
« donna ses soins aux blessés sous un violent bombardement. Le régi-
« ment s'étant replié, ramena ses blessés et ses infirmiers sous un feu
« violent avec un calme et un sang-froid dignes d'éloges. »

Nommé chevalier de la Légion d'honneur (21 avril 1917) :

« Médecin des plus distingués, d'une haute valeur professionnelle
« et d'un dévouement absolu, s'est fait apprécier dans tous les postes
« qu'il a occupés depuis le début de la campagne. »

MOULIN Jacques, brigadier, 5ᵉ division de cavalerie :

« Excellent gradé ; se trouvant en patrouille dans la nuit du 29 au
« 30 août 1916, a fait preuve d'un sang-froid et d'un courage remar-
« quables en terrassant et en tuant un adversaire qui le serrait de près.
« S'est toujours offert spontanément pour accomplir les missions
« périlleuses. »

MUTINOT Noël.
Décoré de la croix de guerre.

NAVARRE Henri, parti comme caporal au 28ᵉ régiment
d'infanterie, nommé sous-lieutenant au même régiment.

Ordre de la brigade :

« Belle attitude au combat du 21 février 1916 ; a pris le comman-
« dement de sa demi-section très éprouvée et l'a maintenue jusqu'à
« l'arrivée des renforts. »

Ordre du régiment :

« Sous-officier ayant une haute idée de son devoir. A rendu de
« grands services comme chef de demi-section. S'est acquis de nouveaux
« titres lors de l'attaque du 31 juillet 1917. A exercé le commande-
« ment d'une fraction chargée de la défense d'une tranchée et d'une
« barricade. A su inspirer confiance à tous et a maintenu jusqu'à la
« relève le secteur qui lui avait été confié. »

Ordre de la division :

« Le sergent NAVARRE a commandé vigoureusement sa demi-section
« pendant les journées du 6 au 8 juin 1917. S'est montré plein de
« courage et d'allant pendant la défense d'un boyau. Déjà cité ; deux
« blessures ; au front depuis le début. »

Ordre de la division :

« Officier brave et énergique ; le 13 juin 1918, commandant une
« patrouille d'embuscade et attaqué par un fort détachement alle-
« mand, l'a rejeté en lui infligeant des pertes sanglantes, recueillant
« sur le terrain de la lutte des armes et des effets qui ont permis
« d'identifier les troupes adverses »

Nommé chevalier de la Légion d'honneur (25 octobre 1918) :

« Le sous-lieutenant NAVARRE Henri ; excellent officier ayant
« toujours fait preuve de la plus grande bravoure et d'un absolu
« dévouement. A été grièvement blessé au cours d'une reconnaissance.
« Deux blessures antérieures ; 4 citations. »

NOUVIAN JEAN, lieutenant au 43ᵉ régiment d'artillerie.

Décoré de la croix de guerre.

PAGET PIERRE, sous-lieutenant au 256ᵉ régiment d'artillerie de
campagne.

Ordre de la division :

« Excellent sous-officier. Au front depuis le début de la campagne.
« S'est particulièrement signalé sur la Somme par son exemple per-
« sonnel, par une intelligente initiative et un dévouement absolu dans
« l'accomplissement de différentes missions et l'exécution de travaux
« dans un secteur soumis à un violent bombardement pendant la
« période septembre-octobre 1916. »

Ordre de la division :

« Chargé de diriger le service d'observation du groupe, a établi
« sous le feu des postes habilement choisis et a pu recueillir ainsi des
« renseignements précieux au cours des attaques du 18 au 27 juil-
« let 1918. »

Ordre du 256ᵉ régiment d'artillerie :

« Plein de sang-froid, calme et réfléchi, courageux, animé du plus
« haut sentiment de ses devoirs, a assuré pendant les mois d'automne
« 1918, au cours des offensives fournies par la D. I., la liaison auprès
« des chasseurs avec le plus grand et le plus rare bonheur. »

PALOQUE Tony, médecin-major.

Chevalier de la Légion d'honneur. Croix de guerre, Military Cross.

PARFONRY Jean, médecin auxiliaire au 6ᵉ zouaves.

Ordre de la brigade (5 octobre 1915) :

« A montré un dévouement et un courage remarquables en allant
« volontairement jour et nuit relever et panser les blessés sous le feu
« de l'ennemi. »

Ordre de la division marocaine :

« Pendant l'attaque du 20 août 1917, a suivi avec le plus grand cou-
« rage les compagnies d'assaut contribuant pour une large part à assu-
« rer la relève et les soins des blessés. Très belle attitude au feu. »

Ordre de la division marocaine :

« Médecin auxiliaire d'un rare courage, calme au feu. Vient de se
« distinguer une fois de plus, aux combats du 26 avril 1918 et jours
« suivants en pansant les blessés alliés sous un bombardement exception-
« nellement violent. »

Ordre de la division marocaine :

« D'un courage extraordinaire, les 18 et 19 juillet, a suivi les pre-
« mières lignes dans l'attaque afin de pouvoir panser plus vite les
« hommes tombés dans les blés. S'est dépensé avec un absolu dévoue-
« ment sous les feux particulièrement violents de mitrailleuses, appor-
« tant à tous les blessés le réconfort de ses soins. »

Ordre de la 1re division marocaine :

« Pendant les durs combats du 6 au 15 septembre 1918, s'est
« constamment distingué en allant, en terrain découvert et battu,
« panser de nombreux blessés, dont plusieurs sans lui auraient suc-
« combé à leurs blessures. »

PÉCAUT JACQUES.

« *Ordre de la division :*

« Sous-lieutenant au 55e régiment d'artillerie, s'est mis volontaire-
« ment, après prise d'une de nos tranchées, à la disposition du com-
« mandant du sous-secteur ; a observé dans les tranchées de première
« ligne pendant la préparation et l'exécution des contre-attaques, et,
« sous un feu violent de bombes et de torpilles, est resté en contact
« avec les commandants des contre-attaques, et a pu ainsi assurer aux
« tirs une précision remarquable sur des objectifs rapprochés de nos
« tranchées. »

Ordre de l'armée :

« Officier d'un courage admirable, se dépensant sans compter, a
« par son entrain, et son mépris du danger, maintenu dans un ordre
« parfait le personnel de sa batterie pendant un violent bombarde-
« ment de gros calibre qui a duré plusieurs jours. »

PEREIRE GEORGES, conducteur au Q. G. de la IVe armée, brigadier et maréchal des logis de section T. M. armée, sous-lieutenant-adjoint au chef d'escadron, commandant la réserve des transports automobiles, sous-lieutenant-adjoint au capitaine, commandant la commission régulatrice automobile du G. Q. G.

Citation à l'ordre de la direction des services automobiles.

PEREIRE MAURICE, commandant une section de munitions
d'artillerie, chef d'escadron, commandant le parc d'artillerie
divisionnaire.

Citation à l'ordre du régiment.
Chevalier de la Légion d'honneur.

PERIER HENRI, chef d'escadron d'artillerie.
Chevalier de la Légion d'honneur.

Ordre du régiment (18 mai 1915) :

« A montré dans les combats de la 12e division, une valeur technique,
« une bravoure et un sang-froid qui lui ont permis d'obtenir de sa bat-
« terie le plus grand rendement dans les cas les plus difficiles et péril-
« leux. Au combat de Beaugée, le 6 septembre 1914, a tenu héroïque-
« quement à son poste de commandement sous les feux de l'infanterie
« et des mitrailleuses ennemies pendant plusieurs heures et n'a fait
« changer de position à sa batterie qu'après avoir épuisé toutes ses
« munitions et alors que les fantassins allemands se trouvaient à courte
« portée. »

PÉRISSÉ RAYMOND, capitaine commandant un groupe automobile, capitaine commandant un groupement automobile, capitaine
commandant le groupement automobile de Paris.

Chevalier de la Légion d'honneur (14 juillet 1917) :

« Officier distingué, d'un dévouement remarquable, a rendu les meil-
« leurs services dans tous les postes qu'il a occupés depuis le début de
« la campagne. »

PÉRISSÉ RICHARD, sous-lieutenant au 110e R. A. L.

Ordre de la brigade :

« Gravement atteint d'intoxication par obus à gaz ennemis, a con-
« tinué à assurer son service pendant plusieurs jours dans une batte-
« rie souvent soumise au bombardement. Ne s'est laissé évacuer
« qu'après avoir épuisé ses dernières forces. »

PEUGEOT ANDRÉ.

Ordre de l'artillerie de la 73e division :

« Aspirant plein d'allant et de dévouement ; s'était déjà distingué
« sur le front de Verdun par des reconnaissances en première ligne
« dans des régions périlleuses, en particulier au cours de l'attaque du
« 25 novembre 1917. S'est signalé à nouveau par un dévouement digne
« d'éloges pour l'organisation des positions du groupe et la prépara-
« tion de l'attaque du 29 janvier sur le front de la 73e division. »

PFEIFFER EDOUARD.

Cité à l'ordre du corps d'armée.

PICARD Jean, sous-lieutenant à l'état-major du 5ᵉ groupe du
118ᵉ R. A. L.

Ordre du régiment :

« Jeune officier d'un dévouement absolu ; très courageux, a rendu
« des services signalés en recherchant dans des conditions très diffi-
« ciles des observatoires sur un terrain violemment bombardé par
« l'ennemi, en particulier le 1ᵉʳ juin 1918. »

Ordre de la brigade :

« Adjoint au commandant d'un groupement de groupes lourds, a été
« un auxiliaire des plus précieux du commandement par ses connais-
« sances, son dévouement, son inlassable activité pendant la période du
« 18 au 25 septembre 1918. A assuré d'une façon remarquable la
« liaison avec l'infanterie et le service de l'observation. »

PIHA Maxime.

Décoré de la croix de guerre italienne.

PILLET Louis, automobiliste au corps de cavalerie, dans une
attaque violente contre l'état-major du corps de cavalerie, a tenu
tête courageusement avec trois camarades pour sauver son général
blessé à mort.

Décoré de la médaille militaire.

PILLOIS Georges-Adrien-Charles, sous-officier au 1ᵉʳ régiment d'artillerie coloniale, promu sous-lieutenant en septembre
1915, promu lieutenant en février 1917, passé au 1ᵉʳ régiment
d'artillerie de campagne, hospitalisé en septembre 1917, mis hors
cadre en décembre 1917 pour raison de santé.

Ordre du régiment (22 mars 1916) :

« A fait preuve depuis le début de la campagne de beaucoup de
« crânerie et de mépris du danger dans l'accomplissement de ses
« devoirs. En dernier lieu, étant dans un cantonnement soumis à un
« violent bombardement, a donné les premiers soins à son sous-officier
« qui venait d'être blessé à côté de lui et s'est dépensé sans compter
« pour assurer son évacuation rapide. »

PIMIENTA Gustave, sergent aviateur.

Cité à l'ordre de la division.

PIMIENTA Paul-Charles, lieutenant de réserve au 28ᵉ bataillon de chasseurs à pied, blessé, intoxiqué par gaz asphyxiants et vésicants.

Ordre de la division :

« A assuré avec le plus grand dévouement le service et participé à
« l'extinction d'un incendie pendant un violent bombardement. »

Ordre de la division :

« Réformé et engagé pour la durée de la guerre, ayant été blessé le
« 23 décembre 1915 au cours d'un violent bombardement, a refusé de
« se laisser évacuer pour laisser sa place à un camarade et pour ne
« pas quitter son poste à l'heure du danger. »

Ordre de la division (24 janvier 1919) :

« Chef de section énergique et brave, soumis pendant 3 jours à
« un violent bombardement d'obus toxiques est resté des derniers sur
« la position qui lui avait été confiée et a été sérieusement intoxiqué
« par les gaz. »

PLAS Armand.

Croix de guerre.

PLATEAU Marcel, lieutenant au 107ᵉ régiment d'artillerie, observateur en avion.

Ordre de la division (25 août 1915) :

« Commandant une batterie d'A. L. prise sous le feu de l'ennemi,
« a, par la précision et la vigueur de son tir, réussi à préparer très
« efficacement l'attaque d'un village fortifié. »

Ordre du corps d'armée (24 octobre 1916) :

« Excellent observateur, d'un courage et d'un dévouement au-dessus
« de tout éloge ; a effectué, outre son service normal, quatre bombar-
« dements de nuit sur un point particulièrement défendu. Le 20 octo-
« bre, dans des circonstances atmosphériques défavorables, s'est offert

« pour aller seul et sans escorte, bombarder une gare importante défen-
« due par des batteries très dangereuses et a accompli sa mission bien
« que son appareil ait été atteint par l'artillerie ennemie. »

Ordre de l'armée (15 juin 1917) :

« Officier d'artillerie remarquable par les qualités exceptionnelles
« dont il a fait preuve comme observateur en avion. A contribué pour
« une très grande part, par sa compétence et ses qualités d'organisa-
« teur, à établir dans le secteur d'un C. A., au cours des opérations
« d'avril-mai 1917, des liaisons parfaites entre l'artillerie et l'aéronau-
« tique. A montré son courage et son énergie au cours de 150 heures
« de vol au-dessus de l'ennemi, s'astreignant à remplacer les officiers
« aviateurs blessés, malgré le service important qu'il avait à assurer à
« terre ; a eu son appareil atteint maintes fois par les éclats d'obus
« ou des balles d'infanterie ; s'est dépensé jusqu'à l'extrême limite de
« ses forces ; a refusé néanmoins de se laisser évacuer. »

Chevalier de la Légion d'honneur (25 juillet 1917) :

« Officier d'une haute valeur morale, qui a constamment donné le
« plus bel exemple de vaillance et d'abnégation. Après s'être distingué
« dans l'artillerie au début de la campagne, a mis au service
« de la nation son activité inlassable et son dévouement sans bornes ;
« s'est particulièrement distingué au cours des bombardements de
« nuit, et pendant l'offensive de l'Aisne, s'offrant spontanément pour
« les liaisons d'infanterie à basse altitude. Blessé très grièvement 'à
« l'atterrissage le 25 juillet 1917. Déjà blessé antérieurement et trois
« fois cité. »

PLATEAU Robert, lieutenant-mitrailleur au 67ᵉ régiment
d'infanterie.

Ordre de la division :

« Officier d'une grande conscience, d'un courage à toute épreuve et
« possédant le plus beau sang-froid ; a été grièvement blessé à son
« poste de combat, pendant l'attaque du 24 juin 1916, en maintenant
« ses hommes sur la position et ne s'est fait évacuer que lorsque
« l'ennemi a été repoussé. »

Ordre du corps d'armée (2 mai 1918) :

« Officier mitrailleur d'une rare énergie. Au cours d'un combat
« sous un feu très violent, a réussi, grâce à son sang-froid, a mainte-
« nir le calme dans sa troupe qu'il a entraînée en avant pour renforcer
« le première ligne. »

Chevalier de la Légion d'honneur (24 août 1918) :

« Officier mitrailleur d'une énergie et d'un calme au-dessus de tout
« éloge ; a conduit son peloton à l'assaut d'un village fortifié, le pous-
« sant jusqu'à l'extrême limite, mettant ses pièces en batterie à l'entrée
« d'une creute occupée par l'ennemi, permettant ainsi la capture de
« 150 prisonniers. Resté isolé sur une pente dénudée et but des tirs de
« l'ennemi, a brisé sous ses feux toutes les contre-attaques, et a
« contribué pour une large part au maintien de la position conquise :
« 2 blessures, 2 citations. »

Ordre du régiment :

« Officier mitrailleur, d'une rare distinction, se signale sans cesse
« par ses vertus morales, ses qualités de soldat et de chef. S'est
« encore fait remarquer au cours des combats du 9 au 13 septembre
« 1918, en contribuant par le choix judicieux de ses positions de tir et
« par l'esprit de sacrifice qu'il a su communiquer à ses hommes au
« succès de son bataillon. »

POISSON René, maréchal des logis aviateur, engagé volontaire
en 1915.

« Dans un violent bombardement, renversé plusieurs fois, ne s'en
« est pas moins offert pour porter des renseignements. Blessé, a con-
« tinué à assurer le service. »

POUILLARD Fernand, aspirant au 2ᵉ bataillon de chasseurs à
pied.

Ordre de la division (29 décembre 1916) :

« Pendant la période du 15 au 24 novembre 1916, s'est dépensé
« sans compter sous un violent bombardement, malgré le froid,
« la pluie et le mauvais état du terrain ; a entretenu dans
« d'excellentes conditions le moral de ses chasseurs. »

Cité en juin 1917:

« Au cours des opérations dans le Soissonnais (avril-mai 1917), a
« fait preuve des plus hautes qualités morales et d'un véritable esprit
« de sacrifice en assurant la liaison avec un régiment voisin au travers
« d'un terrain sans cesse balayé par les obus et les mitrailleuses, a été
« grièvement blessé par éclats d'obus au cours de sa mision. »

Promu sous-lieutenant.

PUEL Pierre, lieutenant au 63ᵉ régiment d'artillerie.

Ordre du régiment :

« Sur le front depuis le début, d'abord dans l'infanterie où il s'est
« signalé par sa belle tenue au feu, ensuite dans l'artillerie et affecté
« à l'A. A. A. Est resté, dans la section qu'il commande actuellement,
« 18 mois dans une position soumise à de fréquents et de violents
« bombardements, donnant constamment à ses hommes un bel exemple
« de courage et d'entrain. »

PUIG Marcel, lieutenant d'artillerie.

A fait partie de la 1ʳᵉ batterie du 104ᵉ R. A. L., citée à l'ordre de
l'A. L. pour sa brillante conduite. Passé dans la D. C. A., a abattu
un avion le 10 août 1918. Belle tenue au feu aux combats de Champagne et au passage de l'Aisne à Vouziers en 1918.

QUÉTIN Gabriel, soldat au 121ᵉ régiment d'infanterie.

Ordre du régiment :

« Soldat téléphoniste d'une rare énergie. Chargé d'installer un poste
« radiotélégraphique, a accompli sa mission sous un violent bombar-
« dement et ne s'est replié que sur un ordre formel du chef de batail-
« lon, en réussissant à transporter tout le matériel téléphonique. »

Ordre de la division :

« Téléphoniste plein de dévouement. Le 21 novembre 1917, s'est
« bravement élancé avec les vagues d'assaut pour assurer au plus vite
« la liaison téléphonique et a prodigué sans cesse ses efforts pour entrete-
« nir cette liaison au cours de violentes contre-attaques. »

RABEL André, capitaine d'artillerie, directeur au Ministère du
Ravitaillement.

Chevalier de la Légion d'honneur.

RAIMBOURG Gaston, professeur de musique, soldat de
1ʳᵉ classe au 41ᵉ régiment d'infanterie coloniale.

Ordre du régiment :

« Pendant les combats du 28 septembre au 4 octobre 1915, a fait

« preuve du plus grand dévouement et d'une belle énergie en assurant,
« sous un violent bombardement, la relève de nombreux blessés. »

Ordre de la division :

« Soldat brancardier, d'un courage et d'un dévouement parfaits, les
« 16 et 17 avril a assuré la relève et le transport des blessés dans des
« circonstances particulièrement difficiles et très dangereuses. »

REGNAULD Paul, capitaine au 82ᵉ régiment d'artillerie lourde.

« Officier très énergique et très calme, se rendant fréquemment à
« des observatoires avancés, exposés au feu de l'ennemi, pour y régler
« les feux de sa batterie. A commandé avec autorité pendant l'attaque
« du 15 décembre 1916. »

REGNAULT Michel, soldat au 213ᵉ régiment d'artillerie,
blessé le 18 juin 1918.

Cité à l'ordre de la division.

RÉMON Georges.

Médaille de conduite distinguée (Angleterre).

RENAUDOT Henry, 44ᵉ régiment d'infanterie et section de
camouflage d'armée.

Une citation à l'ordre de la division.

RHEIMS René-André, sous-lieutenant au 11ᵉ bataillon de
chasseurs alpins. Brillant officier cité à l'ordre de la brigade et
de l'armée. Grièvement blessé le 18 août 1914, en repoussant
avec sa section, les attaques d'un ennemi très supérieur en nombre.
Revenu sur le front, à peine guéri, s'est particulièrement distingué
au cours des combats livrés par son bataillon en février 1915.
Blessé de nouveau au bras dans un combat corps à corps, après
avoir abattu un ennemi à coups de revolver.

RIBERETTE Alfred, chef de bataillon d'infanterie territoriale, état-major, 4ᵉ bureau, commissaire militaire dans différents postes.

Chevalier de la Légion d'honneur.

RICHARD-BLOCH Pierre, ancien élève de l'Ecole Polytechnique, lieutenant aviateur.

Ordre de l'armée (6 juin 1915) :

« Sous-lieutenant d'artillerie observateur à l'escadrille C. 9. Observa-
« teur très habile, a fait depuis le début de la campagne 94 heures de vol
« au-dessus de l'ennemi, rapportant toujours de fructueux renseigne-
« ments. Très audacieux, a toujours attaqué les avions ennemis rencon-
« trés. Le 29 avril, a attaqué un drachen allemand et, après lui avoir jeté
« trois bombes incendiaires sans résultat, est descendu très bas pour le
« tirer à coups de mousqueton et l'a forcé à partir. »

« L'escadrille C. 21, commandée par le lieutenant Bloch, s'est signa-
« lée au cours des 2 mois passés dans le secteur de M..., par son entrain,
« son activité, la hardiesse de ses vols, la précision des renseignements
« rapportés par ses observateurs. A su réaliser en ceux-ci et le personnel
« des groupes l'union et la bonne entente qui sont la meilleure garantie
« d'une bonne exécution des tirs. »

Promu capitaine.

RICHEPIN Tiarko, lieutenant pilote-aviateur.

Ordre de l'aéronautique :

« Pilote de chasse courageux et énergique. Malgré plusieurs acci-
« dents d'aviation et quoique très atteint par les fièvres paludéennes,
« est resté à son poste tout l'été, exécutant en Macédoine de nombreuses
« missions de barrage et de reconnaissance. »
« Après s'être vaillamment conduit dans l'infanterie où il a été griè-
« vement blessé, s'est distingué dans l'aviation comme pilote par son
« courage et son dévouement. Une blessure. A déjà été cité. »

Nommé chevalier de la Légion d'honneur.

RIESTER André, lieutenant commandant une batterie territoriale, observateur en avion, chargé de mission, pilote-aviateur, commandant de batterie lourde, courte 220 à tir rapide, capitaine commandant la 14ᵉ batterie du 81ᵉ A. L.

Ordre du régiment (9 novembre 1916) :

« Excellent officier remplissant depuis trois mois les fonctions
« d'observateur, a toujours fait preuve de beaucoup d'initiative et de
« courage. Volontaire pour les missions périlleuses. En particulier pour
« les opérations des 6 et 7 novembre a observé sans interruption le
« tir de la batterie de première ligne malgré un violent bombardement. »

Cité à l'ordre du 16ᵉ corps d'armée.
Nommé chevalier de la Légion d'honneur.

ROBERT-PIMIENTA, engagé volontaire versé dans le service auxiliaire, affecté sur sa demande au 28ᵉ bataillon de chasseurs alpins, une blessure et quatre citations. Promu caporal, puis sergent.

Ordre de la division :

« Le sergent PIMIENTA a entraîné, pendant les durs combats des 30,
« 31 août, 1ᵉʳ, 2 et 3 septembre 1918, la demi-section à l'assaut des
« positions ennemies avec une compétence et un savoir-faire très
« remarquables. »

Ordre du corps d'armée :

« Aux combats de septembre 1918 et à l'affaire du Canal de la
« Sambre (4 et 5 novembre 1918) a fait preuve à la tête de sa section
« d'un courage magnifique sous les rafales serrées des mitrailleuses et
« de l'artillerie ennemies. »

Médaille militaire, Military Medal, Distinguded cross.

ROQUES Jacques, pilote-aviateur.

Ordre du corps d'armée :

« Excellent pilote de chasse, toujours prêt à accomplir les missions
« périlleuses. Le 26 avril 1917, avec un autre pilote, a abattu un mono-
« plan dans la région de X..... »

*Décoré de la croix de guerre avec étoile d'or et de la croix de guerre
belge, qui lui fut remise le 13 août 1917, par le Roi Albert en personne.*

Ordre de la 6ᵉ armée (4 avril 1918) :

« Excellent pilote, plein d'entrain et de courage. Depuis un an, a

« livré les combats les plus durs, forçant les adversaires à abandonner
« la lutte ; a abattu en flammes un biplace ennemi. »

Ordre de l'armée (13 juillet 1918) :

« Pilote très consciencieux et adroit, a contribué dernièrement, pour
« une grande part, à abattre deux avions ennemis ; deux citations. »

Médaille militaire (9 septembre 1918) :

« Excellent pilote de chasse, énergique et brave. Vient de se signaler
« au cours des dernières offensives par des mitraillages à terre exces-
« sivement hardis. Le 10 août, a attaqué avec insistance, à quelques
« mètres du sol, un nid de mitrailleuses qui arrêtait nos cavaliers ; a
« ainsi signalé l'obstacle et permis à nos soldats de le tourner et de
« capturer le poste. »

ROY André, capitaine.

Ordre de la division :

« Commandant de compagnie d'un calme et d'une bravoure absolus.
« A maintenu quatre jours durant sous un bombardement violent sa
« compagnie très durement éprouvée. »

Ordre du corps d'armée :

« Commandant de compagnie d'un calme superbe et d'une belle réso-
« lution. Le 16 juin 1917, a contre-attaqué un ennemi en force, l'a
« rejeté dans ses lignes, puis a organisé solidement, au contact immé-
« diat et sous le tir des bombes, une position démolie par le bom-
« bardement. »

Ordre de la division :

« Commandant de compagnie d'un calme superbe. A remarquable-
« ment conduit et maintenu sa compagnie pendant la dure période du
« 23 au 26 juillet 1917. »

Ordre de l'armée :

« Le 31 mai 1918 se maintenait avec sa compagnie pour la défense
« d'un point important, résistait jusqu'à l'enveloppement complet, puis
« parvenait à se dégager et à rejoindre nos lignes. »

ROY Marcel, capitaine au 83ᵉ régiment d'artillerie lourde.

Ordre de la 11ᵉ armée :

« A fait preuve comme officier de liaison avec l'infanterie des plus

« belles qualités de courage et de sang-froid, le 17 avril 1916 ; assez
« sérieusement blessé en 1ʳᵉ ligne, a continué à remplir sa mission
« jusqu'au soir, donnant à ceux qui l'entouraient un bel exemple de
« sentiment du devoir. »

Ordre du corps d'armée :

« Commandant de batterie modèle, d'un zèle et d'une compétence
« au-dessus de tout éloge, a fait en toutes circonstances preuve des plus
« belles qualités militaires. A su, dans les circonstances les plus cri-
« tiques, maintenir le calme et la confiance parmi son personnel. A
« toujours obtenu de sa batterie le meilleur rendemant malgré les plus
« violents bombardements et l'extrême fatigue du personnel. S'est par-
« ticulièrement distingué au cours des offensives devant St-Quentin.
« A pris, en outre, une part brillante aux offensives de la 10ᵉ armée. »

ROY Philippe.

Ordre de la division :

« A pénétré, le 20 février 1915, à la suite d'un premier combat,
« dans la position ennemie, y a organisé des tranchées dans lesquelles
« il s'est maintenu pendant toute la nuit malgré les lourdes pertes
« qu'il subissait par suite des feux de front et de flanc. Après l'évacua-
« tion partielle de la position, a pris part, avec sa compagnie, à
« l'attaque destinée à assurer l'occupation de la position entière. »

Ordre du régiment :

« Excellent officier, ne ménageant pas sa peine, ni ses efforts ; les
« 19 et 21 mai, pendant une attaque par gaz asphyxiants a parcouru
« son secteur de défense sous un violent bombardement, pour encou-
« rager ses hommes par son exemple. »

Ordre du corps d'armée :

« Officier d'une grande énergie, s'est toujours fait remarquer par
« son courage. Au cours des combats du 21 au 23 juin 1916, a montré
« constamment le plus bel exemple de sang-froid ; sous un bombarde-
« ment, pour ainsi dire continu et des plus violents, a toujours tenu,
« dans sa main, sa troupe de contre-attaque. A rétabli le 23 juin, par
« son intervention immédiate, une situation devenue dangereuse par
« suite du repli momentané d'un régiment voisin. »

Ordre du corps d'armée :

« Officier d'une rare distinction intellectuelle et morale, doué au plus
« haut point de cette séduction personnelle qui fait les chefs ; a su,

« en gagnant l'affection de ses hommes, faire de sa compagnie une
« unité d'élite. A été blessé le 12 octobre 1916, alors qu'il organisait
« le secteur qui venait de lui être affecté et prenait toutes ses dispo-
« sitions en vue de l'attaque qu'il devait effectuer le lendemain. D'un
« courage personnel au-dessus de tout éloge. Déjà une fois blessé et
« trois fois cité à l'ordre. »

Chevalier de la Légion d'honneur :

« Officier d'un esprit de devoir absolu, se dévouant tout entier à sa
« mission, a en toute occasion, montré le plus beau courage. Vient de
« recevoir sa troisième blessure en entrainant le 31 mars à la
« contre-attaque des hommes rassemblés par son énergie. »

« Bien qu'incomplètement guéri d'une grave blessure, a voulu
« rejoindre sa division engagée et s'est épuisé par cet effort prématuré.
« Evacué, est revenu au bout de quelques jours et a pris une part
« brillante aux opérations de la Lys et de l'Escaut, s'exposant pour por-
« ter des ordres et exécuter des reconnaissances dans les endroits les
« plus dangereux jusqu'à la dernière heure de la guerre. »

ROZIÈRES Georges.

Ordre de la division :

« Jeune soldat de rare bravoure, en batterie sur la croupe 153 le
« 1er novembre 1918, en butte aux rafales ennemies, ne cessa son tir
« qu'une fois blessé sur sa pièce. »

RUFF Fernand.

Croix de guerre.

SALMON-LEGAGNEUR Marc.

Croix de guerre.

SALONE Pierre, sous-lieutenant au 37e régiment d'artillerie.

Ordre de la division :

« Officier d'une énergie et d'un sang-froid remarquables. Blessé par
« éclat d'obus le 24 juillet 1918, pendant un tir de harcèlement, alors
« qu'il faisait abriter le personnel de sa batterie. »

SARLIN Jean, Ingénieur des Arts et Manufactures.

Croix de guerre.

SARLIN Robert, capitaine, ancien élève de l'Ecole Polytechnique.

Deux citations au corps d'armée, et une à la division.

SCHNEIDER André, chef d'escadron, état-major VIe armée (1914), chef du 3e bureau, lieutenant-colonel, commandant le 8e d'artillerie de campagne (1914), lieutenant-colonel, état-major VIe armée, sous-chef d'état-major (1916), colonel commandant l'artillerie de la 161e division (1917-1918-1919).

Ordre de la 10e armée (10 juin 1915) :

« Au cours des combats livrés au mois de mai, a exercé avec
« une incontestable autorité le commandement d'un très important
« groupement d'artillerie. Par son autorité, son courage et la hardiesse
« avec laquelle il a employé ses batteries, a prêté à l'infanterie le
« concours le plus utile. »

Ordre de la 10e armée (28 octobre 1917) :

« Officier supérieur de valeur particulière, excellent commandant
« d'artillerie divisionnaire, amenant une artillerie divisionnaire parfaite-
« ment instruite, manœuvrière et brave, a pris en août 1917, sur le Che-
« min-des-Dames, et dans une situation délicate, le commandement de 27
« batteries de tous calibres, par son action, son activité et son courage
« personnel, donnant l'exemple à tous, parcourant sans cesse son terrain et
« ses observatoires avancés, sans souci du danger, a largement contribué
« à consolider la situation d'abord, puis à la réussite de deux attaques
« successives. »

Ordre de la 151e division (19 avril 1918) :

« Chef d'artillerie de premier ordre, ayant fait preuve dans des
« combats soutenus en commun avec la 161e division d'une très grande
« activité et d'un magnifique esprit de solidarité au cours des journées
« des 6, 7 et 8 avril 1918, s'est dépensé sans compter pour utiliser à
« plein au profit de ses voisins toutes les ressources en artillerie dont il
« pouvait diposer et a ainsi réussi à briser plusieurs attaques ennemies
« devant le front de la 151e division. »

Ordre du 9ᵉ corps d'armée (7 février 1919) :

« Beau soldat, admirable chef, qui ne doute jamais du succès parce
« que rien ne lui paraît impossible. Toujours sur la brèche, commu-
« niquant à tous son entrain et son besoin d'aller de l'avant. Au cours
« des opérations du 26 septembre au 6 octobre 1918, a fait un magnifique
« emploi d'un groupement d'artillerie important et réalisé l'appui constant
« des groupes hippomobiles, qui, en dépit des difficultés d'un terrain
« dépourvu de routes et de chemins, ont littéralement marché dans les
« traces de l'infanterie de la division. »

Promu officier de la Légion d'honneur.
Ordre de Sainte-Anne de 2ᵉ classe.
Etoile de Karageorge de 4ᵉ classe.

SCHWARZFELD Albert, médecin aide-major de 1ʳᵉ classe.

Ordre du 64ᵉ bataillon de chasseurs alpins :

« A donné, pendant les attaques allemandes, contre le Petit-Reich-
« ackerkopf, le 18 avril 1915, les preuves les plus frappantes du
« calme et du dévouement professionnels. »

Ordre de la 7ᵉ armée (9 juillet 1915) :

« En toutes circonstances et sous de violents bombardements, a
« dirigé ses équipes de brancardiers avec un dévouement, une compé-
« tence et un courage admirables, prodiguant ses soins à tous sous les
« balles et les obus, et donnant sans cesse à tous ceux qui l'entouraient
« le plus bel exemple de sang-froid et de bravoure. »

SCHWENCK Victor, 44ᵉ territorial d'infanterie, 310ᵉ et 208ᵉ régiments d'infanterie, T. M. 232 et 94.

Ordre du 208ᵉ régiment d'infanterie (9 juillet 1916) :

« Soldat courageux, s'est bien conduit à Verdun, où sous un violent
« bombardement, il a accompli avec courage toutes les missions qui lui
« ont été confiées. A depuis lors, malgré une santé précaire, assuré la
« liaison de sa compagnie d'une façon parfaite et dans des circons-
« tances particulièrement difficiles. »

SÉDILLON Robert, maréchal des logis, pilote-aviateur, 3 blessures.

Ordre du régiment :

« Le 8 novembre 1916, étant agent de liaison, a été projeté à terre,
« par un obus de gros calibre, et ayant sa machine brisée, a assuré la
« mission dont il était chargé. »

Ordre du corps d'armée :

« Excellent pilote, volontaire pour toutes les missions difficiles.
« Le 30 mai 1918, au cours d'une patrouille, a abattu un avion ennemi,
« qu'il a attaqué avec deux de ses camarades. »

Ordre du corps d'armée :

« Excellent pilote de chasse, vient, au cours des dernières opéra-
« tions, de prendre part à de nombreuses missions d'accompagnement
« au cours desquelles des combats très durs ont eu lieu. S'y est
« toujours signalé par son courage et son sang-froid. Le 15 et le 18 juil-
« let 1918, au cours de ces missions, a dégagé à plusieurs reprises de
« l'attaque ennemie, l'avion qu'il protégeait. »

Médaille militaire :

« Excellent pilote d'une haute valeur morale. Toujours volontaire
« pour les missions difficiles et d'un superbe exemple pour ses cama-
« rades. A été grièvement blessé le 11 août 1918, dans l'accomplisse-
« ment de son devoir. »

SEIDLER Marcel.

Décoré de la croix de guerre.

SEVESTRE Jacques-Raymond-Victor, médecin aide-major
de 2ᵉ classe, ambulance 3/4, laboratoire de bactériologie de la
11ᵉ armée, 329ᵉ régiment d'infanterie, hôpital temporaire n° 3 A. O.

Ordre de la 6ᵉ armée (6 août 1916) :

« D'un sang-froid imperturbable, au cours de l'attaque du 4 juil-
« let 1916, a soigné des blessés dans des conditions particulièrement
« périlleuses, alors que tous les abris étaient effondrés. »

SEYRIG Henri-Roger, chef d'escadron d'artillerie, état-major
du gouverneur de Belfort, état-major de la VIᵉ armée, passé en
septembre 1917, au Ministère de l'Armement.

Nommé chevalier de la Légion d'honneur (avril 1917).

SILVAIN MARCEL, sapeur radio-télégraphiste de 2e classe au 8e régiment du génie.

Ordre du régiment :

« Excellent sapeur, ayant fait preuve de courage et de dévouement,
« en maintes circonstances, et notamment le 22 mars 1918, à Com-
« piègne, au cours d'un bombardement de nuit par avions. Un incendie
« considérable ayant éclaté et menaçant de se propager par suite de
« la rupture des conduites de gaz, s'est porté spontanément aux gazo-
« mètres, malgré l'imminence de l'explosion et la violence du bombar-
« dement. A réussi à se procurer et à faire jouer les extincteurs
« spéciaux, contribuant ainsi par son initiative et son sang-froid,
« à préserver le quartier menacé par le sinistre. A continué à donner
« des preuves de dévouement et de mépris du danger au cours des
« opérations de fin 1918 sur la Marne. »

SILZ GEORGES-BERNARD, capitaine commandant la 3e batterie R. A. T. du 22e d'artillerie, chef d'escadron, officier technicien à la section technique de l'aéronautique.

Chevalier de la Légion d'honneur.

SIMON ANDRÉ, interprète au 3e bataillon des Northumberland fusileers, reversé ensuite au 104e régiment d'infanterie.

Ordre de la 7e division d'infanterie :

« Se trouvant isolé en pays envahi, depuis le 26 août 1914, a
« franchi à ses risques et périls les lignes allemandes, le 30 septembre
« 1914. Réaffecté au 104e régiment d'infanterie le 3 octobre 1914, a
« été grièvement blessé, le 28 février 1915, en participant à l'attaque
« des tranchées ennemies. »

SIMON MAURICE-JEAN, sous-officier du génie à la division marocaine, officier d'administration au Ministère de l'Agriculture.

Ordre du commandement du génie de la division marocaine :

« Depuis le début des hostilités et au cours des différents engage-
« ments de la division, a remarquablement organisé le ravitaillement en
« matériel des dépôts avancés dans des circonstances souvent diffici-
« les et périlleuses. Le 21 juin 1917, chargé de rechercher dans les

« ruines d'un village violemment bombardé, un dépôt de matériel
« abandonné, s'est courageusement acquitté de sa mission qu'il a menée
« à bonne fin. »

SOUBEYRAN Jean, lieutenant de réserve au 11ᵉ régiment
d'artillerie de campagne.

Chevalier de la Légion d'honneur :

« Officier d'un courage qui n'a d'égal que sa modestie. Observateur
« pilote, puis chef d'escadrille, s'est toujours fait remarquer par ses qua-
« lités exceptionnelles d'allant et de dévouement ; 1 blessure,
« 4 citations. »

STAMM Edouard, sous-lieutenant au 452ᵉ régiment d'artillerie
lourde.

Ordre du régiment :

« Officier courageux, modèle de sang-froid et de dévouement, volon-
« taire pour les missions difficiles. Pendant l'attaque du 18 juillet 1918,
« a exécuté en première ligne, sous les tirs de barrage et les feux de
« mitrailleuses violents de l'ennemi, une reconnaissance périlleuse ;
« s'est avancé au delà des lignes, entre les postes allemands et les pos-
« tes américains ; a rapporté ainsi des renseignements qui ont permis
« de fixer avec exactitude les positions atteintes par les troupes
« d'assaut. »

STUART Harold, sous-lieutenant au 118ᵉ régiment d'artillerie
lourde, blessé à Zuydcoote.

Ordre de la brigade :

« Officier d'un sang-froid admirable, a assuré le service d'observa-
« tion des tirs de sa batterie pendant les attaques du 1ᵉʳ au 5 juil-
« let 1916 et a continué par ses observations précises à assurer le suc-
« cès des tirs de sa batterie. »

STUART Henry, maréchal des logis interprète, attaché à la
mission française près l'armée britannique.

Ordre de la brigade :

« A accompagné le bataillon partout au cours de la journée du 31 ;

« s'est inlassablement dépensé pour obtenir une liaison efficace avec
« l'armée anglaise et s'est porté plusieurs fois sur leurs lignes avancées,
« traversant des zones battues par l'artillerie et montrant un réel
« mépris du danger. »

STUREL Jean, lieutenant, puis capitaine au 32e d'infanterie.

Une citation à l'ordre du régiment.
Deux citations à l'ordre de la division.
Une citation à l'ordre de l'armée.

Nommé chevalier de la Légion d'honneur.

TAMBURINI Joachim, engagé volontaire, interprète aux
armées britanniques.

Distinguished conduct medal.

THÉRY André, sous-lieutenant à la 11e batterie du 88e R. A. L.

Ordre du régiment :

« A donné à son personnel en plusieurs occasions, l'exemple du
« calme et du sang-froid, notamment à Verdun en 1917 et dans les
« Flandres en mai 1918, où il a assuré dans des conditions difficiles le
« service d'un observatoire avancé. »

THÉRY René, inspecteur permanent à l'Etat-civil aux armées,
adjoint à l'Intendance.

Chevalier de la Légion d'honneur (octobre 1918).

THÉRY René, Inspecteur permanent à l'Etat-civil aux armées.

Ordre du régiment :

« A merveilleusement assuré en 1916 et depuis le mois d'octobre
« 1917, l'inspection des services d'Etat-civil aux armées. A fait
« preuve de courage en se portant volontairement pour l'exécution de
« son service dans les secteurs les plus bombardés, notamment ceux de
« Souchez, de Neuville-St-Vaast, du 20 au 25 janvier 1916, Prosnes
« et le Mont Cornillet du 11 au 15 mars 1918, Poperinghe-Dickebusch
« du 26 mai au 10 juin 1918. »

THUILLEAUX Georges, lieutenant au 224ᵉ régiment d'infanterie.

Ordre de la division :

« Blessé le 14 septembre 1914 d'une balle qui lui a traversé la poi-
« trine au moment où il entraînait sa section, est revenu sur
« le front et a pris part comme commandant de la compagnie de
« mitrailleuses aux affaires des mois de mai et juin 1915, où il a fait
« preuve d'allant et de courage, notamment les 4 et 5 juin. »

Ordre du corps d'armée :

« Commandant la compagnie de mitrailleuses du 224ᵉ régiment
« d'infanterie pendant les combats du 6 au 13 octobre 1915, s'est porté
« en ligne le 9 octobre sur un terrain en glacis balayé par les balles et
« les obus. A contribué par son calme et son sang-froid à maintenir
« intact le moral de sa troupe, malgré la violence d'un bombardement
« ininterrompu pendant six jours. A été pris sous un éboulement d'où
« il n'a été dégagé qu'à grand'peine, très fortement contusionné. »

Chevalier de la Légion d'honneur :

« Capitaine au 24ᵉ régiment d'infanterie. Excellent officier, bel
« exemple de courage, d'abnégation et d'entrain. S'est, au cours des
« opérations du 18 au 27 juillet 1918, très bien acquitté de ses fonc-
« tions d'officier de liaison, accomplissant plusieurs reconnaissances
« difficiles sous de violents bombardements ; une blessure grave, deux
« citations antérieures. »

THUILLEAUX Marcel, sous-lieutenant au 25ᵉ régiment d'artillerie, observateur dans les tranchées.

Ordre de l'armée :

« A réussi, malgré un feu violent et la rupture des communications
« téléphoniques, à faire parvenir des renseignements précieux. Obligé
« d'évacuer son observatoire. S'est employé à établir la liaison entre
« des unités d'infanterie, dont l'une était sur le point d'être coupée.
« A fait des prisonniers. »

Ordre du régiment :

« Se distingue chaque jour par son entrain, son dévouement et son
« talent d'observateur, à la fois prompt et exact. Etant à son poste
« d'observation le 24 avril, a fait deux prisonniers et a assuré dans les
« conditions les plus périlleuses la liaison avec un bataillon d'infan-
« terie, presque entouré par l'ennemi. »

Ordre de la division (14 octobre 1916) :

« Lieutenant remarquable de zèle et d'entrain. A peine de retour au
« front sur ses vives instances, a été blessé en dirigeant le tir de sa
« batterie. »

Chevalier de la Légion d'honneur :

« Officier d'une grande bravoure, au front depuis le mois d'août
« 1914, s'est distingué à maintes reprises par son entrain et son
« dévouement : 2 blessures, 3 citations. »

TIRARD PIERRE, 29ᵉ territorial d'infanterie, lieutenant commandant la 2ᵉ compagnie de mitrailleuses, détaché à la poudrerie de
Toulouse.

Citation à l'ordre du régiment.
Citation à l'ordre du corps d'armée.

TRÉNEL JEAN, sous-aide major.

Cité à l'ordre du régiment.

TRÈVES ETIENNE, lieutenant au 6ᵉ régiment d'artillerie.

Décoré de la croix de guerre.

TROCHU CARLOS, engagé volontaire.

« S'est offert à différentes reprises, pour des missions des plus péril-
« leuses. Le 21 mars 1917, a traversé, un des premiers, le canal de
« St-Quentin sur les débris d'un pont, malgré le feu de l'infanterie
« ennemie. »

TROUILLON PIERRE, sous-lieutenant au 51ᵉ d'infanterie. Blessé
le 25 septembre à Vic-sur-Aisne, revenu au front, blessé de nouveau
le 25 avril 1915, aux Eparges.

Ordre de la division :

« Excellent officier, énergique, dévoué ; blessé en conduisant sa sec-
« tion à l'attaque d'une tranchée ennemie. »

Ordre de la direction des services automobiles :

« Dans la nuit du 13 et la matinée du 14 octobre 1917, au cours
« d'un transport particulièrement difficile, a donné un bel exemple de
« courage en dirigeant sous un violent bombardement, le dépannage de
« trois camions embourbés à proximité des lignes et en terminant de
« jour, sous le feu de l'ennemi, la mission dont il était chargé. »

URGUET DE SAINT-OUEN Henry, adjudant à la C. M. R. 2.

Ordre de la division :

« Le 22 mai, au bois X..., sous un bombardement très violent, a
« maintenu sa section dans la tranchée complètement bouleversée et a
« donné, par son attitude, à ses hommes, un magnifique exemple de
« courage et d'énergie. »

Promu sous-lieutenant.

Ordre de la brigade :

« A toujours été pour son peloton un magnifique exemple de courage
« et de sang-froid. A su maintenir ses sections au poste de combat
« sous un bombardement des plus violents dans une tranchée complè-
« tement bouleversée. »

VAN BROCK Jacques, capitaine au 5ᵉ régiment du génie.

Ordre du régiment :

« Officier très capable, brave, énergique ; s'est signalé par son sang-
« froid dans toutes les circonstances où son unité s'est trouvée expo-
« sée, notamment du 30 mai au 9 juin 1918, en conduisant lui-même
« les reconnaissances en gare de Château-Thierry, à proximité immé-
« diate de l'ennemi, et en octobre 1918, en dirigeant personnellement le
« travail de recherche et d'enlèvement des mines à retard, près de
« Laon. »

DE VANSSAY Roger, lieutenant dans une compagnie cycliste
d'une division de cavalerie. Grièvement blessé le 7 octobre, près de
la Bassée.

Nommé chevalier de la Légion d'honneur :

VERDÉ-DELISLE Jean, engagé volontaire, attaché comme
interprète à l'artillerie de l'armée anglaise.

Ordre de la brigade (14 septembre 1917) :

« Attaché comme interprète à l'artillerie lourde du corps britannique
« en liaison avec les Français, a rendu sur la Somme et dans les Flan-
« dres de précieux services. A donné en maintes circonstances, par
« son dévouement et sa courageuse attitude, un bel exemple du
« devoir. »

*Le colonel Bellaigue de Bughas, chef de la mission militaire fran-
çaise attachée à l'armée britannique :*

« Est heureux de témoigner sa satisfaction à l'adjudant interprète
« VERDÉ-DELISLE (Jean) du 19ᵉ escadron du train des équipages mili-
« taires, pour le dévouement dont il a fait preuve le 1ᵉʳ août 1917 en
« transportant, sur un parcours de trois kilomètres, dans un terrain
« presque impraticable, le corps d'un officier anglais tué à ses côtés
« (20 août 1917). »

Distinguished conduct Medal.

VIALET G., sous-lieutenant, 244ᵉ d'artillerie (état-major).

Cité à l'ordre de la brigade :

« Pour sa belle attitude au feu et pour avoir commandé avec grand
« succès une batterie de 75. L'ennemi n'a pu aborder nos lignes. »

VICTOR-HUGO Georges, sous-lieutenant d'infanterie, officier
de liaison. Engagé volontaire pour la durée de la guerre.

Ordre de l'armée :

« Officier d'un rare mérite, toujours prêt à remplir les missions les
« plus périlleuses sur la ligne de feu, a assuré les liaisons particulière-
« ment difficiles au cours des combats qui se sont livrés autour de
« Navarin. »

VIEUXTEMPS Jean, aspirant au 21ᵉ régiment d'artillerie.

« Aspirant très brave. A donné au cours de deux mois et demi
« passés devant Verdun le plus bel exemple au personnel de sa batte-

« rie en gardant tout son sang-froid sous les plus violents bombarde-
« ments et plus particulièrement le 27 avril 1916. »

Promu lieutenant.

Ordre du régiment :

« N'a cessé de donner l'exemple de la bravoure et du sang-froid par
« la manière dont il a, sous les bombardements violents de la Somme,
« assuré son service aux observations et à la batterie, s'est particulière-
« ment signalé, le 15 juin 1918, dans l'organisation de la défense rap-
« prochée d'une position serrée de près par l'ennemi. »

VILLARD JACQUES, maréchal des logis au 11ᵉ régiment d'artillerie, sous-lieutenant au 274ᵉ régiment d'infanterie, lieutenant au
10ᵉ régiment de marche des tirailleurs algériens.

Deux citations.
Chevalier de la Légion d'honneur.

VINARD RENÉ, lieutenant au 4ᵉ régiment du génie, compagnie 8/3.

Ordre du 8ᵉ corps d'armée :

« Pendant l'attaque du 5 avril, a dirigé, sous la fusillade et les obus,
« la construction d'une communication entre la tranchée française et
« la première ligne ennemie qui avait été enlevée. A permis par son
« courage et son activité, de consolider les succès obtenus, dans les
« conditions les plus favorables. »

WATEL PAUL, sous-lieutenant, 119ᵉ R. I.

Ordre du régiment (1ᵉʳ août 1917) :

« Chef de section plein de courage et d'entrain, a toujours été
« remarquable d'audace et d'énergie, surtout dans les moments
« difficiles. »

Ordre du 3ᵉ corps d'armée :

« Pendant les combats du Chemin-des-Dames, a fait preuve du plus
« grand courage et du plus bel entrain au cours d'une attaque de
« l'ennemi et a maintenu sa troupe inébranlable sous les feux les
« plus violents. A été blessé par un éclat de grenade. »

15 *

Ordre de l'armée (14 juillet 1918) :

« Pendant deux nuits consécutives, a exécuté dans les lignes enne-
« mies des reconnaissances qui lui ont permis de diriger le 1ᵉʳ juil-
« let 1918 un coup de main au cours duquel sept Allemands ont été
« capturés. »

Chevalier de la Légion d'honneur (23 août 1918) :

« Officier d'une bravoure hors de pair, A été grièvement blessé le
« 13 août 1918, en portant son unité à l'attaque d'une position très
« fortement organisée. Une blessure antérieure. Trois citations. »

WEBER André, médecin aide-major de 2ᵉ classe à l'hôpital 12 :

« Le 20 août 1917, de service dans les salles d'opérations, a continué
« à opérer sous le bombardement, pendant l'incendie de l'hôpital, et
« ensuite jusqu'à ce que tous les lits soient remplis, montrant ainsi à
« tout le personnel placé sous ses ordres, l'exemple d'un courageux
« sang-froid et d'un sentiment très élevé de son devoir professionnel. »

WEILLER Georges-André, maréchal des logis au 11ᵉ régiment
d'artillerie.

Ordre de la 130ᵉ division (septembre 1915) :

« A installé dans une zone très bombardée, un réseau téléphonique
« compliqué, qui a donné au commandement toutes les facilités auxquel-
« les on pouvait s'attendre. »

WEILLER Jean-Pierre, maréchal des logis, éclaireur au 57ᵉ
régiment d'artillerie.

Ordre de la 45ᵉ brigade (17 mai 1916) :

« Sous-officier actif et insouciant du danger. Détaché, le 30 avril,
« auprès d'un commandement de secteur, s'est porté spontanément à
« une tranchée battue par un tir d'artillerie allemande pour observer
« la provenance et les effets du tir. A été blessé à la tête d'un éclat
« d'obus, qui a perforé son casque. N'a consenti à se laisser évacuer
« qu'après avoir été relevé. »

Promu sous-lieutenant en mai 1916.

Deux autres citations.

WEILLER Paul-Louis, sous-lieutenant au 57e d'artillerie.

Ordre de l'armée :

« Observateur en aéroplane depuis le mois de janvier 1915. N'a
« cessé de faire preuve de la plus belle crânerie. A exécuté, à plusieurs
« reprises, les vols les plus hardis. Malgré de violents bombardements,
« n'a pas hésité à survoler les lignes ennemies pour pouvoir plus
« efficacement régler les tirs de l'artillerie. »

Ordre de l'armée :

« Rend les plus remarquables services, tant comme pilote que comme
« observateur. A livré combat très fréquemment à des avions ennemis
« et leur a toujours imposé sa supériorité. Le 11 septembre 1915,
« après avoir soutenu successivement contre plusieurs avions une lutte
« très prolongée, au cours de laquelle son appareil avait reçu plusieurs
« balles, s'est porté au secours d'un autre avion dont la mitrailleuse
« était enrayée et l'a dégagé. »

Ordre de l'armée (28 septembre 1915) :

« Officier dont la méthode, le travail et l'admirable courage ont
« puissamment contribué à l'organisation de notre artillerie. Le 20 septem-
« bre, pour l'honneur de son arme, a attaqué, avec une simple carabine,
« un avion ennemi bi-moteur et bi-mitrailleuse et l'a mis en fuite dans
« ses propres lignes. »

Chevalier de la Légion d'honneur (9 octobre 1915) :

« Aviateur d'un courage, d'un dévouement, d'une valeur technique
« hors de pair. Le 28 septembre 1915, voulant à tout prix recueillir
« des renseignements importants, a volé au-dessus de l'ennemi à une
« faible altitude en raison des nuages très bas. A eu son avion criblé
« de balles et a été grièvement blessé. »

Ordre de l'armée (1er septembre 1916) :

« Officier remarquable, d'une bravoure et d'un dévouement admi-
« rables. Soumis le 2 août 1916 à un feu violent d'artillerie, n'en a pas
« moins accompli entièrement sa mission bien que son avion ait été
« gravement ateint. Grièvement blessé le 7 août 1916. »

« Officier d'exceptionnelle valeur morale. Le 15 octobre 1916 a
« abattu un avion allemand au cours d'une reconnaissance des plus
« audacieuses. »

Ordre de l'armée (28 février 1917) :

« Officier admirable de courage et de dévouement. Le 11 février

« 1917, volontaire pour une mission très périlleuse, l'a exécutée com-
« plètement, descendant jusqu'à 200 mètres au-dessus de l'ennemi
« et très en arrière de ses lignes. A été blessé au cours de sa mission. »

Promu capitaine le 1er janvier 1918.

Chevalier de la couronne d'Italie.

Ordre de l'armée (23 janvier 1918):

« Pilote d'un courage, d'une adresse éprouvée. Faisant partie d'un
« détachement d'aviation envoyé en Italie, a abattu le 3 juin 1917 un
« avion ennemi sur le Monte-Zebio. »

Croix de guerre italienne, ordre pour la valeur militaire italienne.

« Chef d'escadrille remarquable, possédant au plus haut point les
« qualités de chef. Le....., a abattu deux avions ennemis au cours
« d'une reconnaissance poussée très loin dans les lignes allemandes. »

« A obtenu dans la préparation de l'attaque du ..... et pendant
« l'attaque elle-même, un rendement parfait de son escadrille : photo-
« graphie des arrières ennemis et surveillance des réserves ennemies
« pendant l'attaque. Plus de 700 heures de vol sur l'ennemi. »

Citation de l'escadrille Br. 224 à l'ordre de l'armée :

« Entraînée par l'ascendant et l'exemple de son chef, le capitaine
« Paul-Louis WEILLER, a fait preuve de qualités remarquables de
« bravoure et de ténacité. A effectué avec les plus brillants résultats
« de nombreuses reconnaissances à longues portées, malgré les circons-
« tances atmosphériques très défavorables et les violentes attaques
« de l'aviation et de l'artillerie anti-aériennes ennemies. »

Promu officier de la Légion d'honneur :

« Officier pilote ayant une conception très élevée du devoir et don-
« nant, depuis le début de la guerre, le plus magnifique exemple de
« bravoure et d'énergie. Commandant un groupe d'escadrilles de recon-
« naissance à longue portée, a obtenu pendant l'offensive de septembre-
« novembre 1918, en Champagne et dans les Ardennes, les plus
« magnifiques résultats, rapportant au commandement des renseigne-
« ments complets jusqu'à 100 kilomètres chez l'ennemi. »

Médaille de l'Aéro-Club de France, 11 citations, 4 blessures.

WEINSTEIN GEORGES-ARMAND, sous-lieutenant, état-major du
4e groupe du 86e régiment A. L.

« Officier d'antenne, d'un calme et d'un courage admirables. Le
« 5 octobre 1916, alors que son poste d'antenne était soumis à un feu
« très violent, a réussi à transmettre les messages de l'avion et a pu
« ainsi assurer le réglage du tir sur une batterie ennemie, où les explo-
« sions ont été constatées. »

WOOG Henri, caporal à la 11ᵉ compagnie du 166ᵉ régiment
d'infanterie :

« Agent de liaison intelligent, actif. S'est distingué en assurant dans
« des conditions difficiles, la liaison des différents groupes pendant
« l'attaque allemande du 15 juillet 1918. »

Nommé sergent-fourrier au 166ᵉ régiment d'infanterie.

Ordre de la brigade :

« Agent de liaison intelligent, ayant une haute notion du devoir ;
« a, en toutes circonstances et sous les plus violents bombardements,
« assuré la liaison d'une façon parfaite entre le chef de bataillon et
« son commandant de compagnie, au cours des combats des 20 au
« 23 août 1918. »

WORMS Roger, engagé au 103ᵉ régiment d'artillerie en décembre 1915. blessé le 30 septembre 1916 à Bouchavesnes.

Ordre de l'armée :

« Engagé volontaire de la classe 1918, s'est montré, comme télépho-
« niste, plein de dévouement, d'allant et de mépris du danger en pre-
« nant part à l'établissement de liaisons téléphoniques près des premiè-
« res lignes. A été blessé en exécutant cette mission. »

WURTZ Jacques, brigadier au 32ᵉ dragons, escadrille S. P. A.
88, groupe de combat :

« Jeune pilote, allant, courageux et calme. Le 2 décembre 1917, a
« abattu un avion ennemi. »

WURTZ Roger, sous-lieutenant au 32ᵉ dragons.

« A fait preuve de beaucoup d'intelligence et de courage en recon-
« naissant à fond, devant un point d'appui, le terrain compris entre les
« lignes françaises et allemandes. »

YTHIER Jean.

« Sous-lieutenant au 31ᵉ d'infanterie. A victorieusement résisté
« pendant 48 heures aux violentes attaques d'un adversaire très supé-
« rieur en nombre et lui a infligé des pertes considérables. A électrisé
« sa compagnie par sa bravoure et ses encouragements et a donné à
« tous un bel exemple de vaillance fançaise. »

Après 2 autres citations, il devint capitaine et chevalier de la
Légion d'honneur.

Autre citation :

« Donne depuis le début de la campagne, un bel exemple de courage,
« de dévouement et d'entrain. Deux blessures. »

ZIVY Charles.

Ordre de la brigade :

« Secrétaire dans une brigade, a toujours assuré son service avec
« dévouement, en toutes circonstances, de jour et de nuit, et dans des
« secteurs souvent très bombardés. »

CAHORS, IMP. COUESLANT (*personnel intéressé*). — 33.071

www.ingramcontent.com/pod-product-compliance
Lightning Source LLC
LaVergne TN
LVHW052017060726

842528LV00002B/541